suhrkamp taschenbuch
wissenschaft 699

Den Ausgangspunkt von Max Webers Analyse der Sozialwissenschaften und seiner Bestimmung der Objektivitätsbedingungen dieser Wissenschaften bildet die Krise des Historismus – nicht nur der historischen Schule der Nationalökonomie, sondern auch der erkenntnistheoretischen und methodologischen Perspektiven des Historismus des 19. Jahrhunderts. Die Ablehnung des Historismus führt jedoch bei Weber nicht zu einer formalen Soziologie, sondern zu dem Versuch, die Sozialwissenschaften mit der Geschichte zu verbinden und ihnen eine historische Grundlage zu geben. In diesem Sinne hat Max Weber seine Untersuchungen angelegt, sowohl die Analyse der Beziehungen zwischen Wirtschaftsstrukturen und Formen der sozialen Organisation (in *Wirtschaft und Gesellschaft*) als auch die der Weltreligionen und ihrer Wirtschaftsethik (in den *Gesammelten Aufsätzen zur Religionssoziologie*).

Diese Analyse verbindet sich mit dem zentralen Thema von Webers Interpretation der modernen Welt: dem Thema Rationalität und Rationalisierung. Weber ist freilich weit davon entfernt, die Geschichte als einen einheitlichen Rationalisierungsprozeß aufzufassen; er hat in einem besonderen Typus der Rationalität – in der formalen Rationalität – die Eigenart des modernen Okzidents und seiner charakteristischen Schöpfungen gesehen, vom Kapitalismus bis zum modernen Staat und zum modernen Recht, von der Ethik des Gewinns bis zur modernen Wissenschaft.

Pietro Rossi, geboren 1930 in Turin, ist seit 1968 Professor an der Universität Turin, zunächst für Geschichte der Philosophie, dann für Geschichtsphilosophie. Im Sommersemester 1985 war er Max Weber-Gastprofessor an der Universität Heidelberg.

Pietro Rossi
Vom Historismus zur
historischen Sozialwissenschaft

Heidelberger
Max Weber-Vorlesungen 1985

Suhrkamp

CIP-Kurztitelaufnahme der Deutschen Bibliothek
Rossi, Pietro:
Vom Historismus zur
historischen Sozialwissenschaft : Heidelberger Max-Weber-Vorlesungen 1985 /
Pietro Rossi. –
Frankfurt am Main : Suhrkamp, 1987.
(Suhrkamp-Taschenbuch Wissenschaft ; 699)
ISBN 3-518-28299-9
NE: GT

suhrkamp taschenbuch wissenschaft 699
Erste Auflage 1987
© Suhrkamp Verlag Frankfurt am Main 1987
Suhrkamp Taschenbuch Verlag
Alle Rechte vorbehalten, insbesondere das
des öffentlichen Vortrags, der Übertragung
durch Rundfunk und Fernsehen
sowie der Übersetzung, auch einzelner Teile.
Satz und Druck: Wagner GmbH, Nördlingen
Printed in Germany
Umschlag nach Entwürfen von
Willy Fleckhaus und Rolf Staudt

1 2 3 4 5 6 – 92 91 90 89 88 87

Inhalt

Für Helga

Vorwort

Die in diesem Band zusammengestellten Aufsätze sind zum großen Teil das Ergebnis der Max Weber-Vorlesungen, die ich im Sommersemester 1985 in Heidelberg gehalten habe. Dem bearbeiteten Text der vier Heidelberger Vorträge sind drei weitere Aufsätze hinzugefügt, die sich gleichfalls auf wesentliche Aspekte des Weberschen Werkes beziehen und die alle in den letzten Jahren geschrieben wurden.

1956 kam ich zum ersten Mal an die Universität Heidelberg, wo ich die Seminare von Karl Löwith und Hans-Georg Gadamer besuchte. Fast 30 Jahre danach kehrte ich als Gastprofessor zurück. 1956 hatte ich gerade mein Jugendbuch über den zeitgenössischen deutschen Historismus beendet, das im Herbst bei Einaudi erscheinen sollte, und ich wurde damit in Italien in Geschichte der Philosophie habilitiert. Schon damals war mein Heidelberger Aufenthalt zum großen Teil Weber gewidmet; eben in jenen Monaten hatte ich seine wichtigsten methodologischen Aufsätze ins Italienische übersetzt, die 1958 in der »Biblioteca di cultura filosofica« von Einaudi erschienen, und den Einfluß Webers auf das Denken von Georg Lukács und Karl Mannheim studiert. In der Folgezeit standen meine Beziehungen zu Heidelberg weiterhin unter dem Zeichen Webers. Im April 1964 nahm ich an dem Kongreß »Max Weber und die Soziologie heute« teil und diskutierte über das Thema »Wertfreiheit und Objektivität«, das von Talcott Parsons eingeführt wurde. In der ersten Hälfte des Jahres 1976 verbrachte ich einige Monate in Heidelberg, um in den Bänden der Universitätsbibliothek nach den Quellen der Religionssoziologie zu forschen. Es war für mich daher Grund zu großer Befriedigung – und eine große Ehre –, im Sommersemester 1985 auf eine dem Namen Webers gewidmete Gastprofessur nach Heidelberg zurückzukehren.

Dem Institut für Soziologie der Universität Heidelberg, und vor allem M. Rainer Lepsius und Wolfgang Schluchter, möchte ich meinen lebhaften Dank für diese Einladung aussprechen. Ein besonderer Dank gilt Wolfgang Schluchter für den intensiven intellektuellen Gedankenaustausch im gemeinsam gehaltenen Forschungskolloquium und in privaten Unterhaltungen, und auch für die Aufforderung, meine Vorlesungen in diesem Band zusammenzustellen. Seine Vorschläge waren wertvoll sowohl für die Bearbeitung des Textes der einzelnen Beiträge als auch für die allgemeine Gestaltung des Bandes.

Schließlich möchte ich meiner Frau Helga für ihre ständige Hilfe danken, die sie mir bei der Formulierung des deutschen Textes dieser ursprünglich auf italienisch geschriebenen (und veröffentlichten) Aufsätze geleistet hat. Ohne ihre Hilfe wäre dieser Band wahrscheinlich nicht zustande gekommen.

Turin, Juli 1986   Pietro Rossi

Einleitung

Man hat oft behauptet, Webers Werk stehe im Zeichen der Loslösung vom Historismus. Das ist zweifellos richtig, doch müssen zunächst die verschiedenen Formen (und verschiedenen Bedeutungen) näher erklärt werden, die der Historismus im deutschen Denken des 19. Jahrhunderts angenommen hat und mit denen sich die Webersche Methodologie polemisch auseinandersetzt. Trotz seiner noch mangelhaften begrifflichen Eindeutigkeit ist in dieser Hinsicht der erste methodologische Aufsatz Webers, »Roscher und Knies und die logischen Probleme der historischen Nationalökonomie«, der zwischen 1903 und 1906 in »Schmollers Jahrbuch« erschien, von besonderer Bedeutung. Hier nimmt Weber bekanntlich Stellung zum ökonomischen Historismus, d. h. zur Auffassung der historischen Schule der Nationalökonomie, wobei er sich auf die Kritik beruft, die Carl Menger schon zwanzig Jahre vorher an ihr geübt hatte. Gleichzeitig weist Weber die psychologistischen Interpretationen der historischen Erkenntnis zurück, die sich auf Begriffe wie Erlebnis, Einfühlung oder Anschauung gründen; er weist auch den gewöhnlich mit diesen Begriffen verbundenen Versuch zurück, die geschichtliche Welt im Gegensatz zur Natur auf der Basis des Begriffs der Willensfreiheit und des Postulats einer wesenhaften Irrationalität des menschlichen Handelns und des Geschichtsprozesses zu bestimmen. Historischer Objektivismus und historischer Intuitionismus sind für Weber zwei gleichermaßen irrige Einstellungen und müssen deshalb verworfen werden; noch entschiedener muß jedoch die Verbindung dieser beiden Begriffe verworfen werden, die dazu führt, die Möglichkeit jeglicher kausalen Erklärung im Bereich der historischen Erkenntnis zu verneinen. Die Loslösung vom ökonomischen sowie vom psychologisierenden Historismus sind in Wirklichkeit nur die äußeren Aspekte eines viel radikaleren Bruchs, nämlich der Lossagung von der Einstellung der historischen Schule und ihrem Erbe. Mit der Kritik an Roscher und Knies wendet sich Weber auch gegen Savigny und Ranke (und nebenbei gegen das, was er als den »Emanatismus« Hegels bezeichnet); mit der Kritik an Wundt, Münsterberg, Simmel, Lipps und Croce wendet er sich – trotz der Behauptung, keine direkte Kritik gegen ihn richten zu wollen – auch gegen den Versuch Diltheys, dem Gebäude der historischen Schule eine erkenntnistheoretische Grundlage zu geben. Bei genauerer Betrachtung sehen wir, daß alle Hauptthesen der Weberschen Methodologie – explizit oder implizit – die Ablehnung einiger Formulierungen des Historismus des 19. Jahrhunderts enthalten, sowohl des Historismus der historischen Schule als auch des Historismus von Dilthey, der sich auf die Unterscheidung zwischen Naturwissenschaften und Geisteswissenschaften gründete und auf eine Kritik der historischen Vernunft ausgerichtet war.

Weber lehnt an erster Stelle die organische Gesellschaftstheorie des alten Historismus, d. h. der historischen Schule, ab; er weist die Auffassung der Geschichte als eines einheitlichen Prozesses zurück, innerhalb dessen die verschiedenen Aspekte oder Bereiche des sozialen Lebens nicht einmal begrifflich isoliert werden können, und ebenso den Anspruch, das Leben der Völker auf eine gemeinsame Entwicklung mit eigenen »Gesetzen« zurückzuführen. Er weist aber auch die Auffassung zurück, die Sozialwissenschaften hätten es mit der Bestimmung von Entwicklungstendenzen zu tun und die »wesentlichen« Elemente der Erscheinungen würden mit ihrer Gesetzmäßigkeit zusammenfallen; ebenso lehnt er auch die Einbeziehung der Sozialwissenschaften in eine allumfassende historische Erkenntnis ab. Was den neuen Historismus angeht, der sich in enger Verbindung mit der philosophischen Einstellung des Neokantianismus entwickelt hat, so weist Weber die Dichotomie von Erklären und Verstehen als alternativen Erkenntnisformen zurück, die mit dem Gegensatz von Naturwissenschaften und Geisteswissenschaften identifiziert wurden. Ganz allgemein lehnt er jeglichen Versuch ab, die historische Erkenntnis auf das psychologische Verstehen zu gründen oder sie mit ihm zu verbinden. Die Loslösung von der historischen Schule bezieht sich sowohl auf die Auffassung von der Struktur des Geschichtsprozesses als auch auf die Interpretation des historischen Wissens, während sich die Loslösung vom neuen Historismus vor allem im Bereich der Erkenntnistheorie vollzieht. Mit dem neuen Historismus teilt Weber die Überzeugung, daß die historische Erkenntnis in Gestalt der Geschichts- und Sozialwissenschaften eine Besonderheit besitzt, die sie von der naturwissenschaftlichen trennt. Er ist jedoch der Ansicht, daß dies nicht

auf einen objektiven Unterschied in der Wirklichkeit zurückgeführt werden kann. Hier beruft er sich auf die von Rickert formulierte Methodenlehre; das ermöglicht es ihm, einerseits den erklärenden Charakter jeglicher Erkenntnisform geltend zu machen,
der als einziger ihre Objektivität garantieren kann, andererseits
das Verfahren der Geschichts- und Sozialwissenschaften rein logisch und nicht psychologisch zu bestimmen.
Auf diesem Wege gelangt Weber dazu, den romantischen Begriff
der Individualität aufzugeben, den die historische Schule benutzt
hatte, um die Anwesenheit des Absoluten im Geschichtsprozeß
zu behaupten oder um diesen letzteren als den Ort der Offenbarung des Göttlichen zu betrachten. Die Individualität ist für ihn
nicht länger ein konstituierendes Merkmal der Geschichte und
ihrer Erscheinungen im Unterschied zu den allgemeinen Gesetzen unterworfenen Naturvorgängen, sondern sie wird – entsprechend der Einstellung von Windelband und Rickert – zu einem
möglichen Erkenntniszweck der empirischen Wissenschaften, einem Zweck, der keine ontologische Struktur ihres Gegenstandes
widerspiegelt. So wird der Gegensatz zwischen Individuellem
und Allgemeinem zu einem rein logischen Unterschied von verschiedenen Erkenntniszwecken, und die Unterscheidung zwischen Natur- und Kulturwissenschaften nimmt rein methodische
Natur an, welche Unterschiede des Gegenstandes und des psychologischen Verfahrens weder voraussetzt noch mit sich bringt.
In Wirklichkeit hatte schon Dilthey die Voraussetzungen für die
Abwendung vom romantischen Individualitätsbegriff geschaffen,
indem er – trotz seiner Berufung auf die historische Schule – in
die Enzyklopädie der Geisteswissenschaften nicht nur die Anthropologie und die Psychologie aufnahm, die die Gleichförmigkeiten des individuellen Lebens, des Individuums als Grund-
körper der Geschichte, zu studieren hatten, sondern auch die
systematischen Wissenschaften der Kultur und der äußeren Organisation der Gesellschaft. Für Dilthey bleiben jedoch Gleich-
förmigkeit und Individualität weiterhin zwei strukturelle Elemente der menschlichen Welt; die Individuation vollzieht sich –
wie er in den »Beiträgen zum Studium der Individualität« von
1895-96 darlegt – auf der Grundlage der Gleichförmigkeiten, die
aus der Bindung der geschichtlichen Entwicklung an die Natur
entstehen. Für Weber wie für Rickert ist dagegen das Individuum
das Ergebnis einer besonderen Begriffsbildung des empirisch

Gegebenen; und die Kultur als Gesamtheit von individuellen Gegenständen und Prozessen gründet sich eben auf die individualisierende Betrachtung der Wirklichkeit. Weber geht sogar noch weiter: Für ihn haben – im Unterschied zu Rickert – die Konstruktion von Idealtypen und das nomologische Wissen eine unumgängliche Funktion für die Erkenntnis der Geschichtsprozesse in ihrer Individualität.

Die Abwendung vom romantischen Individualitätsbegriff geht bei Weber Hand in Hand mit der Forderung nach einer rationalen Erklärung der Geschichtsprozesse, ja sie stellt deren Voraussetzung dar. Für die historische Schule gehen die individuellen Formen, in denen sich das absolute Prinzip der Geschichte verwirklicht oder offenbart, über die menschlichen Individuen hinaus; sie sind Völker, Geschichtsepochen (genauer »Volksgeister« oder »Geister der Epochen«) oder im Geschichtsprozeß wirkende »schöpferische Kräfte«, für die die Individuen lediglich die Träger oder die Repräsentanten sind. Anders ausgedrückt: Individualität bezieht die historische Schule auf über-individuelle Wesenheiten, d. h. auf geistige Prinzipien oder auf dem Geschichtsprozeß innewohnende Tendenzen. Dies ist auch der Bereich des historischen Verstehens; das Handeln der Individuen ist immer nur Ausdruck von tieferreichenden Prozessen. In diesem Punkt ist Webers Auffassung radikal anders. Jegliches Verstehen der Geschichtsprozesse mit Anspruch auf wissenschaftliche Objektivität muß vom Verhalten der individuellen handelnden Subjekte ausgehen und das Handeln der sozialen Gruppen, der Institutionen und der kollektiven Gebilde auf dieses Verhalten zurückführen. Die Untersuchung des individuellen Verhaltens muß dabei die Beweggründe ausfindig machen, die es leiten, sie muß es nämlich als ein irgendwie rationales Handeln interpretieren oder es auf einen Rationalitätsmaßstab beziehen. Das Hauptziel der Geschichts- und Sozialwissenschaften ist nicht mehr das Verstehen der Entwicklung der »Geister« der Völker oder der Epochen oder des Auftretens der »schöpferischen Kräfte«, die das Handeln der Individuen prägen, sondern die rationale Deutung des Verhaltens der Individuen; und das nicht nur, wenn es sich darum handelt, einen besonderen Geschichtsprozeß zu erklären, sondern auch, wenn Idealtypen gebildet werden sollen, die für die Erklärung einer Vielfalt von Prozessen benutzbar sind. Schon Dilthey hatte in der »Einleitung in die Geisteswissenschaften« im Individuum den Kern der geschichtlichen Welt aufgezeigt und die Systeme der Kultur und der äußeren Organisation der Gesellschaft als Produkt der Wechselwirkung sowie der Zusammenarbeit zwischen den Individuen betrachtet. Weber geht noch weiter; die rationale Deutung des Handelns der Individuen wird zur unerläßlichen Grundlage für die Erklärung der Geschichtsprozesse.

Das war Weber insofern möglich, als er über ein von dem Hegelschen Begriff der Rationalität sehr verschiedenes Rationalitätskonzept verfügte, das er mit Bezug auf die Mengersche Theorie der Grenznutzenlehre definierte. Für Weber ist jedoch das rationale Verhalten nicht mehr nur auf die maximale Befriedigung der Bedürfnisse ausgerichtet; es ist nicht mehr auf die ökonomische Sphäre beschränkt. Im Gegenteil: Die Rationalität – genauer ein besonderer Rationalitätstypus, den er als Zweckrationalität bezeichnet – kennzeichnet jedes Handeln, das von der (bewußten) Verwendung der für die Verwirklichung bestimmter Zwecke notwendigen Mittel und von der Betrachtung der Folgen dieser Verwirklichung geleitet ist. Wesentlich für die Rationalität ist daher einerseits die ausdrückliche Beziehung zwischen Mitteln und Zweck – übrigens die einfache Umkehrung der Kausalbeziehung – und andererseits das Verhältnis zwischen dem zu verwirklichenden Zweck und seinen Folgen. Dieser Begriff der Rationalität, den Weber von einem anderen Begriff, nämlich dem der Wertrationalität, unterscheidet – die sich auf die Annahme bestimmter als unbedingt gültig betrachteter Zwecke gründet –, bringt nicht nur eine Ausweitung des rationalen Verhaltens über die ökonomische Sphäre hinaus mit sich; er stellt auch – und das ist das wichtigste – den Bezug zur Methodologie her. Die Zweckrationalität ist zwar nur eine der möglichen Formen menschlichen Handelns; sie ist jedoch eine Form, die auch das Verstehen anderer Verhaltenstypen ermöglicht, sowohl des wertrationalen wie des affektiven und des traditionellen Verhaltens. Die Zweckrationalität ist nämlich das Modell, aufgrund dessen jegliche andere Art menschlichen Handelns rational interpretiert (und damit erklärt) werden kann. Die Zweckrationalität wird somit zur allgemeinen Bedingung der Verständlichkeit des Verhaltens der Menschen.

Auf dieser Grundlage ist Weber in »Wirtschaft und Gesellschaft« sowie in den Aufsätzen zur Religionssoziologie dazu gelangt, eine Interpretation der Eigenart des modernen Okzidents und seiner Entwicklung zu formulieren. Er ging von der Untersuchung des Verhältnisses zwischen dem »Geist« des Kapitalismus und der protestantischen Ethik aus, und er dehnte in der Folge seinen Forschungsbereich auf den modernen Kapitalismus als »ökonomischen Rationalismus« aus, den er als einen Aspekt des Rationalisierungsprozesses der modernen westlichen Welt insgesamt betrachtete. In dem 1904-1905 veröffentlichten Aufsatz »Die protestantische Ethik und der ›Geist‹ des Kapitalismus« war Webers Interesse darauf gerichtet, die Entstehung einer der vielfältigen Komponenten des modernen Kapitalismus herauszufinden, d. h. eben seines »Geistes«, der auf die Suche eines kontinuierlichen Gewinns ausgerichtet ist. Später bezieht sich seine Untersuchung auf diese Wirtschaftsform in ihrer Gesamtheit und auf ihre Unterschiede zu den anderen Formen der wirtschaftlichen Organisation. Durch diese Erweiterung des Horizonts tut Weber den entscheidenden Schritt auf eine Interpretation der modernen Welt zu, die auf der Sicht einer progressiven Rationalisierung des Lebens beruht, welche die wirtschaftliche Sphäre wie auch die anderen Lebenssphären – von der politischen bis zur intellektuellen – betrifft. Die kapitalistische Wirtschaft erscheint ihm als eine der Richtungen dieses Prozesses, sicher eine grundlegende, aber keine ausschließliche und auch keine »strukturelle« Richtung (im Marxschen Sinn). Der Kritik des historischen Materialismus – die schon seit 1904 auf einigen bekannten Seiten des Objektivitätsaufsatzes formuliert wurde – entspricht somit eine ausdrückliche Entfernung von Marx in bezug auf die Auffassung des modernen Kapitalismus und von dessen Beziehungen zur modernen Gesellschaft. Weber hat wohl mit Marx eine Auffassung der modernen Gesellschaft gemeinsam, die der Entwicklung des Kapitalismus den Vorrang vor dem Industrialisierungsprozeß einräumt, eine Auffassung, in der die Analyse der Beziehungen und der Konflikte zwischen Ständen und sozialen Klassen und nicht die der technischen Entwicklung der Produktion eine zentrale Stellung einnimmt. Aber die kapitalistische Wirtschaft ist für ihn nicht mehr die »Basis« und auch nicht mehr der Schwerpunkt dieser Gesellschaft. Der moderne Kapitalismus ist zwar ein wesentlicher Prozeß, jedoch nur ein Teilprozeß eines umfassenderen Prozesses. In diesem Prozeß und nicht im als »Produktionsart« oder als wirtschaftlich-gesellschaftliches Gebilde verstandenen

Kapitalismus muß man die Eigenart der modernen Welt und damit der kapitalistischen Wirtschaft selbst sehen.

Es ist nun keineswegs so, daß man ausschließlich mit Blick auf den Okzident von »Rationalisierung« sprechen kann, wie dies manchmal Weber unterstellt wird. Im gewissen Sinne ist die Rationalisierung eine allgemeine Tendenz, die in allen (oder fast allen) Gesellschaften und Geschichtsepochen wirkt; man findet sie von dem Moment an, in dem sich die »natürlichen« Bande der Sippe lockern und die ursprünglichen magischen Vorstellungen auflösen. Die in der modernen Welt verwirklichte Rationalisierung hat jedoch eine Besonderheit, sie ist nämlich eine *formale* Orientierung – und sie besitzt einen alles durchdringenden Charakter. In anderen Gesellschaften, in anderen Geschichtsepochen ist die »revolutionäre Macht«, welche die Tradition und die auf ihr ruhenden Institutionen in eine Krisensituation versetzt, das Charisma – und ihre Träger sind eben charismatische Figuren wie Kriegshelden, Propheten, »Heilande« und politisch-religiöse Führer; im Okzident ist es dagegen die *ratio*, eine Rationalität, die sich auf die Übereinstimmung mit unpersönlichen Maßstäben und Regeln gründet. Die formale Rationalität der modernen Welt, die sie von den anderen, in unterschiedlichen geschichtlichen Bereichen herrschenden Rationalitätsformen unterscheidet, ist die »Berechenbarkeit« des Funktionierens der Institutionen und der Verwaltungsapparate; es ist die Möglichkeit, ihr Vorgehen in der wirschaftlichen und politischen Sphäre vorauszusehen. Auf ihr beruhen nicht nur die kapitalistische Wirtschaft in ihrer modernen Bedeutung als »ökonomischer Rationalismus«, sondern auch der moderne rationale Staat, das formal-rationale Recht und auch die moderne Wissenschaft.

Weber – und das ist der entscheidende Punkt – ist aber nicht der Meinung, daß dieser Rationalitätstypus den Höhepunkt eines universalen Rationalisierungsprozesses bildet. Die einzige Bedeutung, in der man legitim von der Überlegenheit der formalen Rationalität sprechen kann, ist die technische. Nur im technischen, in keinem anderen Sinn kann man behaupten, daß die moderne Welt irgendeinen »Fortschritt« im Vergleich zu anderen Gesellschaften und anderen Geschichtsepochen darstellt. Zwischen Wertrationalität und Zweckrationalität, zwischen materialer und formaler Rationalität besteht keine geschichtliche Aufeinanderfolge – übrigens zeigt uns gerade die Gegenwart die

Tendenz zur Rückkehr zu Formen materialer Rationalität, vor allem jedoch gibt es keine hierarchische oder dialektische Beziehung zwischen ihnen. Die formale Rationalität der modernen Welt besitzt keinerlei wesenhafte Überlegenheit und bildet keinen Ankunftspunkt, an dem sich die anderen Formen der Rationalität »auflösen« müssen. Es handelt sich dagegen um unterschiedliche und heterogene Formen, um alternative Richtungen, die der Rationalisierungsprozeß eingeschlagen hat. Die Tatsache, daß Weber das Überwiegen der formalen Rationalität in der modernen Welt anerkennt, bedeutet nicht, daß er auf ein entwicklungsgeschichtliches Schema zurückgreift, und es bedeutet noch weniger die Annahme einer Geschichtstheorie im Hegelschen (oder Marxschen) Sinne. Der als »ökonomischer Rationalismus« aufgefaßte moderne Kapitalismus, der moderne rationale Staat, die moderne Wissenschaft und die anderen Erscheinungen der modernen Welt sind das Produkt einer spezifischen Entwicklung, obwohl diese eine universale Bedeutung hat; und als solche müssen sie verstanden und erklärt, aber nicht »gewertet« werden.

Auf diese Weise gibt Weber den Anspruch auf, eine »Weltgeschichte« zu entwerfen, einen Anspruch, den der Historismus der ersten Hälfte des 19. Jahrhunderts von der Romantik übernommen hatte. Den »Sinn« der Geschichte können uns weder die Entwicklung des Weltgeistes zur selbstbewußten Freiheit – wie für Hegel – noch die fortschreitende Verwirklichung der verschiedenen Volksgeister – wie für die historische Schule – geben. Denn die Geschichte an sich hat keinerlei Sinn, und ihre Prozesse erhalten diesen Sinn Fall für Fall aus dem menschlichen Handeln. Dieses schafft eine Vielfalt von Sozialstrukturen, die weder aus allgemeinen Gesetzen abgeleitet noch auf eine notwendige entwicklungsgeschichtliche Ordnung zurückgeführt werden können. Jede dieser Sozialstrukturen besitzt eine Individualität insofern, als sie das Ergebnis einer Konstellation von Bedingungen ist, die ihrerseits individuell sind; und diese Konstellation kann nur teilweise und unter spezifischen Gesichtspunkten bestimmt werden. Ereignisse und Geschichtsprozesse müssen dadurch erklärt werden, daß man sie auf die Bedingungen zurückführt, die sie ermöglicht haben. Die historische Erklärung ist immer eine individuelle Erklärung, und das unterscheidet sie prinzipiell von der naturwissenschaftlichen Erklärung. Aber zwischen den Sozialstrukturen, zwischen den verschiedenen Formen von sozialer Organisation, lassen sich durchaus Beziehungen herstellen, es können Analogien und Unterschiede zwischen ihnen festgestellt und die Entsprechungen zwischen ihren konstitutiven Elementen aufgespürt werden; man kann nämlich eine vergleichende Analyse durchführen. Die Erklärung eines besonderen Ereignisses oder Prozesses verlangt den Bezug auf nomologisches Wissen – da nur dieses die Konstruktion von mit dem realen Prozeß zu vergleichenden möglichen Prozessen erlaubt; ebenso verlangt die vergleichende Analyse allgemeine Verhaltensmodelle und Modelle von Sozialbeziehungen. Die Formulierung dieser Modelle ist die spezifische Aufgabe der Sozialwissenschaften. Gerade die Anerkennung der Eigenart der modernen Welt und ihres Rationalisierungsprozesses im formalen Sinne setzt den Vergleich mit anderen Gesellschaften, anderen Formen sozialer Organisation und anderen Kulturen, mit anderen Entwicklungsrichtungen voraus. Und dieser Vergleich verlangt Idealtypen von allgemeiner Tragweite, eben jene, die Weber in »Wirtschaft und Gesellschaft« als »reine Typen« bezeichnet.

In dieser Verbindung von historischer Erklärung und nomologischem Wissen, zwischen historischer Erkenntnis und Sozialwissenschaften kann man die Distanz ermessen, die Weber vom Historismus trennt, man kann jedoch auch sein Verhältnis zu diesem erkennen. Die historische Erkenntnis ist ein Wissen individualisierenden Charakters, sie ist immer auf geschichtliche Erscheinungen ausgerichtet, die in ihrer Individualität betrachtet werden; diese kann jedoch nicht ohne die Verwendung von Idealtypen erfaßt werden. Andererseits haben die Sozialwissenschaften – von der Nationalökonomie bis zur Soziologie – die spezifische Aufgabe, systematisch Verhaltens- und Beziehungsmodelle auszuarbeiten, die letztlich dazu dienen sollen, individuelle Strukturen und Prozesse zu erklären und Korrelationen zwischen ihnen herzustellen. Die großartige Konstruktion von »Wirtschaft und Gesellschaft« will keine allgemeine Theorie des sozialen Handelns und seiner Formen entwerfen; und noch weniger beabsichtigt sie, ein allumfassendes System der Typen der wirtschaftlichen Organisation zu liefern. Sie will dagegen die Bedingungen bestimmen, die im modernen Okzident die Entstehung einer auf einen kontinuierlichen Gewinn hin ausgerichteten Form des Kapitalismus ermöglicht haben, die man in anderen Gesellschaften und anderen Geschichtsepochen nicht findet; sie will also die positive und negative Korrelation des modernen Kapitalismus mit den verschiedenen Typen politischer, rechtlicher und andersartiger Organisation herstellen. In den Aufsätzen zur Religionssoziologie sucht Weber nach den Gründen, die außerhalb des modernen Okzidents die Entwicklung einer dem »Geist« des Kapitalismus ähnlichen Wirtschaftsethik nicht ermöglicht haben. In »Wirtschaft und Gesellschaft« bildet die Bestimmung der Typen des Handelns und besonders des wirtschaftlichen Handelns den Ausgangspunkt für den Versuch, das Problem der Eigenart und der Entstehung des modernen Kapitalismus zu beantworten. In den Aufsätzen zur Religionssoziologie stellt die Bestimmung der möglichen religiösen Einstellungen zur »Welt« den typologischen Rahmen dar, in den die verschiedenen Wirtschaftsethiken eingeordnet und in dem ihre Unterschiede bestimmt werden müssen. In beiden Fällen ist die vergleichende Analyse der Weg, um – mittels des begrifflichen Instrumentariums der Sozialwissenschaften – in die Komplexität der sozialen Strukturen und ihrer auseinanderstrebenden Entwicklung systematisch einzudringen.

Die Sozialwissenschaften stellen sich somit, in der Methodologie wie auch in der Weberschen Forschungsarbeit, als Disziplinen mit historischer Grundlage dar, die durch ihre instrumentale Funktion im Hinblick auf die Kenntnis der individuellen Strukturen und Prozesse verbunden sind. Diese Strukturen und Prozesse müssen mit Hilfe der Sozialwissenschaften begrifflich aufgearbeitet werden, die sie als einzige auf eindeutig formulierte »Typen« zurückführen und ihre gegenseitigen Beziehungen bestimmen können. Aber die Aufgabe der historischen Erkenntnis kann nicht bei diesem theoretischen Element Halt machen, das nur eine Voraussetzung bildet. Sie muß die idealtypischen Begriffe und Verallgemeinerungen der Sozialwissenschaften mit dem Ziel benutzen, die einzelnen Strukturen und die einzelnen Entwicklungsprozesse in ihrer Besonderheit zu verstehen – z. B. die moderne Welt in ihren Eigentümlichkeiten und in ihren Unterschieden zu anderen Gesellschaften und anderen Kulturen. In diesem Sinne ist die Sozialwissenschaft, wie Weber sie begründen wollte, eine *historische* Sozialwissenschaft; sie ist keine dem ontologischen oder erkenntnistheoretischen Primat der historischen Erkenntnis untergeordnete Sozialwissenschaft, wie der Historismus gefordert hatte, aber auch keine auf die Formulierung von allgemeinen Gesetzen ausgerichtete theoretische Wissenschaft, aus der die Erklärung der Ereignisse abgeleitet werden soll. In dieser Synthese von historischer Erkenntnis und Sozialwissenschaften liegt die Neuheit der methodologischen Perspektive Webers, ungeachtet ihrer Grenzen und ihrer Schwierigkeiten.

Die Methodologie der Geschichts-
und Sozialwissenschaften

I

Die Webersche Methodologie ist keine systematische, von einer allgemeinen Wissenstheorie abgeleitete Konstruktion; sie ist, mit anderen Worten, keine auf einen besonderen Bereich bezogene oder angewandte Erkenntnistheorie philosophischer Art. Weber selbst hat ausdrücklich unterstrichen: »Die Methodologie kann immer nur Selbstbesinnung auf die Mittel sein, welche sich in der Praxis *bewährt* haben«, eine Besinnung, die es dem Forscher erlaubt, »sich durch philosophisch verbrämten Dilettantismus ein für allemal nicht imponieren zu lassen«, die ihm aber gewiß keine positiven Hinweise für seine konkrete Forschungsarbeit geben kann[1]. Weber hat die Tragweite der methodologischen Betrachtungen noch weiter eingeschränkt, indem er beobachtete: »Wichtig für den Betrieb der Wissenschaft selbst pflegen Erörterungen nur dann zu werden, wenn infolge starker Verschiebungen der ›Gesichtspunkte‹, unter denen ein Stoff Objekt der Darstellung wird, die Vorstellung auftaucht, daß die neuen ›Gesichtspunkte‹ auch eine Revision der logischen Formen bedingen, in denen sich der überkommene ›Betrieb‹ bewegt hat, und dadurch Unsicherheit über das ›Wesen‹ der eigenen Arbeit entsteht«[2]. Die Methodologie wird in einer Krisensituation der oder einer Wissenschaft wichtig, d. h. in einer Situation, in der überkommene Denkmodelle und Forschungsmethoden in Frage gestellt werden. In der Terminologie von Thomas Kuhn kann man sagen, daß in Zeiten der »normalen Wissenschaft« die Methodologie überflüssig ist oder höchstens in der Registrierung der in den verschiedenen Disziplinen verwendeten Methoden besteht; sie erlangt dagegen Bedeutung in Zeiten, in denen sich ein Paradigmawechsel vollzieht[3].

Als zu Anfang dieses Jahrhunderts Weber beginnt, über die Methodologie der Geschichts- und Sozialwissenschaften ex professo nachzudenken, ist er sich sehr wohl der Tatsache bewußt, daß diese sich in einer Krisensituation befinden. Diese Krise hat in seinen Augen zwei Aspekte. Sie ist einerseits eine innere Krise der Wirtschaftswissenschaft, des Faches, das Weber – der bekanntlich von Studien der Rechtsgeschichte und der antiken Wirtschaftsgeschichte ausging – einige Jahre lang in Freiburg und Heidelberg gelehrt hatte; dies war eine mehr als zwanzig Jahre alte Krise, die in der Kritik Carl Mengers an der historischen Schule der Nationalökonomie und in der Debatte zwischen ihm und Gustav Schmoller, dem Haupterben jener Schule, zum Ausdruck kam. Der erste methodologische Beitrag Webers, »Roschers ›historische Methode‹« (1903), nimmt weitgehend die Kritik Mengers an der älteren historischen Schule wieder auf, um sich auf die organische Gesellschaftstheorie und das Forschungsprogramm der Entwicklungsgesetze der Völker zu beziehen, das sich von ihr ableitete. Andererseits handelt es sich um eine Krise, die den *Status* der Geschichts- und Sozialwissenschaften sowie die Möglichkeit ihrer Abgrenzung gegenüber der wissenschaftlichen Naturerkenntnis allgemein betrifft. Von der Kritik am Werk Wilhelm Roschers und Karl Knies' ausgehend, nimmt Weber deshalb zugleich zu einer anderen Debatte Stellung, zu jener, die sich in der Mitte der neunziger Jahre des letzten Jahrhunderts zwischen Wilhelm Dilthey und Wilhelm Windelband entwickelte und die Heinrich Rickert dazu führte, systematisch eine Logik der Kulturwissenschaften zu formulieren. Vor die Wahl zwischen Diltheys sowie Windelbands und Rickerts Definition der historischen Erkenntnis gestellt, greift Weber ohne Zögern die zweite auf; d. h., er benutzt die von Rickert in »Die Grenzen der naturwissenschaftlichen Begriffsbildung« (1896-1902) formulierte Lösung, um zwischen »Gesetzeswissenschaften« und »Wirklichkeitswissenschaften« zu unterscheiden. In ihrem Bemühen, immer allgemeinere Gesetze zu bilden und systematisch zusammenzustellen, trifft die wissenschaftliche Naturerkenntnis auf eine unüberwindliche Grenze, nämlich auf das Ereignis in seiner Individualität. Daraus entsteht die Möglichkeit einer anderen Erkenntnisform, die auf die Bestimmung der Eigentümlichkeit der Prozesse (gleichgültig, ob sie ihrem Inhalt nach natürlich oder gesellschaftlich sind) und ihrer gegenseitigen Beziehungen ausgerichtet ist. Aber Weber distanziert sich von Dilthey nicht nur durch die Wahl eines rein logischen Unterscheidungsmaßstabs zwischen Naturerkenntnis und historischer Erkenntnis. Dilthey hatte sich auf das Werk der historischen Schule berufen und versucht, ihrem Erkenntnisge-

bäude eine erkenntnistheoretische Grundlage zu liefern; Weber
dagegen ist vom Scheitern ihres methodologischen Ansatzes tief
überzeugt. Nicht nur in der Nationalökonomie, sondern in den
Geschichts- und Sozialwissenschaften insgesamt hatte sich in Webers Sicht seine Unhaltbarkeit erwiesen. Die zweifache epistemologische Krise, die Weber dazu treibt, sich in den ersten Jahren
des 20. Jahrhunderts auf den ihm vorher unbekannten Boden der
methodologischen Analyse zu begeben, ist also im wesentlichen
die Krise des »Paradigmas« der historischen Schule oder – wie wir
auch sagen können – des Historismus des 19. Jahrhunderts in
seinen verschiedenen Ausprägungen[4].
Diese Krise ließ sich in Webers Sicht nicht durch den Rückgriff
auf die epistemologischen Voraussetzungen des Positivismus, auf
das Modell des wissenschaftlichen Wissens, wie es im »System of
Logic« von John Stuart Mill einen emblematischen Ausdruck gefunden hat, oder durch Berufung auf den historischen Materialismus überwinden. Mit Windelband und mit Rickert, aber auch mit
Dilthey ist er davon überzeugt, daß das wissenschaftliche Wissen
nicht auf ein einheitliches Modell zurückführbar ist; die historische Erkenntnis hat eine eigene Logik, die von der der Naturerkenntnis unterschieden und nicht auf sie reduzierbar ist. Es handelt sich aber eben nicht um einen Unterschied des Gegenstandes
oder der Einstellung, wie Dilthey behauptete. Im 1906 veröffentlichten letzten Teil des Aufsatzes über Roscher und Knies
schreibt Weber, daß »weder die ›sachlichen‹ Qualitäten des ›Stof-
fes‹ noch ›ontologische‹ Unterschiede seines ›Seins‹, noch endlich
die Art des *psychologischen* Herganges der Erlangung einer bestimmten Erkenntnis über ihren *logischen* Sinn und über die Voraussetzungen ihrer ›Geltung‹ entscheiden«[5]. Es handele sich vielmehr um einen Unterschied der Methode und somit um einen
logischen Gegensatz. Bezogen auf die Versuche, die Methoden
der Naturwissenschaften auf den Bereich der Geschichts- und
Sozialwissenschaften zu übertragen, betont Weber immer wieder,
Ereignisse ließen sich aus Gesetzen jeglicher Art, seien sie nun
biologisch oder psychologisch oder auch nur ökonomisch, eben
nicht deduzieren[6]. Der Erklärungsgrund konkreter Geschichtsprozesse kann nicht in allgemeinen Gesetzen liegen und noch
weniger in angeblichen »Entwicklungstendenzen«, die in Form
von historischen »Gesetzen« ausgedrückt sind. Von diesem methodologischen Prinzip, nicht nur vom Hinweis auf ihre »Einsei-

tigkeit«, geht die Kritik der materialistischen Geschichtsauffassung aus, die Weber auf einigen berühmten Seiten des Objektivitätsaufsatzes entwickelt[7].

Die Krise, die den Ausgangspunkt für Webers Methodologie darstellt und ihr ständiger Bezugspunkt bleibt, betrifft also die Geschichts- und Sozialwissenschaften in ihrer Gesamtheit. Webers methodologische Aufsätze bieten uns in der Tat eine Gesamtbetrachtung, fast eine »globale« Betrachtung dieses auf ein gemeinsames »logisches Ideal« gebrachten Ganzen, auf das Ideal der »Erkenntnis der *Wirklichkeit* in ihrer ausnahmslos und überall vorhandenen qualitativ-charakteristischen Besonderung und Einmaligkeit«, das dem logischen Ideal der Wissenschaften entgegengesetzt wird, die die Absicht haben, »durch ein System möglichst unbedingt allgemeingültiger Begriffe und Gesetze die extensiv und intensiv unendliche Mannigfaltigkeit [des empirisch Gegebenen] zu ordnen«[8]. Im übrigen spricht er immer von »Wirklichkeitswissenschaften« oder »Geschichtswissenschaften« oder, seltener, von »Sozialwissenschaften«, und er benutzt diese Ausdrücke ganz gleichwertig; häufig zieht er es vor, das Rickertsche Wort »Kulturwissenschaften« anzuwenden. Der – heute so wichtige und in unseren Augen selbstverständliche – Unterschied zwischen Historiographie und Sozialwissenschaften ist ihm fremd oder mindestens zweitrangig. Weber ist vielmehr der Meinung, daß die Nationalökonomie und, allgemeiner, alle Sozialwissenschaften eine »›historische‹ Erkenntnis« erstreben, d. h. eine »Geschichts*interpretation* unter einem spezifischen Gesichtspunkt«, und so »eine *Vorarbeit* für die volle historische Kulturerkenntnis« leisten[9]. Andererseits hält er die Verwendung von Begriffen und Erfahrungsregeln, d. h. von nomologischem Wissen, für jegliche Geschichtsforschung, die auf die Bestimmung der Eigenart eines bestimmten Prozesses in seiner Individualität abzielt, für unerläßlich. Nicht die Unterscheidung, sondern die Verbindung zwischen Geschichtswissenschaft (oder -forschung) und Sozialwissenschaften bildet die ausdrückliche Voraussetzung seiner Untersuchung. Dies spiegelt zweifellos eine intellektuelle Situation wider, in der die Nationalökonomie noch versuchte, sich von der Tradition des Historismus zu befreien, und die Soziologie noch Mühe hatte, eine exakte Definition des eigenen Forschungsbereichs zu finden. Es ist dies eine Situation, die weitgehend für die deutsche wissenschaftliche Welt kennzeichnend ist, in der das

Erbe der historischen Schule das Eindringen der an den Positivismus gebundenen methodologischen Positionen verhindert hatte. Aber dies spiegelt auch die Einstellung wider, die Weber allmählich gegenüber jener Schule und, allgemeiner, gegenüber dem wissenschaftlichen Panorama der letzten Jahrzehnte des 19. und der ersten Jahre des 20. Jahrhunderts entwickelte.

Zunächst weist Weber die »populäre naive Vorstellung, die Geschichte sei ›bloße‹ Beschreibung vorgefundener Wirklichkeiten, oder einfache Wiedergabe von ›Tatsachen‹«, zurück[10]. Noch weniger läßt sich die Geschichtsforschung auf eine Sammlung von Material reduzieren, das begrifflich von anderen Wissenschaften, etwa der Nationalökonomie oder der Soziologie, ausgearbeitet wird. Vielmehr werden in ihr die »individuellen Einzelbestandteile der Wirklichkeit nicht nur als Erkenntnismittel, sondern schlechthin als Erkenntnis*objekt*« betrachtet[11]. Und die Erkenntnis des Individuellen stellt für ihn eine ganz selbständige Erkenntnisaufgabe gegenüber der Erkenntnis von Gesetzen dar. Es liegt ihm jedoch fern, der Individualität ein metaphysisches Wesen zuzuschreiben, wie es die Geschichtsschreibung à la Ranke getan hatte und wie es – in ihrer antirelativistischen Polemik – Ernst Troeltsch und Friedrich Meinecke erneut zu tun versuchen werden. Der historische Gegenstand wird nicht ontologisch auf Grund eines »immanenten Wertes oder Sinns« gebildet, der – wie Troeltsch annimmt – seine »Verbindung mit dem Absoluten« garantiert[12]; er ist nicht der Ort oder die Weise der Offenbarung des Absoluten in der Geschichtsentwicklung, wie Meinecke behauptet[13]. Er ist das Produkt einer Begriffsbildung auf der Grundlage des empirisch Gegebenen: »nur durch die Voraussetzung, daß ein *endlicher* Teil der unendlichen Fülle der Erscheinungen allein *bedeutungsvoll* sei, wird der Gedanke einer Erkenntnis *individueller* Erscheinungen überhaupt logisch sinnvoll«[14]. Bedeutung ist dabei keine konstituierende Eigenheit der Erscheinungen; sie ist das Ergebnis einer Sinngebung.

Sodann erkennt Weber ausdrücklich nicht nur die Möglichkeit an, Erfahrungsregeln (oder »Regeln des Geschehens«) für die Kulturerscheinungen zu bestimmen, sondern er betont ihre unerläßliche Funktion für die Geschichtsforschung. Die Arbeit der »systematischen Kulturwissenschaften«, d. h. der Sozialwissenschaften, bildet die ständige Voraussetzung einer Geschichtsforschung, die Erkenntnischarakter besitzt. Die Behauptung, daß die

Wirklichkeit aus allgemeinen Gesetzen nicht deduzierbar ist, bedeutet keineswegs, daß deren Kenntnis für die historische Erkenntnis wertlos sei; es bedeutet lediglich, daß sie keine primäre (und abschließende), sondern eine instrumentale Funktion besitzt. Weber hat über das Werk Lamprechts und über alle Versuche, die Methoden und Perspektiven der Naturwissenschaften auf den Boden der historischen Erkenntnis zu übertragen, ein sehr hartes Urteil abgegeben. Daraus kann man aber nicht schließen – wie Tenbruck es tut[15] –, daß seine Methodologie anti-naturalistisch orientiert sei. Webers Insistieren auf Kausalerklärung nimmt einerseits Rickert auf (eine Auffassung, die übrigens den neukantianischen Erkenntnistheoretikern gemeinsam war), andererseits bringt es eine deutliche Annäherung an die methodologische Einstellung des Positivismus, d. h. an eine der deutschen Tradition fremde Einstellung. Für Weber ist die Wissenschaft, jede Wissenschaft, immer kausale Erklärung; und diese setzt nicht nur Begriffe, sondern auch »Erfahrungsregeln«, Gesetze, voraus. Weber bricht damit mit dem methodologischen Erbe der historischen Schule und läßt die dem Historismus des 19. Jahrhunderts teuren Dichotomien fallen, wie etwa die zwischen Erklärung und Verstehen. Er stellt sich die Aufgabe, die *spezifische* Ausrichtung des Erklärungsprozesses, die Funktion und die Struktur des nomologischen Wissens in den Geschichts- und Sozialwissenschaften zu bestimmen. Dafür bietet ihm die Erkenntnistheorie Rickerts einen Ansatz.

II

Webers Bezug auf Rickert ist unleugbar, aber seine Bedeutung ist umstritten[16]. Wir müssen uns daher einleitend fragen, was genau er aus den »Grenzen« entnimmt, auf welche Rickertschen Lehren er sich beruft, auf welche Weise er sie interpretiert. Zunächst fällt die Ähnlichkeit des Untersuchungsbereichs auf, in dem Rickert und Weber sich bewegen und der in der Analyse der *logischen* Struktur der historischen Erkenntnis besteht. In voller Übereinstimmung mit der neukantianischen Einstellung führt Rickert die vergleichende Untersuchung der Naturerkenntnis und der historischen Erkenntnis ausschließlich mit Rücksicht auf die Art der Begriffsbildung durch, d. h. auf die Art, in der das Mannigfaltige der Anschauung begrifflich organisiert wird. Dabei sieht er gänzlich von möglichen Unterschieden des psychologischen Vorgehens ab. Erkenntnistheorie und Psychologie haben für ihn nichts Gemeinsames; deshalb kann diese nicht als Grundlage jener dienen. Die Psychologie ist eine empirische Wissenschaft, genauer eine Naturwissenschaft, und als solche ist sie Gegenstand kritischer Untersuchung, genau wie die anderen empirischen Wissenschaften. Weber übernimmt von Rickert diese Unterscheidung zwischen Psychologie und Methodologie und bestätigt die logische Irrelevanz der psychologischen Merkmale des Forschungsverfahrens. Dies trennt ihn von Anfang an von Dilthey, für den die Erkenntnistheorie sich auf die Analyse der psychischen Struktur und der verschiedenen Systeme gründet, in welche sie sich gliedert. Noch in den zwischen 1905 und 1910 (gleichzeitig mit den wichtigsten methodologischen Aufsätzen Webers) veröffentlichten »Studien zur Grundlegung der Geisteswissenschaften« behauptete Dilthey, daß die Wissenstheorie eine Untersuchung des psychischen Lebens in seiner Totalität voraussetze, in dem und auf dessen Grundlage die Erkenntnis entsteht. Weber führt zwar keine direkte Polemik gegen Dilthey, ja er erklärt sogar, daß diese nicht zu seinen Absichten gehöre[17]; aber in beiden Teilen des Aufsatzes »Knies und das Irrationalitätsproblem« (1905-06) kritisiert er ähnliche Positionen, die in der deutschen philosophischen Kultur jener Zeit weit verbreitet waren – Positionen von Wilhelm Wundt bis Hugo Münsterberg, von den »Problemen der Geschichtsphilosophie« Georg Simmels bis zu der »Herrschaft des Wortes« von Friedrich Gottl und bis zur »Grundlegung der Aesthetik« von Theodor Lipps. Nicht zufällig erscheinen in diesem Weberschen Aufsatz mehrere Zitate – und immer zustimmend – aus den »Logischen Untersuchungen« von Edmund Husserl, d. h. aus einem Text mit deutlich antipsychologistischem Akzent.

Aber die positive Beziehung zwischen Weber und Rickert beschränkt sich nicht darauf. Aus den »Grenzen« entnimmt Weber nicht nur den methodischen Unterscheidungsmaßstab zwischen Naturerkenntnis und historischer Erkenntnis; er entnimmt ihnen auch die Unterscheidung zwischen zwei mit der Begriffsbildung verbundenen logischen Idealen, die schon den Anfang des Aufsatzes »Roschers ›historische Methode‹« leitet. Auch in diesem Punkte entfernt sich Weber deutlich von Dilthey, indem er sich

Windelbands Diltheykritik in »Geschichte und Naturwissenschaft« (1894) zu eigen macht, die auch Rickert entwickelt hatte. Die Unterscheidung zwischen »Natur« und »Geist«, zwischen physischer und psychischer Welt, ist vom logischen Standpunkt aus gesehen irrelevant; beide können Gegenstand sowohl der Naturerkenntnis als auch der historischen Erkenntnis werden. Die Ablehnung des Begriffs der Geisteswissenschaften ist bei Weber ausdrücklich: »Die *logische* Eigenart ›historischer‹ Erkenntnis im Gegensatz zu der im *logischen* Sinne ›naturwissenschaftlichen‹ hat mit der Scheidung des ›Psychischen‹ vom ›Physischen‹, der ›Persönlichkeit‹ und des ›Handelns‹ vom toten ›Naturobjekt‹ und ›mechanischen Naturvorgang‹ durchaus nichts zu schaffen«[18]. Weber übernimmt von Rickert ferner die Ableitung des Gegenstandes – im logischen Sinne – von der Methode. Der Gegenstand des Erkennens wird durch ein Verfahren der Begriffsbildung *konstituiert.* Rickert hatte, indem er die Auffassung der Erkenntnis als Abbildung der Wirklichkeit zurückwies, das Problem der historischen Begriffsbildung formuliert mit der Frage, »ob eine wissenschaftliche Bearbeitung und Vereinfachung der anschaulichen Wirklichkeit möglich ist, ohne daß, wie in der Naturwissenschaft, zugleich auch die Individualität verloren geht, d. h. ob aus der unübersehbaren Mannigfaltigkeit des anschaulichen Inhalts bestimmte Bestandteile so herausgehoben und zu Begriffen zusammengeschlossen werden können, daß sie nicht das einer Mehrheit Gemeinsame, sondern das nur an einem Individuum Vorhandene darstellen«[19]. Der Gegenstand der historischen Erkenntnis wurde so als »Individuum« gekennzeichnet, als ein Individuum, das zu einem kausalen »historischen Zusammenhang« gehört[20]. Auch für Weber beruht »alle denkende Erkenntnis der unendlichen Wirklichkeit durch den endlichen Menschengeist . . daher auf der stillschweigenden Voraussetzung, daß jeweils nur ein endlicher *Teil* derselben den Gegenstand wissenschaftlicher Erfassung bilden, daß nur er ›wesentlich‹ im Sinne von ›wissenswert‹ sein solle«[21]. Und das Auswahlkriterium kann einerseits die »›gesetzmäßige‹ Wiederkehr bestimmter ursächlicher Verknüpfungen« oder die »gleich wenig *aus* den Gesetzen *deduzierbar(e)*« individuelle Wirklichkeit eines besonderen Prozesses sein[22]. Wie für Rickert hat auch für Weber der Gegenstand der historischen Erkenntnis individuellen Charakter, der von der Art der dieser Erkenntnisform eigenen Begriffsbildung bestimmt ist.

Bei der Definition des Auswahlkriteriums, das die historische Erkenntnis benutzt, greift Weber schließlich auf den Rickertschen Begriff der »Wertbeziehung« (der bei Windelband noch nicht auftritt) zurück. In den Geschichts- und Sozialwissenschaften – so schreibt Weber im Objektivitätsaufsatz – wollen wir »die uns umgebende Wirklichkeit des Lebens, in welches wir hineingestellt sind, *in ihrer Eigenart* verstehen – den Zusammenhang und die Kultur*bedeutung* ihrer einzelnen Erscheinungen in ihrer heutigen Gestaltung einerseits, die Gründe ihres geschichtlichen So-und-nicht-anders-Gewordenseins andererseits«[23]. Dies »setzt die Beziehung der Kulturerscheinungen *auf Wertideen* voraus«[24]. Die Wertbeziehung nimmt, wie bei Rickert, die Funktion des eigentümlichen Auswahlkriteriums der historischen Erkenntnis im Gegensatz zur Naturerkenntnis an; sie definiert zugleich den Kulturcharakter des historischen Gegenstandes und den Umfang der Kultur. Rickert hatte zwischen Natur und Kultur auf der Grundlage des Prinzips unterschieden, daß die Wirklichkeit »Natur wird, wenn wir sie betrachten mit Rücksicht auf das Allgemeine«, dagegen Geschichte, »wenn wir sie betrachten mit Rücksicht auf das Besondere«[25], und er hatte diese zweite Betrachtungsart mit Hilfe der Wertbeziehung gekennzeichnet. Weber nimmt diese Formulierung auf und behauptet: »Die empirische Wirklichkeit *ist* für uns ›Kultur‹, weil und sofern wir sie mit Wertideen in Beziehung setzen, sie umfaßt diejenigen Bestandteile der Wirklichkeit, welche durch jene Beziehung für uns *bedeutsam* werden, und *nur* diese«[26]. Er faßt das Verhältnis von Individualität, Bedeutung und Wert in derselben Weise wie Rickert, und ähnlich fällt für ihn die »Kultur« mit der geschichtlichen Welt zusammen, die als Gesamtheit der (möglichen) Gegenstände der historischen Erkenntnis angesehen wird. In diesem Sinne, und in keinem anderen, ist »der Begriff der Kultur ein *Wertbegriff*«[27] und sind die Geschichts- und Sozialwissenschaften Kulturwissenschaften.

Rickert bietet Weber daher einen erkenntnistheoretischen Rahmen, die philosophische Grundlage, auf der dieser die Analyse der Geschichts- und Sozialwissenschaften entwickeln kann. Es wäre ein schwerer Irrtum, diese Beziehung zu unterschätzen, wie dies manchmal geschehen ist und noch geschieht. Aber Webers Berufung auf Rickert enthält auch eine deutlich bestimmte, wenn auch nicht ausdrücklich erklärte Distanz. Diese betrifft zunächst vor allem die Ebene der Betrachtung. Rickert hatte eine Wissenstheorie formuliert, für die das Subjekt der Erkenntnis das transzendentale Subjekt ist, das keiner räumlichen und zeitlichen Begrenzung unterliegt, d. h., es ist das »Bewußtsein überhaupt«; Weber führt dagegen eine methodologische Untersuchung *aus dem Inneren* der Geschichts- und Sozialwissenschaften mit Rücksicht auf deren besondere Problemkonstellationen durch. Rickert hatte die Absicht, die historische Erkenntnis in eine Wissenstheorie einzugliedern, die ihrerseits Bestandteil einer Werttheorie ist, um so der historischen Erkenntnis eine »Grundlage« zu geben; Weber betont dagegen: »Ein System der Kulturwissenschaften auch nur in dem Sinne einer definitiven, objektiv gültigen, systematisierenden Fixierung der *Fragen* und *Gebiete*, von denen sie zu handeln berufen sein sollen, wäre ein Unsinn an sich«[28]. Weber wie Rickert (und die ganze deutsche neukantianische Bewegung) berufen sich auf die Kantische Kritik und sehen in ihr »den Grundgedanken ... der modernen Erkenntnislehre«; aber dieses Prinzip wird bei Weber nicht im Sinne einer Organisation des Wissens mittels universeller Kategorien verstanden, sondern in dem Sinn, daß »die Begriffe vielmehr gedankliche Mittel zum Zweck der geistigen Beherrschung des empirisch Gegebenen sind und allein sein können«[29].

Dieser Unterschied der Einstellung hängt eng mit einer verschiedenen Auffassung der Werte und daher auch der Wertbeziehung zusammen. Für Rickert wie auch schon für Windelband besitzen die Werte eine allgemeine (und notwendige) Gültigkeit, unabhängig von ihrer empirischen Verwirklichung; und sie fügen sich systematisch in einem »normalen Bewußtsein« zusammen. Folglich ist hier die Wertbeziehung nicht bloß ein Auswahlkriterium für die unendliche Mannigfaltigkeit des empirisch Gegebenen; sie ist vielmehr die Grundlage der unbedingten Gültigkeit der historischen Erkenntnis und ihrer Ergebnisse. Wie es in den »Grenzen« ausdrücklich heißt: »Die Geltung der geschichtlichen Darstellung muß abhängig sein von der Geltung der Werthe, auf welche die historische Wirklichkeit bezogen wird, und daher setzt der Anspruch auf unbedingt allgemeine Geltung der historischen Begriffe die Anerkennung von unbedingt allgemeinen Werthen voraus«[30]. Eine solche Anerkennung ist Weber durchaus fremd. Im Gegenteil, für ihn sind die Wertideen, auf die sich die Geschichts- und Sozialwissenschaften beziehen, wenn sie einer

Erscheinung eine Bedeutung beimessen, d. h., wenn sie sie als historischen »Gegenstand« konstituieren, »subjektiv«; das bedeutet, daß »sie natürlich historisch wandelbar sind mit dem Charakter der Kultur und der die Menschen beherrschenden Gedanken selbst«[31]. Folglich nimmt die Wertbeziehung den Charakter eines methodischen Prinzips an; sie bezeichnet die Richtung des Erkenntnisinteresses, den Standpunkt, der einer bestimmten Forschung (oder einer bestimmten, ebenfalls geschichtlich bedingten Disziplin) zugrunde liegt. Die Wertbeziehung ermöglicht es uns, in einem Geschichtsprozeß die Elemente aufzufinden, die *uns* als wesentlich *erscheinen* und denen *wir* daher eine Bedeutung beimessen. Auf dieser Grundlage konstituiert sich die Kultur als »ein vom Standpunkt des *Menschen* aus mit Sinn und Bedeutung bedachter endlicher Ausschnitt aus der sinnlosen Unendlichkeit des Weltgeschehens«[32]. Bezugspunkt ist der Mensch und nicht das System universeller Werte, das eine gegenüber der empirischen Wirklichkeit transzendente Existenz besitzt. »Transzendentale Voraussetzung jeder *Kulturwissenschaft* ist *nicht* etwa, daß wir eine bestimmte oder überhaupt irgend eine ›Kultur‹ *wertvoll* finden, sondern daß wir Kultur*menschen sind*, begabt mit der Fähigkeit und dem Willen, bewußt zur Welt *Stellung* zu nehmen und ihr einen *Sinn* zu verleihen«[33]. Die Wertbeziehung beruht nicht mehr, wie bei Rickert, auf der Anerkennung der unbedingten Gültigkeit der Werte; sie setzt nur die Anerkennung der Existenz von historisch veränderlichen Werten voraus, auf deren Grundlage der Mensch bestimmten Elementen der empirischen Wirklichkeit einen Sinn gibt.

In den Jahren nach 1910 werden Rickert und Weber ihre Interpretation der Werte und des (nicht nur Erkenntnis-) Verhältnisses von Mensch und Wert in immer weiter voneinander abweichenden Richtungen entwickeln. Von den Aufsätzen »Vom Begriff der Philosophie« (1910) und »Lebenswerte und Kulturwerte« (1911) an über die in »Die Philosophie des Lebens« (1920) und im Artikel »Psychologie der Weltanschauungen und Philosophie der Werte« (1920) geführten Auseinandersetzungen bis zum ersten Band des »Systems der Philosophie« (1921) geht Rickert auf eine Systematik der Werte zu, die auf ihrer Zusammenstellung in einander über- und untergeordneten Sphären (Wissenschaft, Kunst, Religiosität; ethische Gemeinschaft, erotische Gemeinschaft, religiöse Gemeinschaft) beruht[34]. Weber dagegen gelangt, besonders im Aufsatz »Der Sinn der ›Wertfreiheit‹ der soziologischen und ökonomischen Wissenschaften« (1913/1917) und in der »Zwischenbetrachtung« der »Wirtschaftsethik der Weltreligionen« (1915/1920), zu einer Werttheorie, die nicht nur von selbständigen und untereinander nicht reduzierbaren Wertsphären ausgeht, sondern auch den unversöhnlichen Konflikt zwischen und in diesen Sphären betont. Ob und, wenn ja, in welchem Maße auf diese Entwicklung des Weberschen Denkens Nietzsche – vor allem vermittelt durch Simmels Buch »Schopenhauer und Nietzsche« (1907) – und der späte Dilthey Einfluß ausgeübt haben, ist eine immer noch umstrittene Frage[35], die uns hier allerdings nicht weiter zu beschäftigen braucht. Was wir dagegen vor allem unterstreichen müssen, ist die Tatsache, daß von 1904, d. h. vom Objektivitätsaufsatz an, Webers Stellung sich zunehmend von der Rickerts unterscheidet. Und das ist es ihm ermöglicht, seine Analyse auf die Diskussion von besonderen Problemen zu richten, die ihm von der Situation der Geschichts- und Sozialwissenschaft seiner Zeit gestellt oder auferlegt wurden.

III

Nicht weniger wichtig als die Beziehung zu Rickert ist die zur historischen Schule der Nationalökonomie und zu Menger, die unter einem entgegengesetzten Zeichen steht. Die Polemik mit Roscher und Knies ist kein zufälliger Ausgangspunkt der methodologischen Analyse Webers; sie ist eher der Weg, über den er in die allgemeine zeitgenössische Debatte über die Methode der Geschichts- und Sozialwissenschaften gelangt. Weber weist schon von 1903 an ausdrücklich den Anspruch zurück, »neben dem gesetzlichen Zusammenhang der Gegenwartserscheinungen auch und vor allem die Entwicklungsgesetze des *geschichtlichen* Ablaufs der Erscheinungen feststellen« zu wollen[36]; es ist der Anspruch, im Leben der Völker eine »Aufeinanderfolge von in sich wesensgleichen Stufen auf *allen* Kulturgebieten« auffinden zu können[37]. Seine Kritik wendet sich also gegen die Voraussetzungen, auf die sich die »historische Methode« Roschers gründet: die Entwicklung eines Volkes als Produkt eines »Volksgeistes« zu betrachten, der »ein einheitliches reales Wesen metaphysischen Charakters« besitzt und der als *Realgrund* aller einzelnen Kulturäußerungen des Volks angesehen« wird, »welche aus ihm *emanie-ren*«[38]; er wendet sich gegen die »Behandlung der ›Völker‹ als *Gattungswesen*« mit einem »nach Art der Entwicklung der einzelnen Lebewesen« aufgefaßten eigenen Lebenszyklus[39]; gegen die daraus entstehende Möglichkeit, »*Parallelismen*« im Leben der Völker zu finden, die »durch stetige Vervollkommnung der Beobachtung schließlich zum logischen Range von ›Naturgesetzen‹ erhoben werden können, welche für die Gattung ›Volk‹ gelten«[40]. Über die Anklage der Unzulänglichkeit der »historischen Methode« Roschers gelangte Weber dazu, die allgemeine Einstellung der historischen Schule, ihre organische Theorie der Gesellschaft und der Geschichte, ihre Auffassung der Aufgabe und der logischen Struktur der historischen Erkenntnis zu verwerfen. Die Bezüge auf Savigny, aber auch auf Fichte und Adam Müller sind unter diesem Gesichtspunkt besonders bezeichnend.

In der Kritik der historischen Schule der Nationalökonomie nimmt Weber weitgehend die Argumente wieder auf, die Menger in den »Untersuchungen über die Methode der Socialwissenschaften und der politischen Oekonomie insbesondere« (1883) geltend gemacht hatte. Menger wies die Reduktion der Wirtschaftswissenschaft auf eine »specifisch historische Wissenschaft« zurück, die als »ein organischer Theil einer universellen Gesellschaftswissenschaft« betrachtet wurde[41]; zu diesem Zweck formulierte er die Unterscheidung zwischen zwei Erkenntnisformen, der Erkenntnis der »concreten Phänomene in ihrer Stellung in Raum und Zeit und in ihren concreten Beziehungen zu einander« und der »Erkenntnis des *Generellen* der Erscheinungen«, d. h. ihrer »typischen Relationen«[42]. Auf dieser Grundlage konnte Menger die Nationalökonomie als eine theoretische Disziplin auffassen, die von den historischen Wirtschaftswissenschaften, nämlich von der Geschichte und der Statistik der Volkswirtschaft, aber auch von den praktischen Wissenschaften oder »Kunstlehren« wie der Volkswirtschaftspolitik und der Finanzwissenschaft, verschieden ist[43]. Das historische Verstehen ist nicht die einzige Art, die wirtschaftlichen Erscheinungen zu erfassen; wir können sie in der Tat auch »in *theoretischer* Weise«, d. h. »als einen speziellen Fall einer gewissen Regelmäßigkeit (Gesetzmäßigkeit) in der Aufeinanderfolge, oder in der Coexistenz der Erscheinungen«, erfassen[44]. Gegen die »Verwechslung von Geschichte und Theorie«, die dazu geführt hatte, das Bestehen einer theoretischen Wissenschaft der ökonomischen Prozesse zu verneinen[45], forderte Menger die Möglichkeit, ökonomische »Gesetze« zu bestimmen, die nicht als Entwicklungstendenzen und auch nicht als einfache »empirische Gesetze« auf induktiver Basis, sondern als »exakte Gesetze« aufgefaßt waren; und er gründete sie auf die »Isolierung« der »constitutiven Factoren der Menschheitserscheinungen«, die dem wirtschaftlichen Verhalten zugrunde liegen[46]. Ähnlich kämpfte Menger gegen die Auflösung der Volkswirtschaftslehre in eine allgemeine Gesellschaftswissenschaft, indem er die Wirtschaft auf »die auf die Deckung ihres Güterbedarfes gerichtete vorsorgliche Tätigkeit der Menschen« eingrenzte und ihre konstitutiven Faktoren in den »Bedürfnissen«, in den »den Menschen unmittelbar von der Natur dargebotenen Gütern« und im »Streben nach möglichst vollständiger Befriedigung der Bedürfnisse« ausmachte[47].

Weber übernimmt von Menger sowohl die Unterscheidung zwischen historischer und theoretischer Erkenntnis als auch die Abgrenzung des Bereichs der Wirtschaftswissenschaft auf der Grundlage der Grenznutztheorie. Die Unterscheidung zwischen den beiden Erkenntnisformen wird jedoch auf die von Rickert formulierte Unterscheidung zwischen »Gesetzeswissenschaften« und »Wirklichkeitswissenschaften« zurückgeführt; ja, es wird auf die »teilweise unzutreffenden Folgerungen« angespielt, die Menger daraus gezogen hat[48]. Bei näherer Betrachtung handelt es sich nicht um eine nebensächliche Bemerkung, wie die zufällige Weise vermuten lassen könnte, in der sie ausgedrückt wird. Es handelt sich vielmehr – wie aus dem Objektivitätsaufsatz klar hervorgeht – um die Markierung eines wesentlichen Unterschiedes: Für Menger war die Volkswirtschaftslehre eine theoretische Wissenschaft im Gegensatz zu den historischen Wissenschaften, während sie für Weber zur historischen Erkenntnis gehört. Weber schätzt zwar an Mengers Gegenüberstellung von »abstrakt« theoretischer Methode und empirischer Geschichtsforschung, daß »sie .. durchaus richtig die methodische Unmöglichkeit [erkennt], durch Formulierung von ›Gesetzen‹ die geschichtliche Erkenntnis der Wirklichkeit zu ersetzen oder umgekehrt durch bloßes Aneinanderreihen historischer Beobachtungen zu ›Gesetzen‹ im strengen Sinn zu gelangen«[49]; er hält es jedoch für ungerechtfertigt, »den Lehrsätzen der abstrakten Theorie« – wie es Menger tat – eine »empirische *Geltung* im Sinne der *Deduzier-*

barkeit der Wirklichkeit aus den ›Gesetzen‹ beizumessen«[50]. Die Wirtschaftstheorie ist für ihn ein organisiertes Ganzes von Idealtypen, das auf der Grundlage von bestimmten Annahmen errichtet wird; »sie bietet uns ein *Ideal*bild der Vorgänge auf dem Gütermarkt bei tauschwirtschaftlicher Gesellschaftsorganisation, freier Konkurrenz und streng rationalem Handeln«, ein Gedankenbild, das »bestimmte Beziehungen und Vorgänge des historischen Lebens zu einem in sich widerspruchslosen Kosmos *gedachter* Zusammenhänge vereinigt«[51]. Die Wirtschaftstheorie behält so ihren systematischen Charakter bei und auch eine relative Selbständigkeit, jedoch innerhalb einer individualisierenden Erkenntnisform. Gleichzeitig lehnt Weber den Versuch ab, der Grenznutztheorie eine psychologische Grundlage zu geben. Lange bevor er dieser einen heftig polemischen Aufsatz widmet[52], unterstreicht er, daß »die abstrakte Theorie meinte, sich auf psychologische *Axiome* stützen zu können«, daß es sich aber bei ihr »nur scheinbar um ›Deduktionen‹ aus psychologischen Grundmotiven« handele; denn »gerade die bisher vorliegenden … Ansätze psychologischer Interpretation ökonomischer Erscheinungen zeigen jedenfalls, daß *nicht* von der Analyse psychologischer Qualitäten des Menschen zur Analyse der gesellschaftlichen Institutionen fortgeschritten wird, sondern gerade umgekehrt die Aufhellung der psychologischen Voraussetzungen und Wirkungen der Institutionen die genaue Bekanntschaft mit diesen letzteren und die wissenschaftliche Analyse ihrer Zusammenhänge *voraussetzt*«[53]. Aber Weber geht noch weiter. Was Menger für die abstrakte Theorie reklamiert, nämlich Einseitigkeit, ist nur »ein Spezialfall eines ganz allgemein für die wissenschaftliche Erkenntnis der Kulturwirklichkeit geltenden Prinzips«[54].

Weber ist also weit davon entfernt, die von Menger vorgeschlagene Auffassung der Wirtschaftswissenschaft zu teilen. Die Wirtschafstheorie als eine »abstrakte« Disziplin bietet Idealtypen und gehört zu den Geschichts- und Sozialwissenschaften. Sie fällt somit auf die andere Seite der Trennungslinie, die Menger gezogen hatte; und ihre Gesetze, weit davon entfernt, »exakte« Gesetze mit allgemein gültigem Wert zu sein, verwandeln sich in Interpretationsmodelle der ökonomischen Erscheinungen in ihrer geschichtlichen Wirklichkeit. Auf diese Weise tritt auch der Unterschied zutage, der die Webersche Kritik der historischen Schule der Nationalökonomie von der von Menger formulierten trennt.

Weber weist die Voraussetzungen der »historischen Methode« Roschers nicht deshalb zurück, weil sie eine Reduktion der Nationalökonomie auf Geschichtswissenschaft mit sich bringen, sondern weil sie ein nur scheinbar historisches Verfahren definieren, das jedoch mit der logischen Struktur der historischen Erkenntnis unvereinbar ist. Und gegen Roscher, aber im Grunde auch gegen Menger, macht er sowohl den »provisorischen *heuristischen* Wert« – und daher den rein instrumentalen Charakter – der von der Nationalökonomie entdeckten »Regelmäßigkeiten« geltend[55] als auch die Nichtdeduzierbarkeit der Geschichtsprozesse aus einem »System absolut allgemeingültiger *Formeln*«[56].

Aber nicht allein die Schlußfolgerungen, auch die Absichten der Weberschen Kritik sind von denen Mengers verschieden. Die Polemik gegen Roscher und Knies betrifft weniger die Auffassung der Wirtschaftswissenschaft als vielmehr ihre methodologischen Voraussetzungen, und sie erweitert sich im übrigen zu einer *allgemeinen* Kritik der Einstellung der historischen Schule. Nicht zufällig bleibt in den beiden Teilen des Aufsatzes »Knies und das Irrationalitätsproblem« der Bezug auf das Werk Knies' im Hintergrund, und die Webersche Kritik richtet sich einerseits gegen die Tendenz, freies Handeln mit irrationalem Handeln zu identifizieren, andererseits gegen den historischen Objektivismus und den historischen Intuitionismus. Indem er die Gleichsetzung von Freiheit und Irrationalität zurückweist, will Weber die Möglichkeit einer rationalen Interpretation des Handelns rechtfertigen, die es gestattet, »zu verstehen«, d. h., das »Motiv« oder die »Motive« zu bestimmen, aus denen es herkommt. Gleichzeitig will er zeigen, daß dieses Verstehen und kausale Erklärung durchaus nicht unvereinbar sind – wie die Theorie des Verstehens des 19. Jahrhunderts von Droysen bis Dilthey behauptet hatte –, sondern daß sie aufeinander verweisen, wenn sie nicht sogar zusammenfallen. Das rationale Verstehen als »Interpretation auf den ›Sinn‹ des Handelns« hin stellt sich in der Tat als teleologische Interpretation dar[57]; aber die wissenschaftliche Verwendung der Kategorien Zweck und Mittel setzt ein »gedanklich geformtes nomologisches *Wissen*« voraus[58]. Denn – so beobachtet Weber – »es gibt zwar kausale Verknüpfung ohne Teleologie, aber keine teleologischen *Begriffe* ohne Kausalregeln«[59]. Weber setzt den wesentlich rationalen Charakter des menschlichen Handelns nicht einfach voraus, so wie er auch die Rationalität des Geschichtsprozesses verneint; er versucht aber, das rationale Handeln methodologisch zu bestimmen und es dadurch auch für das Verstehen des irrationalen Handelns einzusetzen. Das rationale Handeln fällt dabei nicht mit dem wirtschaftlichen Handeln zusammen, das letztlich am Grenznutzprinzip orientiert ist; es wird weiter gefaßt und als ein Handeln verstanden, das sich auf die Benutzung von geeigneten Mitteln zur Erreichung beliebiger Zwecke gründet. Auf diese Weise wird es das Modell (d. h. der Idealtypus) eines Handelns, das den höchsten Grad der Verständlichkeit aufweist. Verstehen und Rationalität sind korrelativ: Je rationaler ein Handeln ist, d. h., je mehr es im teleologischen Sinne ausgerichtet ist, desto verständlicher ist es, während ein ganz irrationales Handeln im Grenzfall unverständlich wäre. Auf dieser Grundlage führt Weber seine Polemik gegen die Auffassung des Verstehens als unmittelbare »Anschauung« oder als »Einfühlung«. Nicht die der Erklärung entgegengesetzte »Anschauung«, sondern die rationale Deutung, die auf diese verweist und durch sie die empirische Bestätigung findet, ist dasjenige Verstehen, dem ein Erkenntniswert beizumessen ist.

Im Zuge der Kritik der historischen Schule der Nationalökonomie nimmt Weber jedoch auch zu Hegel Stellung. In der Hegelschen Lehre sieht er eine (dritte) Möglichkeit, die die von Rickert definierten Erkenntnisrichtungen überwinden könnte, indem sie das Allgemeine als das individuell Bedeutsame erkennt. Er weist diese Möglichkeit aber zurück, weil sie in seiner Sicht auf eine »›emanatistische‹ Auffassung des Wesens und der Geltung der ›höchsten‹ Begriffe« hinausläuft[60]. Die Diskussion darüber führt zu einer zweifachen Ablehnung der historischen Perspektive Roschers, der sich auf einen »Vorsehungsglauben« Rankescher Herkunft beruft und damit »Hegels panlogistisches Bedürfnis ... verflüchtigte«[61]. Auch in der Folgezeit wird der Emanatismus für Weber das Erkennungszeichen der Hegelschen Philosophie bleiben. Bezeichnend ist der Vergleich, den er zwischen der »historischen Methode« Roschers und der Hegelschen Dialektik zieht. Am Schluß der dem Werk Roschers gewidmeten Kritik beobachtet Weber, daß dieser eine »*Rückbildung*« im Hinblick auf die »glänzenden metaphysischen Konstruktionen« Hegels darstellt; aber diese Rückbildung erscheint ihm auch wie ein »Gesundungsprozeß, man kann geradezu sagen: ein *Fortschritt* in der Unbefangenheit oder ... ›Voraussetzungslosigkeit‹ der wissenschaftlichen

Arbeit«[62]. Die Distanz von Hegel erscheint somit genauso deutlich wie die Distanz zur historischen Schule der Nationalökonomie. Weber macht damit seinen Bruch mit den verschiedenen
Traditionen des Historismus des 19. Jahrhunderts offenkundig:
sowohl mit dem romantischen Historismus der historischen
Schule als auch mit dem, der in den nachkantischen Idealismus
eingeflossen war und im Hegelschen Konzept der »Weltgeschichte« als Verwirklichung des »Weltgeistes« gipfelte.

IV

Das Hauptproblem der Weberschen Methodologie ist das Problem der Objektivität der Geschichts- und Sozialwissenschaften.
Es wird am Anfang des Objektivitätsaufsatzes folgendermaßen
formuliert: »in welchem Sinne *gibt* es ›objektiv gültige Wahrheiten‹ auf dem Boden der Wissenschaften vom Kulturleben *überhaupt*?«[63] Schon die Formulierung des Problems zeigt die Distanz, die Weber hinfort von Rickert trennt. Wenn »alle Erkenntnis der Kulturwirklichkeit ... stets eine Erkenntnis unter spezifisch *besonderen* Gesichtspunkten« ist[64], d. h., wenn sie »also insofern an ›subjektive‹ Voraussetzungen *gebunden* ist, als sie sich
nur um diejenigen Bestandteile der Wirklichkeit kümmert, welche irgend eine – noch so indirekte – Beziehung zu Vorgängen
haben, denen wir Kultur*bedeutung* beilegen«[65], so handelt es sich
darum, die Bedingungen zu bestimmen, die es ihr ermöglichen,
trotz der Subjektivität der Voraussetzungen zu objektiv gültigen
Ergebnissen zu gelangen. Ein solches Problem war der Rickertschen Einstellung durchaus fremd; für sie vollzieht die historische
Erkenntnis wohl auf Grund einer Wertbeziehung die Auswahl
innerhalb der unendlichen Mannigfaltigkeit des empirisch Gegebenen, aber diese Beziehung selbst ist imstande, den objektiven
Charakter der Voraussetzungen zu gewährleisten. Schon in seinem ersten Buch »Der Gegenstand der Erkenntnis« (1892) hatte
Rickert als Maßstab der Objektivität des Erkennens die Anerkennung eines im Verhältnis zum Subjekt transzendenten »Sollens«
angegeben; und in den »Grenzen« hatte er die Gültigkeit der
historischen Erkenntnis und ihrer Ergebnisse ausdrücklich an die
Beziehung auf unbedingte Werte gebunden. Dank ihrer Wertbeziehung »besitzt« die historische Erkenntnis »eine überindividu-

elle Geltung«[66]. Für Weber drückt dagegen die Wertbeziehung den subjektiven Charakter der Voraussetzungen der Forschung aus. Folglich werden die Bedingungen der Objektivität der Geschichts- und Sozialwissenschaften *innere Bedingungen des Erkenntnisprozesses*. Es handelt sich um Bedingungen, die sie mit der Naturwissenschaft teilen, die jedoch wegen der unterschiedlichen logischen Struktur der beiden Erkenntnisformen einen verschiedenen Charakter annehmen.

Die erste dieser Bedingungen – die Weber nachdrücklich unterstreicht und auf die er viele Jahre später im Aufsatz »Der Sinn der ›Wertfreiheit‹ der soziologischen und ökonomischen Wissenschaften« zurückkommen wird – ist der strenge Ausschluß der Werturteile aus dem Erkenntnisprozeß. Dies ist eine Bedingung, die nicht nur für die Geschichts- und Sozialwissenschaften gilt. Denn »es (kann) niemals Aufgabe einer Erfahrungswissenschaft sein ..., bindende Normen und Ideale zu ermitteln, um daraus für die Praxis Rezepte ableiten zu können«[67]. Diesem Ausschluß kommt ein besonderes Gewicht in den Geschichts- und Sozialwissenschaften zu, gerade weil sie von »Wertideen« ausgehen, welche »subjektiv« sind. In der Tat hatte schon Rickert zwischen Werturteil und Wertbeziehung unterschieden und den wertenden Charakter der letzteren verneint. Weber nimmt die Rickertsche Unterscheidung wieder auf, und auf ihrer Grundlage schreibt er der Wertbeziehung die Funktion eines Relevanzkriteriums, nicht aber eines Wertungsprinzips des historischen Gegenstandes zu. Die Wertideen ermöglichen es uns, die Bestandteile der empirischen Wirklichkeit herauszufinden, die »für uns« von einem gewissen Standpunkt aus »wichtig sind«[68]; wenn jedoch der Umfang und die Richtung der Forschung einmal definiert sind, kann diese auf Grund der methodischen Regeln voranschreiten, die ihre Objektivität gewährleisten. Zu diesem Zweck müssen sich die Geschichts- und Sozialwissenschaften jedoch auf ihrem eigenen Boden bewegen, sie müssen sich der Unmöglichkeit bewußt sein, über Wertfragen zu befinden, Stellung für oder gegen bestimmte Werte zu nehmen, wissenschaftlich ihre Gültigkeit zu »beweisen«. Das schließt jedoch die Möglichkeit einer »wissenschaftlichen Kritik von Idealen und Werturteilen«, einer »*technischen* Kritik«, durchaus nicht aus, die einerseits das Verhältnis der als Zweck angenommenen Werte und der Mittel der Verwirklichung und andererseits die Folgen angeht, die daraus und aus der

Verwendung gewisser Mittel entstehen[69]. »*Aber*: die *Geltung* solcher Werte zu *beurteilen*, ist Sache des *Glaubens*, daneben *vielleicht* eine Aufgabe spekulativer Betrachtung und Deutung des Lebens und der Welt auf ihren Sinn hin, sicherlich aber *nicht* Gegenstand einer Erfahrungswissenschaft«[70].

Die zweite – nicht mehr negative, sondern positive – Bedingung der Objektivität der Geschichts- und Sozialwissenschaften wird von Weber in der Möglichkeit der kausalen Erklärung angegeben. Auch in diesem Punkt beruft Weber sich auf Rickert, der in den »Grenzen« den allgemeinen Charakter des Kausalitätsprinzips behauptet hatte und zwischen der Kausalität der Naturwissenschaft, die mit der »Gesetzmäßigkeit« zusammenfällt, und der »individuellen historischen Kausalität« unterschied[71]. Die historische Erkenntnis will das einzelne Ereignis erklären, d. h. das Ereignis in jenen Aspekten, auf Grund deren es nicht gänzlich auf die Gesetze der Naturwissenschaft zurückgeführt werden kann. Auch für Weber entziehen sich die Geschichts- und Sozialwissenschaften nicht dem Reich der Kausalität, wenn auch ihr Erklärungsmodell nicht das einer »Ableitung« der Ereignisse von allgemeinen Gesetzen sein kann. Er beobachtet in der Tat, daß »die Kausalfrage ..., wo es sich um die *Individualität* einer Erscheinung handelt, nicht eine Frage nach *Gesetzen* [ist], sondern nach konkreten kausalen *Zusammenhängen*«; sie ist eine »Frage, welcher individuellen Konstellation sie als Ergebnis zuzurechnen ist: sie ist *Zurechnungsfrage*«[72]. Aber die Anerkennung der unendlichen Mannigfaltigkeit des empirisch Gegebenen und der Subjektivität der »Wertideen«, von denen die Forschung ausgeht, stellt ein schwieriges Problem dar: »wie ist *kausale Erklärung* einer *individuellen* Tatsache überhaupt *möglich*?, – da schon eine *Beschreibung* selbst des kleinsten Ausschnittes der Wirklichkeit ja niemals erschöpfend denkbar ist«[73]. Die Mannigfaltigkeit der konkreten Bezüge, die ein Ereignis mit anderen (vorhergegangenen oder gleichzeitigen) Ereignissen verbinden, treibt in einen *regressus ad infinitum*: »Die Zahl und Art der Ursachen, die irgend ein individuelles Ereignis bestimmt haben, ist ja stets *unendlich*, und es gibt keinerlei in den Dingen selbst liegendes Merkmal, einen Teil von ihnen als allein in Betracht kommend auszusondern«[74]. Nur die Beziehung auf »Wertideen« kann »in dieses Chaos ... Ordnung« bringen, indem sie innerhalb des empirisch Gegebenen »bestimmte *Seiten* ... welchen wir eine allgemeine

Kulturbedeutung beimessen«, und die wir daher als »*wesentlich*« betrachten, isoliert[75]. Andererseits bietet diese Beziehung aber nicht mehr, wie für Rickert, einen eindeutigen und allgemeingültigen Maßstab für die Bestimmung der relevanten Kausalverhältnisse. Die historische Erklärung wird so unvermeidlich von der Richtung des Erkenntnisinteresses bedingt: Die »Auswahl *einzelner* spezieller ›Seiten‹ des Geschehens«[76], die in bezug auf bestimmte Wertideen Bedeutung besitzen, bestimmt die Richtung des Erklärungsprozesses, d. h. die Art der zu untersuchenden Kausalverhältnisse. Für dasselbe Ereignis kann es also verschiedene Erklärungen geben, die sich auf verschiedene Gesichtspunkte beziehen; und alle sind im Prinzip legitim. Wenn sich aber die historische Erklärung weder auf ein System von allgemeinen Gesetzen (wie es die Naturerkenntnis tut) noch auf die Beziehung auf unbedingte Werte gründen kann, dann muß sie ein *inneres* Bestätigungskriterium besitzen.

Diesem Problem hat Weber einen seiner wichtigsten, aber auch schwierigsten Aufsätze gewidmet, den Aufsatz »Objektive Möglichkeit und adäquate Verursachung in der historischen Kausalbetrachtung« (der den zweiten Teil der 1906 veröffentlichten »Kritischen Studien auf dem Gebiet der kulturwissenschaftlichen Logik« bildet). Er wiederholt hier, daß »die Möglichkeit einer Auslese unter der Unendlichkeit der Determinanten ... nun zunächst durch die Art unseres historischen *Interesses* bedingt« ist; folglich besteht die historische Erklärung aus der »kausalen Erklärung derjenigen ›Bestandteile‹ und ›Seiten‹ des betreffenden Ereignisses ..., welche unter bestimmten Gesichtspunkten von ›allgemeiner Bedeutung‹ *und deshalb* von historischem *Interesse* sind«[77]. Die Auswahl betrifft jedoch nicht nur das zu erklärende Ereignis, sondern auch die vorhergegangenen Ereignisse, auf die jenes zurückgeführt wird; und dies bringt »die Ausscheidung einer Unendlichkeit von Bestandteilen des wirklichen Hergangs als ›kausal irrelevant‹« mit sich[78]. Wir müssen uns also fragen: »durch welche logischen Operationen gewinnen wir die Einsicht und vermögen wir sie demonstrierend zu begründen, *daß* eine solche Kausalbeziehung zwischen jenen ›wesentlichen‹ Bestandteilen des Erfolges und bestimmten Bestandteilen aus der Unendlichkeit determinierender Momente vorliegt«[79]. Die Verbindung, die hergestellt werden muß (und deren Bestehen bewiesen werden muß), ist nicht die zwischen einem Ereignis und seinen Antezedentien, die unendlich sind, sondern jene zwischen den Bestandteilen, die wir von einem bestimmten Gesichtspunkt aus in ihm für »wesentlich« halten, und den auf Grund desselben Gesichtspunktes relevanten Antezedentien.

Weber hat für das Problem der historischen Erklärung eine Lösung gesucht, indem er sich – wie er selbst schreibt[80] – auf die von Johannes von Kries formulierte Theorie der »objektiven Möglichkeit« und auf die Rechtslehre von der Zurechnung berief. Sowohl in den »Principien der Wahrscheinlichkeitsrechnung« (1886) als auch im folgenden Aufsatz »Über den Begriff der objektiven Möglichkeit und einige Anwendungen desselben« (1888), der Webers unmittelbare Quelle ist, hatte von Kries einer psychologischen (und subjektiven) Auffassung der Wahrscheinlichkeit eine rein logische Auffassung entgegengesetzt, welche sich auf »objective Verhältnisse der Zufalls-Spiele« bezog, die mathematisch gemessen und ausgedrückt werden konnten[81]. Er war so dazu gelangt, den Begriff der »objectiven oder physischen Möglichkeit« zu formulieren, einer auf allgemeine Bestimmungen und nicht auf Bestimmungen des einzelnen Falles gegründeten Möglichkeit, die deshalb »nomologisch« und nicht »ontologisch« ist[82]. Der Kritik Kistiakowskis und Radbruchs nicht unzugänglich, spürt Weber die Gefahr einer Übertragung der Prinzipien der Wahrscheinlichkeitsrechnung auf den Bereich der Geschichts- und Sozialwissenschaften; er warnt auch vor dem »Versuch einer analogen Verwertung ihrer Gesichtspunkte«[83]. Immerhin bietet von Kries ihm einen doppelten Ansatz: einerseits, um ein auf den Vergleich zwischen »tatsächlichem« Geschichtsprozeß und gedanklich konstruierten »möglichen Prozessen« gegründetes Erklärungsverfahren zu bestimmen, und andererseits, um das individuelle Kausalverhältnis nicht auf Grund der Notwendigkeit, sondern der Möglichkeit zu definieren. Die Zurechnung eines Ereignisses zu seinen »Ursachen«, d. h. zu vorhergehenden Ereignissen, die wir von einem besonderen Gesichtspunkt aus für kausal relevant halten, »vollzieht sich in Gestalt eines Gedankenprozesses, welcher eine Serie von *Abstraktionen* enthält«; und unter diesen ist »die erste und entscheidende ... nun eben die, daß wir von den tatsächlichen kausalen Komponenten des Verlaufs eine oder einige in bestimmter Richtung abgeändert *denken* und uns fragen, ob unter den dergestalt abgeänderten Bedingungen des Hergangs der (in den ›wesentlichen‹ Punkten) gleiche Erfolg oder *welcher andere* ›zu erwarten gewesen‹ wäre«[84]. Das Beispiel der Schlacht von Marathon oder genauer der »welthistorischen ›Tragweite‹ der Perserkriege für die abendländische Kulturentwicklung«, das Weber aus Eduard Meyers Arbeiten entnimmt, ist allzu bekannt, um eine genaue Erläuterung zu verlangen. Es stellt jedoch die Bedeutung der Weberschen Theorie der historischen Kausalität klar heraus. Weber ist davon überzeugt, daß die individuellen Kausalverhältnisse zwischen den Ereignissen nicht aus Gesetzen »abgeleitet« werden, ja daß sie nicht einmal Gegenstand direkter Beobachtung sein können – denn ihre Bestimmung setzt den Bezug auf »Wertideen« voraus. Die Zurechnung eines Ereignisses zu seinen »Ursachen« erfordert daher, daß man sich für jedes Element des Geschichtsprozesses, dem *wir* im Verhältnis auf das zu erklärende Ereignis kausale Bedeutung beimessen wollen, fragt, ob und in welchem Maße es für das Eintreten dieses Ereignisses unerläßlich gewesen sei. Eine Antwort auf diese Frage kann nur aus einem Ausschließungs- und Konstruktionsverfahren kommen, aus einem Verfahren, das jenes (als *explanans* angenommene) Element aus der Reihe der Antezedentien ausschließt und prüft, was ohne es geschehen wäre. Dieses Verfahren »bedeutet zunächst jedenfalls die Schaffung von – sagen wir ruhig: – *Phantasiebildern* durch Absehen von einem oder mehreren der in der Realität faktisch vorhanden gewesenen Bestandteile der ›Wirklichkeit‹ und durch die denkende Konstruktion eines in Bezug auf eine oder einige ›Bedingungen‹ abgeänderten Herganges«[85]. So wie das geschichtliche Ereignis nie gegeben, sondern das Ergebnis eines Auswahl- und Konstruktionsverfahrens ist, so ist auch der Geschichtsprozeß – im Sinne einer Folge von durch Kausalverhältnisse verbundenen Geschehnissen – das Ergebnis einer Fülle von Operationen, die ihn als solchen »konstruieren«.

Die Urteile, zu denen das Zurechnungsverfahren gelangt, sind eben »Möglichkeitsurteile«, d. h. »Aussagen über das, was bei Ausschaltung oder Abänderung gewisser Bedingungen geworden ›wäre‹«[86]. Diese Urteile sagen uns zunächst, ob durch die Ausschließung eines bestimmten Bestandteiles aus der Reihe der Antezedentien oder durch seine wesentliche Abänderung »der Ablauf der Geschehnisse ... eine in den für unser Interesse *entscheidenden* Punkten *irgendwie* anders gestaltete Richtung hätte einschlagen *können*«[87]; zweitens bestimmen sie die kausale Relevanz dieses Ereignisses nicht nur positiv oder negativ, sondern auch und vor allem *in ihrem Grad*. Weber bemerkt in der Tat, daß »das objektive Möglichkeitsurteil ... einer ganzen Skala von Graden der *Bestimmtheit* fähig« ist und »also seinem Wesen nach *Gradabstufungen* zu(läßt)«[88]. Es ist damit deutlich, in welchem Sinne und zu welchem Zweck er sich auf von Kries und auf seine Theorie der objektiven Möglichkeit beruft. Weber hält es nicht für möglich, durch die Konstruktion von untereinander alternativen »möglichen Prozessen« und durch deren Vergleich mit dem tatsächlichen Geschichtsprozeß »ein in irgendeinem Sinn ›zahlenmäßig‹ zu schätzendes Verhältnis beider ›Möglichkeiten‹ zu erhalten; denn ein derartiges Verhältnis gibt es nur auf rein logischem Gebiet, d. h. im Reich des ›absoluten Zufalls‹«[89]. Die statistische Darlegung der kausalen Verhältnisse bleibt in seinen Augen den Geschichts- und Sozialwissenschaften fremd; man kann sie höchstens unter ganz besonderen Umständen haben. Weber hält es aber sehr wohl für möglich, eine deterministische Interpretation der Kausalität und damit auch die Alternative zwischen notwendiger Verbindung oder Beziehungslosigkeit zurückzuweisen. Die adäquate und die zufällige Verursachung sind nichts weiter als die extremen Termini einer Skala von »Graden« des kausalen Verhältnisses, und sie stehen einander ähnlich gegenüber wie die Werte 1 und 0 der Wahrscheinlichkeitsrechnung. Die adäquate Verursachung drückt ein konstantes Verhältnis »bestimmter, von der geschichtlichen Betrachtung zu einer Einheit zusammengefaßter und isoliert betrachteter Komplexe von ›Bedingungen‹ zu einem eingetretenen ›Erfolg‹« aus, während die zufällige Verursachung ein derartiges Verhältnis ausdrückt, daß dieser Erfolg auch ohne jene Bedingungen hätte eintreten können[90]. Aber die adäquate Verursachung ist keine notwendige Verknüpfung, so wie die zufällige Verursachung keine Beziehungslosigkeit ist.

Die kausale Erklärung, in der Weber die innere Bedingung der Objektivität der Geschichts- und Sozialwissenschaften findet, führt daher nicht zur Bestimmung von notwendigen »Faktoren« oder von dem historischen Prozeß immanenten »Entwicklungstendenzen«, sondern zur Bestimmung von für die Verwirklichung des zu erklärenden Ereignisses »günstigen« oder »hemmenden« Bedingungen und vor allem zur Bestimmung von Graden der »Begünstigung«, die in Form von objektiven Möglichkeitsurteilen ausgedrückt werden können. Die Verbindung zwischen Kausalität und Notwendigkeit, die von der positivistischen Interpretation der Wissenschaft behauptet und auch von Rickert in einer Erkenntnistheorie Kantischer Herkunft aufgenommen worden war, fällt daher fort. Und sie fällt fort, weil Weber die historische Erkenntnis nicht nur »Wirklichkeitswissenschaft« im Gegensatz zu einer »Gesetzeswissenschaft« ist, sondern auch eine ihrer Grenzen bewußte *empirische* Wissenschaft. Der Ausschluß der Werturteile garantiert nicht nur die Objektivität der Geschichts- und Sozialwissenschaften nach außen hin, sondern setzt auch gleichzeitig ihre Begrenzung auf die Erfahrung fest. Ähnlich ist die kausale Erklärung nur auf dem Gebiet der Feststellung (und der Bestätigung) von Beziehungen zwischen »Tatsachen« möglich, die Gegenstand empirischer Erkenntnis sind. Die beiden Bedingungen der Objektivität der Geschichts- und Sozialwissenschaften erweisen sich auf diese Weise als wesentlich solidarisch untereinander. Indem er den Anspruch der Formulierung von Werturteilen oder ihrer Rechtfertigung als illegitim, weil einer empirischen Wissenschaft fremd, zurückwies, hat Weber die wissenschaftliche Forschung deutlich von der philosophischen »Spekulation« und vom Streit zwischen »Weltanschauungen« unterscheiden wollen. Er behauptet, daß es unmöglich ist, ein Ereignis auf die Totalität seiner Bedingungen zurückzuführen und so eine »totale« Erklärung dafür zu liefern – insofern, als die Totalität empirisch unerreichbar ist –, und er wollte so die Mannigfaltigkeit der Arten historischer Erklärung geltend machen; auf diese Weise hat er sie auch der Hypothek einer allgemeinen Geschichtsauffassung entzogen. Stellungnahmen in bezug auf die Werte, Behauptung und Verneinung von »letzten« Werten, Vergleich und Auseinandersetzung von »Weltanschauungen«, Theorien des Geschichtsprozesses, das alles ist legitim, aber heterogen in bezug auf die historische Erkenntnis und auf ihre Verfahren. Die (unvermeidliche) Subjektivität der »Wertideen«, die den Geschichts- und Sozialwissenschaften zugrunde liegen, bringt keine Relativierung ihrer Ergebnisse mit sich; sie drückt vielmehr die Grenze jedes empirischen Wissens aus. Auch in seiner Loslösung von der Rickertschen Einstellung bleibt Weber der Kritik Kants treu.

V

Weber hat gleicherweise die Nichtdeduzierbarkeit der geschichtlichen Ereignisse (und ihrer Erklärung) aus allgemeinen Gesetzen
betont wie die Notwendigkeit, für die historische Erkenntnis
nicht nur allgemeine Begriffe, sondern auch allgemeine Erfahrungsregeln zu verwenden. Das Problem des Verhältnisses zwischen historischer Erkenntnis und nomologischem Wissen wird
vom Objektivitätsaufsatz an nicht als ein Problem des Entweder-
Oder, sondern als ein Problem des Verhältnisses gestellt. Die
Rickertsche Dichotomie von Naturerkenntnis und historischer
Erkenntnis, zwischen Natur- und Kulturwissenschaften, wird in
dem Sinne korrigiert, daß das nomologische Wissen als wesentlicher Bestandteil auch dieser letzteren betrachtet wird. Die Unterscheidung zwischen den beiden Wissensformen wird somit in der
unterschiedlichen Funktion gesucht, welche die Gesetze in ihnen
erfüllen: eine Zweckfunktion in der Naturerkenntnis, eine instrumentale Funktion in der historischen Erkenntnis. Für Weber
kann in der Tat, »wo immer die kausale Erklärung einer ›Kultur-
erscheinung‹ ... in Betracht kommt, ... die Kenntnis von *Gesetzen* der Verursachung nicht *Zweck*, sondern nur *Mittel* der Untersuchung sein«[91]. Der Verschiedenheit der Funktion entspricht
jedoch ein Strukturunterschied, den Weber ausdrücklich in der
Lehre vom Idealtypus dargelegt hat. Jeder Begriff und jede Erfahrungsregel hat in den Geschichts- und Sozialwissenschaften den
Charakter eines Idealtypus; und dieser »wird .. durch einseitige
Steigerung eines oder *einiger* Gesichtspunkte und durch Zusam-
menschluß einer Fülle von diffus und diskret, hier mehr, dort
weniger, stellenweise gar nicht, vorhandenen *Einzel*erscheinungen ... zu einem in sich einheitlichen *Gedanken*bilde [gewon-
nen]«[92]. Er ist keine »Abbildung« von in der Wirklichkeit gegebenen Elementen, sondern eher eine abstrakte »Konstruktion« und
als solche eine »Utopie« im wörtlichen Sinne. In der Tat ist der
Idealtypus vor allem ein Vergleichsmaßstab, auf den die einzelnen
geschichtlichen Erscheinungen bezogen werden müssen. »Er ist
ein Gedankenbild, welches nicht die historische Wirklichkeit
oder gar die ›eigentliche‹ Wirklichkeit *ist*, welches noch viel weniger dazu da ist, als ein Schema zu dienen, *in* welches die Wirklichkeit als *Exemplar* eingeordnet werden sollte, sondern welches die
Bedeutung eines rein idealen *Grenz*begriffes hat, an welchem die

Wirklichkeit zur Verdeutlichung bestimmter bedeutsamer Bestandteile ihres empirischen Gehaltes *gemessen*, mit dem sie *verglichen* wird. Solche Begriffe sind Gebilde, in welchen wir Zusammenhänge unter Verwendung der Kategorie der objektiven Möglichkeit konstruieren, die unsere, an der Wirklichkeit orientierte und geschulte *Phantasie* als adäquat *beurteilt*«[93].

Das nomologische Wissen hat jedoch nicht nur eine instrumentale Funktion im Hinblick auf die begriffliche Ordnung der geschichtlichen Wirklichkeit; es ist auch für das Erklärungsverfahren unerläßlich. Schon im Aufsatz von 1904 behauptet Weber: »Wenn die kausale Erkenntnis des Historikers *Zurechnung* konkreter Erfolge zu konkreten Ursachen ist, so ist eine *gültige* Zurechnung irgend eines individuellen Erfolges ohne die Verwendung ›nomologischer‹ Kenntnis – Kenntnis der Regelmäßigkeiten der kausalen Zusammenhänge – überhaupt nicht *möglich*«[94]. Diese Auffassung wird zwei Jahre später in »Objektive Möglichkeit und adäquate Verursachung in der historischen Kausalbetrachtung« ausführlich entwickelt. Jedes objektive Möglichkeitsurteil »bedeutet also stets die Bezugnahme auf Erfahrungsregeln«[95]; denn ohne diese könnte man beispielsweise keinen »möglichen« Entwicklungsprozeß des antiken Griechenlands auf der Grundlage der Hypothese einer Niederlage in Marathon und einer folgenden persischen Herrschaft konstruieren. In dem von Weber aufgenommenen Beispiel Meyers beruht die Möglichkeit einer religiös-theokratischen Entwicklung in einem vom persischen Kaiserreich unterworfenen Griechenland auf einer Erfahrungsregel, welche sich auf die Art von Kultur bezieht, die Persien entwickelte und in den von ihm beherrschten Ländern durchsetzte. Dies gilt jedoch allgemein. Die Kategorie der objektiven Möglichkeit »bedeutet ... hier die Bezugnahme auf ein positives *Wissen* von ›Regeln des Geschehens‹, auf unser ›nomologisches‹ Wissen, wie man zu sagen pflegt«[96]. Nur diese Regeln geben den »möglichen Prozessen«, die zum Zwecke der Vergleichung und der »Messung« der kausalen Relevanz einer bestimmten Antezedenz konstruiert werden, eine – wenn auch hypothetische – Grundlage. Ohne den Rückgriff auf diese Regeln kann man die Adäquanz oder, im extremen Gegenteil, die Zufälligkeit der Beziehung zwischen zwei zeitlich aufeinanderfolgenden Ereignissen nicht behaupten und noch weniger beweisen. Trotz seiner instrumentalen Funktion ist das nomologische Wissen somit im Erklärungsverfahren der Geschichts- und Sozialwissenschaften anwesend.

Der Inhalt dieses nomologischen Wissens stellt sich recht heterogen dar. Im allgemeinen wird er aus »Gattungsbegriffen« im Gegensatz zu den Begriffen gebildet, die »*individuelle* Zusammenhänge«, d. h. bestimmte historische Gegenstände, bezeichnen[97], wie auch aus mittels dieser Begriffe formulierten Erfahrungsregeln. Aber das Abstraktionsniveau und auch die besonderen Merkmale dieser Begriffe und dieser Regeln sind verschieden. Das nomologische Wissen umfaßt in der Tat sowohl die theoretischen Konstruktionen der einzelnen Sozialwissenschaften als auch die der Gesellschaftstheorien. Ein typisches und immer wiederkehrendes Beispiel von Theorie in der ersten Bedeutung ist die »abstrakte Wirtschaftstheorie«, die Weber tendenziell mit den Prinzipien der Nationalökonomie in der Fassung Mengers identifiziert; sie liefert ein systematisch zusammengestelltes Ganzes von Begriffen (und von Regelmäßigkeiten), welche die geschichtlichen Wirtschaftsformen nicht »abbilden«, für ihre Untersuchung aber unerläßlich sind. Begriffe wie »Kapitalismus« oder »Stadtwirtschaft« oder auch »Individualismus«, »Imperialismus«, »Feudalismus«, »Merkantilismus« usw. – um die von Weber angeführten Beispiele zu nennen – sind Idealtypen, die, im Vergleich zur Grenznutztheorie, auf einem niedrigeren Abstraktionsniveau angesiedelt sind und die »durch abstrahierende Zusammenfassung dessen, was *mehreren* konkreten Erscheinungen gemeinsam ist«[98], formuliert werden; aber ihre Funktion ist ähnlich. Eine Theorie in der zweiten Bedeutung – ja der »für uns weitaus wichtigste Fall idealtypischer Konstruktionen«[99] – ist die Marxsche Theorie. Alle ihre Begriffe und ihre »Gesetze« sind gleicherweise idealtypisch und müssen als solche verwendet werden; der Irrtum besteht darin, sie »als empirisch geltend« darzustellen, d. h. ihnen eine Wirklichkeit zuzuschreiben, die sie nicht besitzen, und so Theorie und Geschichte zu vermischen. Die das nomologische Wissen bildenden theoretischen Kerne sind also verschiedener Herkunft und besitzen auch einen verschiedenen Nützlichkeitsgrad. Das, was sie vereint, ist nur ihr idealtypischer Charakter und damit ihre Verwendbarkeit zum Zwecke der Erklärung der konkreten Geschichtsprozesse. »*Ob* es sich um reines Gedankenspiel oder um eine wissenschaftlich fruchtbare Begriffsbildung handelt, kann *a priori* niemals entschieden werden; es

gibt auch hier nur einen Maßstab: den des Erfolges für die Erkenntnis konkreter Kulturerscheinungen in ihrem Zusammenhang, ihrer ursächlichen Bedingtheit und ihrer *Bedeutung*. Nicht
als Ziel, sondern als *Mittel* kommt mithin die Bildung abstrakter
Idealtypen in Betracht«[100].

Weber hat so den rein »idiographischen« Bestimmungsmaßstab
der historischen Erkenntnis aufgegeben, wie er von Windelband
und Rickert formuliert worden war. Die Unterscheidung zwischen Naturwissenschaften als »Gesetzeswissenschaften« und
Kulturwissenschaften als »Ereigniswissenschaften« wird durch
eine andere ersetzt, die sich auf die Verschiedenheit der Funktion
und der Struktur des nomologischen Wissens und damit auch auf
die Verschiedenheit des Erklärungsmodells gründet. Auf der
einen Seite gibt es Wissenschaften, in denen die Gesetze, meistens
in mathematischer Form, quantitative Beziehungen zwischen den
Erscheinungen ausdrücken und in denen sich die kausale Erklärung als »Deduktion« aus diesen Gesetzen darstellt; auf der anderen Seite gibt es dagegen Wissenschaften, in denen das nomologische Wissen von Erfahrungsregeln idealtypischen Charakters ist
und in denen der Bezug auf diese Gesetze für die Erklärung der
Erscheinungen in ihrer Individualität, nämlich in ihrer kulturellen
Bedeutung, instrumental ist. Die Erklärungsfähigkeit der ersten
Wissenschaften hängt von der Eindeutigkeit und vom Grad der
systematischen Zusammenstellung der Gesetze ab, die als Erklärungsgrund angenommen werden; während die der zweiten von
der »Fruchtbarkeit« der in Erfahrungsregeln übersetzten Inter-
pretationsperspektiven abhängt. Diese drücken eine Regelmäßigkeit des Verhaltens aus, die empirisch festgestellt werden kann. Es
handelt sich aber nicht um eigentliche »Gesetze«; auch die Prinzipien der Wirtschaftstheorie, denen Menger den Charakter von
notwendigen Gesetzen zugeschrieben hatte, »stellen« für Weber
»eine Serie *gedanklich* konstruierter Vorgänge dar, welche sich in
dieser ›idealen Reinheit‹ selten, oft gar nicht, in der jeweiligen
historischen Wirklichkeit vorfinden, die aber andererseits, – da ja
ihre Elemente der Erfahrung entnommen und nur gedanklich ins
Rationale *gesteigert* sind, – sowohl als heuristisches Mittel zur
Analyse, wie als konstruktives Mittel zur Darstellung der empirischen Mannigfaltigkeit brauchbar sind«[101].

Weber mißt also dem nomologischen Wissen im Bereich der Ge-
schichts- und Sozialwissenschaften eine untergeordnete Stellung

bei angesichts ihrer grundlegenden Ausrichtung auf das Individuelle. Im Objektivitätsaufsatz scheint er gerade die Annäherung an die geschichtliche Wirklichkeit als Maßstab der Erfahrungsregeln anzunehmen und auf dieser Grundlage einen Gegensatz zu den Gesetzen der Naturwissenschaften herzustellen. »Für die exakte Naturwissenschaft sind die ›Gesetze‹ um so wichtiger und wertvoller, je *allgemeingültiger* sie sind, für die Erkenntnis der historischen Erscheinungen in ihrer konkreten Voraussetzung sind die *allgemeinsten* Gesetze, weil die inhaltsleersten, regelmäßig auch die wertlosesten. Denn je umfassender die Geltung eines Gattungsbegriffes – sein *Umfang* – ist, desto mehr führt er uns von der Fülle der Wirklichkeit ab, da er ja, um das Gemeinsame möglichst vieler Erscheinungen zu enthalten, möglichst abstrakt, also inhalts*arm* sein muß. Die Erkenntnis des Generellen ist uns in den Kulturwissenschaften nie um ihrer selbst willen wertvoll«[102]. Später wird die Analyse der Regelmäßigkeiten des menschlichen Handelns und der von ihm ausgehenden Beziehungsformen ein selbständiger Zweck und der Erkenntnis des Individuellen gleichgeordnet. Diese Wende beginnt sich im Aufsatz »Über einige Kategorien der verstehenden Soziologie« (1913) abzuzeichnen und wird in »Wirtschaft und Gesellschaft« deutlicher[103]. Im Aufsatz von 1913 wird der Gegenstand der Soziologie im menschlichen Verhalten angegeben, das »sowohl Zusammenhänge wie Regelmäßigkeiten des Verlaufs wie alles Geschehen« zeigt[104]. Und wenn die soziologische Betrachtung zur Bestimmung von »Typen des Handelns« schreitet, welche als Interpretationsmodelle des konkreten Verhaltens der menschlichen Individuen und ihrer Beziehungen dienen, so schließt das nicht aus, daß dabei die geschichtliche Wirklichkeit in den Hintergrund gerät. Im ersten Kapitel von »Wirtschaft und Gesellschaft« stehen Soziologie und Historiographie nicht mehr in einem Mittel-Zweck-Verhältnis, sondern bilden zwei gleichwertige und einander ergänzende Forschungsrichtungen. »Die Soziologie bildet ... Typen-Begriffe und sucht *generelle* Regeln des Geschehens. Im Gegensatz zur Geschichte, welche die kausale Analyse und Zurechnung *individueller*, *kultur*wichtiger, Handlungen, Gebilde, Persönlichkeiten erstrebt«[105]. Und wenn die soziologischen Begriffe noch als »gegenüber der konkreten Realität des Historischen relativ inhalts*leer*« betrachtet werden, so wird ihnen andererseits der Vorzug einer größeren »*Eindeutigkeit* ... durch ein möglichstes Optimum von *Sinn*adäquanz« zugestanden[106]; ja Weber geht so weit zu behaupten: »Je schärfer und eindeutiger konstruiert die Idealtypen sind: je welt*fremder* sie also, in diesem Sinne, sind, desto besser leisten sie ihren Dienst, terminologisch und klassifikatorisch sowohl wie heuristisch«[107]. Die Soziologie hält gewiß ihre konstitutive Beziehung zur historischen Erkenntnis aufrecht, erlangt aber gleichzeitig eine relative Selbständigkeit ihr gegenüber. Die Analyse der Geschichtsprozesse setzt die Konstruktion von »reinen Typen« voraus, die immer noch »idealen« Charakter haben, die sich aber systematisch zusammenfügen und eine komplexe soziologische Typologie ergeben.

Es ist bezeichnend, daß Weber im gleichen Text behauptet: Die Soziologie »bildet ihre Begriffe und sucht nach ihren Regeln vor allem *auch* unter dem Gesichtspunkt: ob sie damit der historischen kausalen Zurechnung der kulturwichtigen Erscheinungen einen Dienst leisten kann«[108]. Wie richtig beobachtet wurde, »will Weber mit dem Ausdruck ›vor allem *auch*‹ sagen, daß die Funktion der Soziologie sich nicht in einem Hilfsdienst der Geschichtsforschung erschöpft – wenn sie auch vorwiegend auf dieses Ziel ausgerichtet bleibt«[109]. Diese Definition der Beziehung zur Geschichte war wahrscheinlich im deutschen Bereich von der Entwicklung der Soziologie zu einer Wissenschaft beeinflußt, die die strukturellen Formen der »Vergesellschaftung« zu ihrem Gegenstand macht, im Gegensatz zu den besonderen Gesellschaftswissenschaften, die dagegen die verschiedenen »Inhalte« des sozialen Lebens untersuchen: eine in der »Soziologie« Georg Simmels (1908) prototypisch dargestellte Entwicklung, eines Autors, dem Weber immer große Aufmerksamkeit widmete. Sicher bleibt auch in »Wirtschaft und Gesellschaft« die »grundlegende Intention« Webers, eine *historische* und nicht eine formale Soziologie aufzubauen; aber diese Intention zeigt sich in der Bemühung, eine »systematische Idealtypenlehre« zu schaffen, verstanden als »ein theoretisches Werkzeug für eine Vielzahl möglicher Deutungen von historisch oder gesellschaftlich relevanten Problemen«[110]. Die Verbindung zwischen historischer Erkenntnis und Sozialwissenschaften wird zwar bestätigt, sie hat sich jedoch in eine nicht mehr direkte, sondern indirekte Verbindung verwandelt.

VI

Die historische Erkenntnis ist daher in der Weberschen Methodologie durch eine Vielfalt von Merkmalen gekennzeichnet. Diese können folgendermaßen zusammengefaßt werden. Die historische Erkenntnis ist: a) eine »Wirklichkeitswissenschaft« im Gegensatz zu einer »Gesetzeswissenschaft«, d. h. eine auf die Bestimmung von individuellen Verhältnissen zwischen individuellen Ereignissen ausgerichtete Erkenntnis; b) eine empirische Erkenntnis, die das begrifflich zu verarbeitende Gegebene aus der Erfahrung entnimmt und die in der Erfahrung die unerläßliche Grundlage für die Bestätigung ihrer Ergebnisse findet; c) eine »wertfreie« Erkenntnis, die wohl auf einer Wertbeziehung beruht, aber keine objektiv gültigen Werturteile formulieren kann; d) eine erklärende Erkenntnis, die eine kausale Erklärung der Geschichtsprozesse geben will; e) eine Erkenntnis, die – wenn auch auf instrumentale Art – nomologisches Wissen, d. h. allgemeine Begriffe und Erfahrungsregeln von idealtypischem Charakter verwendet. Aus diesen Merkmalen entstehen aber auch wichtige Folgen bezüglich dessen, was die historische Erkenntnis *nicht* ist – Folgen, die kurz analysiert werden müssen.

Erstens ist die historische Erkenntnis keine auf einer allgemeinen Geschichts-(oder Gesellschafts-)auffassung beruhende Wissensform und auch keine Wissensform, die in einer derartigen Auffassung gipfeln kann. Nicht, daß Weber die Legitimität – oder noch weniger die Wichtigkeit – der sogenannten »Weltanschauungen« verneint; er lehnt es jedoch ab, ihnen einen objektiven Charakter und damit Bürgerrecht in den Geschichts- und Sozialwissenschaften zuzuschreiben. Die historische Erkenntnis kann ihre Interpretationsprinzipien nicht aus einer allgemeinen Geschichts-(oder Gesellschafts-)auffassung ableiten, es sei denn, sie nehme sie als heuristische Prinzipien an; das gilt auch – wie ausdrücklich im Objektivitätsaufsatz gesagt wird – für den historischen Materialismus. Und andererseits kann die historische Erkenntnis nie eine wissenschaftliche »Rechtfertigung« für eine solche Auffassung liefern. In der Tat können »›Weltanschauungen‹ niemals Produkt fortschreitenden Erfahrungswissens sein ..., und daß also die höchsten Ideale, die uns am mächtigsten bewegen, für alle Zeit nur im Kampf mit anderen Idealen sich auswirken, die anderen ebenso heilig sind, wie uns die unseren«[111]. Auch in der unver-

meidlichen Subjektivität ihrer Voraussetzungen zielt die historische Erkenntnis auf eindeutige Ergebnisse ab – und ist ihrer fähig;
die »Wahrheit«, nach der sie strebt, beansprucht »auch für den
Chinesen die Geltung einer denkenden Ordnung der empirischen
Wirklichkeit«[112]. Die Weltanschauungen sind dagegen vielfältig
und auseinandergehend, ja untereinander in Konflikt. Mit dieser
Unterscheidung hat Weber die historische Erkenntnis dem Streit
zwischen den verschiedenen allgemeinen Geschichts-(oder Ge-
sellschafts-)auffassungen entziehen wollen und auf diese Weise
die Möglichkeit eines selbständigen Raumes für sie gefordert.
Daraus entsteht seine antispekulative Einstellung, die schon in
der Polemik gegen die historische Schule der Nationalökonomie
und der parallel laufenden Kritik am »Emanatismus« und »Panlo-
gismus« Hegels klar zutage trat. Und damit verbindet sich auch
die Einstellung Marx gegenüber, in dessen Werk Weber – schon
in »Roschers ›historische Methode‹« – eine »Form der Hegelschen Dialektik« sah[113].
Zweitens ist die historische Erkenntnis in keiner einheitlichen
Gesellschaftswissenschaft begründet und ist auch nicht auf eine
einheitliche Grundlage zurückführbar. Sie umfaßt neben der Geschichtsforschung im engeren Sinne eine Vielzahl von Disziplinen
– so die Wirtschaftswissenschaft; aber auch die anderen Sozialwissenschaften. Nichts liegt Weber ferner als der Versuch Diltheys, in den »Ideen über eine beschreibende und zergliedernde
Psychologie«, in der Psychologie die Grundlage der Geisteswissenschaften zu suchen. In der Auseinandersetzung mit Lujo
Brentano und bereits mit Menger unterstreicht er die Illegitimität
jeglicher Bemühung, welche die Grenznutztheorie auf eine psychologische Basis zurückführen will[114]. Auf der anderen Seite
weist Weber gleicherweise den Anspruch einer »totalisierenden«
Geschichte zurück, die die verschiedenen Sozialwissenschaften in
sich auflösen will. Die Tatsache, daß diese letztlich instrumental
sind in bezug auf den Erkenntniszweck der historischen Erkenntnis, schließt ihre – zumindest relative – Selbständigkeit nicht aus;
ein unmißverständlicher Beweis dafür ist die Unterscheidung-
Gegenüberstellung von Historiographie und Soziologie, die in
»Wirtschaft und Gesellschaft« formuliert wurde. Jede Ge-
schichts- und Sozialwissenschaft (und jede Richtung der Geschichtsforschung) ist für Weber partial, ja einseitig; in diesem
Punkt bejaht er ohne Vorbehalt die Stellung Diltheys in der »Ein-

leitung in die Geisteswissenschaften«[115]. Eine Erkenntnis der geschichtlichen Wirklichkeit in ihrer Totalität ist nicht nur faktisch, sondern auch prinzipiell unmöglich. Und von der Mannigfaltigkeit der Gesichtspunkte kann man auch nicht auf einen umfassenden Gesichtspunkt zurückgehen; die Totalität kann nicht einmal als regulatives Ideal gelten.

Drittens bildet die historische Erkenntnis kein »System« und kann nicht in eine systematische Form gebracht werden. Sie ist kein System dem Inhalt nach, weil die Gesichtspunkte, die sie umfaßt, verschieden und nicht aufeinander zurückführbar sind; sie ist es jedoch auch nicht im formalen Sinne. Die einzelnen Disziplinen sind ein geschichtliches Produkt, und ihre Entstehung ist immer an eine besondere Problemkonstellation gebunden. »Nicht die ›sachlichen‹ Zusammenhänge der ›Dinge‹, sondern die gedanklichen Zusammenhänge der Probleme liegen den Arbeitsgebieten der Wissenschaften zugrunde: wo mit neuer Methode einem neuen Problem nachgegangen wird und dadurch Wahrheiten entdeckt werden, welche neue bedeutsame Gesichtspunkte eröffnen, da entsteht eine neue ›Wissenschaft‹«[116]. Die Gestaltung jeder Sozialwissenschaft wird von der Beziehung zwischen den von ihr angegangenen Problemen und von den von ihr verwandten Methoden bestimmt sowie von den daraus entstehenden »Gesichtspunkten«, nicht aber von der Stelle, die sie in einem Gesamtbild des Wissens einnimmt. Weber unterstreicht zudem: »es gibt Wissenschaften, denen ewige Jugendlichkeit beschieden ist, und das sind alle historischen Disziplinen, alle die, denen der ewig fortschreitende Fluß der Kultur stets neue Problemstellungen zuführt. Bei ihnen liegt die Vergänglichkeit aller, aber zugleich die Unvermeidlichkeit immer neuer idealtypischer Konstruktionen im Wesen der Aufgabe«[117]. Auch der von Weber in »Wirtschaft und Gesellschaft« unternommene Versuch, einen Komplex von »reinen Typen« systematisch auszuarbeiten, die zur Bestimmung von Beziehungen zwischen Wirtschaftsformen und Formen der sozialen Organisation dienen sollten, gehört zu einer solchen Perspektive; und sie eignet sich schlecht dazu, in einem theoretischen System zu erstarren, wie Talcott Parsons es in »The Structure of Social Action« vorgesehen hat[118].

Eine letzte negative Folge der Weberschen Methodologie betrifft die Nichtreduzierbarkeit der historischen Erkenntnis sowohl auf eine positivistische als auch – auf der anderen Seite – auf eine historistische (oder idealistische) Interpretation. Die beiden Bedingungen der Objektivität der Geschichts- und Sozialwissenschaften, die Weber dargestellt hat, scheinen sich auf den ersten Blick für eine positivistisch orientierte Interpretation zu eignen; aber ihre Bedeutung ist unterschiedlich. Die »Wertfreiheit« der Geschichts- und Sozialwissenschaften schließt ihre Beziehung zur Politik durchaus nicht aus, sondern bezeichnet vielmehr die Art dieser Beziehung. Und die Anerkennung der Kausalität als jedem wissenschaftlichen Wissen gemeinsame Kategorie bringt nicht die Reduzierung der Geschichts- und Sozialwissenschaften auf ein einheitliches Erklärungsmodell, auch nicht ihre Reduzierung auf ein hypothetisch deduktives Modell Millscher Herkunft, wie es von Carl G. Hempel 1942 wieder vorgeschlagen wurde[119]. Auch wenn das nomologische Wissen in beiden Fällen die unerläßliche Voraussetzung der historischen Erklärung bildet, bleibt jedoch immer der Unterschied bestehen, daß für Weber die Erfahrungsregeln nicht die Formulierung von allgemeinen Bedingungen enthalten, aus denen – in Verbindung mit besonderen Bedingungen – das zu erklärende Ereignis »deduziert« werden kann. Sie besitzen idealtypischen Charakter, und ihr Wert bleibt im Grund rein heuristisch; in der Tat kann jedes Ereignis von verschiedenen Gesichtspunkten aus erklärt werden, indem man auf verschiedene Erfahrungsregeln zurückgreift. Andererseits unterscheidet sich die Webersche Auffassung von der historistischen Interpretation der historischen Erkenntnis insofern, als sie wohl die Erklärung der individuellen Geschichtsprozesse als logisches Ideal der Geschichts- und Sozialwissenschaften annimmt, aber keinerlei Primat – weder ein ontologisches noch ein erkenntnistheoretisches – des »Individuellen« im Verhältnis zum »Allgemeinen« fordert. Ja, sie läßt nicht einmal, wie wir gesehen haben, eine Dichotomie zwischen den beiden Termini zu, denn das Individuelle kann nur auf Grund der Verwendung von Erfahrungsregeln erkannt werden. Noch weniger jedoch kann Weber auf eine angebliche »idealistische Tradition« zurückgeführt, wie Parsons wollte, oder als Vertreter der idealistischen Theorie der historischen Erkenntnis interpretiert werden; es sei denn, man betrachte – was ganz willkürlich wäre – jede Lehre, die das Erkennen nicht als »Abbildung« oder »Widerspiegelung« der Wirklichkeit definiert, als idealistisch[120].

Die Webersche Methodologie entzieht sich in der Tat der Gegenüberstellung zwischen diesen beiden Interpretationen. Die begriffliche Strenge der Sozialwissenschaften und die Fülle der historischen Rekonstruktion sind für Weber keine gegensätzlichen Termini; im Gegenteil, nur die Verwendung von klar definierten und möglichst eindeutigen Begriffen ermöglicht die Erfassung der konkreten Wirklichkeit der Ereignisse. Eben weil der Geschichtsprozeß keine immanente Ordnung besitzt, muß sein Inhalt vom menschlichen Verstand geordnet werden; und die Bedingung dafür ist die Begriffsbildung. In diesem Zusammenhang entfällt auch der Gegensatz zwischen Erklärung und Verstehen, die traditionell als alternative Auffassungsformen der geschichtlichen Erscheinungen betrachtet wurden. Die Behauptung der erklärenden Aufgabe der Geschichts- und Sozialwissenschaften schließt durchaus nicht aus, daß sie auch »verstehenden« Charakter besitzen. Unter »Verstehen« bezeichnet Weber »eine Aufgabe spezifisch anderer Art ...‚ als sie die Formeln der exakten Naturerkenntnis überhaupt lösen können oder wollen«, eine Aufgabe, die von der »qualitativen Färbung der Vorgänge« bedingt ist, welche sich zu derjenigen der kausalen Erklärung gesellt[121]. Das bringt aber eine tiefgreifende Änderung des Verstehensbegriffes selbst mit sich. Das Verstehen stellt nicht mehr ein Ergänzungsverfahren des Quellenmaterials dar, dank dessen der Historiker von den sinnlichen Äußerungen, die den Gegenstand der Forschung bilden, auf den »inneren Prozeß« zurückgeht, der sich in diesem Material ausdrückt, so wie Droysen es gesehen hatte; es findet auch nicht länger seine Grundlage im Erlebnis, in einem unmittelbaren Verhältnis zwischen Subjekt und Objekt, wie Dilthey angenommen hatte[122]. Das Verstehen verlangt eine empirische Bestätigung seiner Hypothesen, und so erscheint es nicht nur mit der historischen Erklärung vereinbar, sondern zu ihr komplementär. Wie es im zweiten Teil des Aufsatzes »Knies und das Irrationalitätsproblem« heißt, sind »›Verstehen‹ ... und ›Erfahren‹ ... auf der einen Seite keine Gegensätze, denn jedes ›Verstehen‹ setzt (psychologisch) ›Erfahrung‹ voraus und ist (logisch) nur durch Bezugnahme auf ›Erfahrung‹ als geltend demonstrierbar«[123]. Einige Jahre später, zu Beginn des Aufsatzes »Über einige Kategorien der verstehenden Soziologie«, hat Weber dieses Verhältnis noch nachdrücklicher behauptet. »Daß eine Deutung diese Evidenz in besonders hohem Maße besitzt, beweist an sich noch nichts für ihre empirische Gültigkeit... Immer muß vielmehr das ›Verstehen‹ des Zusammenhanges noch mit den sonst gewöhnlichen Methoden kausaler Zurechnung, soweit möglich, kontrolliert werden, ehe eine noch so evidente Deutung zur gültigen ›verständlichen Erklärung‹ wird«[124].

Sozialwissenschaften *und* Geschichtsforschung; allgemeine Begriffe (und Gesetze) *und* Analyse der Geschichtsprozesse in ihrer Individualität; individuelle Kausalerklärung *und* Verstehen, das auf der Grundlage der Erfahrung bestätigt wird: auf diese Weise hat Weber in den ersten Jahren des 20. Jahrhunderts versucht, eine Antwort auf die epistemologische Krise der Geschichts- und Sozialwissenschaften zu geben. Auf die Herausforderung der theoretischen Disziplinen reagierte er, indem er die Legitimität ihrer Konstruktionen und die Suche nach »Regelmäßigkeit« im menschlichen sozialen Verhalten anerkannte; und in der Verwendung dieses »nomologischen Wissens« sah er die Bedingung des Fortschreitens der Geschichtsforschung. Auf diese Weise bestätigte er aber auf neuer Grundlage die historische Ausrichtung der Sozialwissenschaften. Ob und in welchem Maße diese Einstellung – die eng mit einer Epoche der Entwicklung der Sozialwissenschaften verbunden ist, die nicht mehr die unsrige ist – noch heute gültig ist, ist eine Frage, die lange diskutiert werden müßte. Sicher haben sich die Sozialwissenschaften, von der Nationalökonomie bis zur Soziologie und Kulturanthropologie, im Laufe dieses Jahrhunderts in einer anderen Richtung als der von Weber angegebenen entwickelt; sie haben sich nämlich aus dem Verhältnis mit der historischen Erkenntnis gelöst. Die Namen von Keynes, Parsons oder Lévy-Strauss genügen, um dies zu bestätigen. Es ist daher eine nur schwer aufrechtzuerhaltende These, daß die Webersche Methodologie heute noch einen Bezugspunkt für die zeitgenössischen Sozialwissenschaften darstellt[125]. Sie bietet nicht so sehr eine Definition der Sozialwissenschaften, als vielmehr eine Definition ihrer Funktion *in der und für die Geschichtsforschung*. In diesem Sinne kann sie auch heute noch eine nützliche Lehre gerade für die Historiker darstellen.

Anmerkungen

1 WL, S. 217.

2 WL, S. 217-18.

3 Vgl. *Thomas S. Kuhn*, The Structure of Scientific Revolution, Chicago 1962, deutsch Frankfurt a. M. 1967, 2. Aufl. 1979.

4 Vgl. dazu *Pietro Rossi*, Lo storicismo tedesco contemporaneo, Turin 1956, 2. Aufl. 1971, Teil IV, und weiter *Friedrich H. Tenbruck*, Die Genesis der Methodologie Max Webers, in: Kölner Zeitschrift für Soziologie und Sozialpsychologie, N. F., 11 (1959), S. 537-630. Über das Verhältnis Webers zu Menger und zur historischen Schule der Nationalökonomie kann noch heute das Buch von *Bernhard Pfister*, Die Entwicklung zum Idealtypus. Eine methodologische Untersuchung über das Verhältnis von Theorie und Geschichte bei Menger, Schmoller und Max Weber, Tübingen 1928, nützlich sein.

5 WL, S. 125-26.

6 Siehe vor allem WL, S. 166-68.

7 Die der Methodologie Max Webers gewidmete Literatur ist heute sehr umfangreich und auch von unterschiedlichem Wert. Wir werden uns darauf beschränken, einige besonders wichtige Werke zu zitieren: *Alexander von Schelting*, Max Webers Wissenschaftslehre, Tübingen 1934; *Talcott Parsons*, The Structure of Social Action, New York 1937, 2. Aufl. Glencoe (Ill.), 1949, Kap. 16; *Julius Jakob Schaaf*, Geschichte und Begriff. Eine kritische Studie zur Geschichtsmethodologie von Ernst Troeltsch und Max Weber, Tübingen 1946; *Dieter Henrich*, Die Einheit der Wissenschaftslehre Max Webers, Tübingen 1952; *Walther Wegener*, Die Quellen der Wissenschaftsauffassung Max Webers und die Problematik der Werturteilsfreiheit der Nationalökonomie, Berlin 1962; *Thomas Burger*, Max Weber's Theory of Concept Formation. History, Laws and Ideal Types, Durham (N. C.) 1976. Zur Kritik der materialistischen Geschichtsauffassung siehe insbesondere *Jürgen Kocka*, Karl Marx und Max Weber. Ein methodologischer Vergleich, in: Zeitschrift für die gesamte Staatswissenschaft, 122 (1966), S. 328-57, und *Guenther Roth*, Das historische Verhältnis der Weberschen Soziologie zum Marxismus, in: Kölner Zeitschrift für Soziologie und Sozialpsychologie, N. F., 20 (1968), S. 432-40, später in *Reinhard Bendix* und *Guenther Roth*, Scholarship and Partisanship: Essays on Max Weber, Berkeley (Cal.) 1971, S. 227-52 neu gedruckt.

8 WL, S. 4-5.

9 WL, S. 163-64.

10 WL, S. 237.

11 Ebd.

12 *Ernst Troeltsch*, Gesammelte Schriften, Bd. III: Der Historismus und

seine Probleme, Tübingen 1922, S. 212. – Vgl. darüber *Walther Köhler*, Ernst Troeltsch, Tübingen 1941; *Julius J. Schaaf*, Geschichte und Begriff; *Eckhard Lessing*, Die Geschichtsphilosophie Ernst Troeltschs, Hamburg-Bergstedt 1965; und auch *Pietro Rossi*, Lo storicismo tedesco contemporaneo, S. 481-96.

13 Vgl. *Walther Hofer*, Geschichtsschreibung und Weltanschauung. Betrachtungen zum Werk Friedrich Meineckes, München 1950, und *Pietro Rossi*, Lo storicismo tedesco contemporaneo, S. 496-500.

14 WL, S. 177.

15 Vgl. *Friedrich H. Tenbruck*, S. 589-98.

16 Siehe dazu – über den Aufsatz Tenbrucks und das Buch Burgers hinaus – *W. G. Runciman*, A Critique of Max Weber's Philosophy of Social Science, Cambridge 1972, der dazu neigt, die Verwandtschaft zwischen Rickert und Weber zu betonen.

17 Vgl. WL, S. 91-92, Anm. 2.

18 WL, S. 126.

19 *Heinrich Rickert*, Die Grenzen der naturwissenschaftlichen Begriffsbildung, Tübingen 1896-1902, S. 366-67.

20 Vgl. *Rickert*, Kap. 4, § 4.

21 WL, S. 171.

22 WL, S. 171-72.

23 WL, S. 170-71.

24 WL, S. 175.

25 *Rickert*, S. 255.

26 WL, S. 175.

27 Ebd.

28 WL, S. 184.

29 WL, S. 208.

30 *Rickert*, S. 389.

31 WL, S. 183.

32 WL, S. 180.

33 Ebd.

34 In der neueren – nicht sehr reichen – Literatur über Rickert weisen wir auf die Bücher von *Alice Miller-Rostowska*, Das Individuelle als Gegenstand der Erkenntnis. Eine Studie zur Geschichtsmethodologie Heinrich Rickerts, Winterthur 1955, und von *Hermann Seidel*, Wert und Wirklichkeit in der Philosophie Heinrich Rickerts, Bonn 1968, hin; vgl. auch *Pietro Rossi*, Lo storicismo tedesco contemporaneo, Teil II.

35 Siehe dazu *Eugène Fleischmann*, De Weber à Nietzsche, in: Archives européennes de sociologie, 5 (1964), S. 190-238, und *Wolfgang Mommsen*, Universalgeschichtliches und politisches Denken bei Max Weber, in: Historische Zeitschrift, 201 (1965), S. 557-612, später in den Band Max Weber. Gesellschaft, Politik und Geschichte, Frank-

furt a. M. 1974, S. 97-143 aufgenommen. Beide überschätzen meiner Ansicht nach den Einfluß Nietzsches und vernachlässigen die möglichen Beziehungen zu Dilthey, besonders zum »Aufbau der geschichtlichen Welt in den Geisteswissenschaften«.

36 WL, S. 9.
37 WL, S. 24.
38 WL, S. 10.
39 WL, S. 22.
40 WL, S. 12.
41 *Carl Menger*, Untersuchungen über die Methode der Socialwissenschaften und der politischen Oekonomie insbesondere, Leipzig 1883, S. VIII-IX.
42 *Menger*, S. 3-5.
43 *Menger*, S. 5-10.
44 *Menger*, S. 17.
45 Ebd.
46 Siehe dazu *Menger*, Kap. 4, besonders S. 42-43.
47 *Menger*, S. 45.
48 WL, S. 3, Anm. 2.
49 WL, S. 187.
50 WL, S. 187-88.
51 WL, S. 190.
52 »Die Grenznutzlehre und das ›psychophysische Grundgesetz‹«, in: Archiv für Sozialwissenschaft und Sozialpolitik, 27 (1908), S. 546-58, später in WL, S. 384-99, aufgenommen.
53 WL, S. 188-89.
54 WL, S. 170.
55 WL, S. 12.
56 WL, S. 13.
57 WL, S. 69.
58 WL, S. 86.
59 Ebd.
60 WL, S. 15; vgl. im allgemeinen S. 15-22.
61 WL, S. 21.
62 WL, S. 41.
63 WL, S. 147.
64 WL, S. 181.
65 WL, S. 182.
66 *Rickert*, S. 688.
67 WL, S. 149.
68 WL, S. 175.
69 WL, S. 149-50.
70 WL, S. 152.
71 Vgl. *Rickert*, Kap. 4, § 4.

72 WL, S. 178.

73 WL, S. 177.

74 Ebd.

75 WL, S. 177-78.

76 WL, S. 181.

77 WL, S. 271-72.

78 WL, S. 273.

79 Ebd.

80 Siehe WL, S. 269-70 (und diesbezügliche Fußnoten).

81 Vgl. *Johannes von Kries*, Die Principien der Wahrscheinlichkeitsrechnung, Freiburg i. B. 1886, Kap. 1, besonders S. 5, 14.

82 Vgl. *Kries*, Principien, S. 86-88, und Über den Begriff der objektiven
Möglichkeit und einige Anwendungen desselben, Leipzig 1888.

83 WL, S. 269, Anm. 1.

84 WL, S. 273.

85 WL, S. 275.

86 Ebd.

87 WL, S. 283.

88 WL, S. 283-84.

89 WL, S. 284.

90 WL, S. 286.

91 WL, S. 178.

92 WL, S. 191.

93 WL, S. 194.

94 WL, S. 179.

95 WL, S. 276.

96 Ebd.

97 WL, S. 201. – Die Unterscheidung zwischen diesen beiden Gruppen
von Begriffen darf aber nicht so starr formuliert werden, daß daraus
eine Dichotomie wird, wie es z. B. *Alexander von Schelting*, S. 326-
43, tut. Zwischen »Gattungsbegriffen« und Begriffen von historischen Gegenständen gibt es vielmehr eine Kontinuität, und »jeder
individuelle Idealtypus setzt sich aus begrifflichen *Elementen* zusammen, die gattungsmäßig sind und als Idealtypen geformt worden
sind« (WL, S. 201). Zur Weberschen Lehre des Idealtypus siehe –
über die schon zitierten Arbeiten hinaus – auch das Buch von *Judith
Janowska-Bendl*, Methodologische Aspekte des Idealtypus. Max
Weber und die Soziologie der Geschichte, Berlin 1965.

98 WL, S. 193.

99 WL, S. 204.

100 WL, S. 193.

101 WL, S. 396-97.

102 WL, S. 179-80.

103 Vgl. dazu *Wolfgang Mommsen*, Soziologische Geschichte und histo-

rische Soziologie, im Band Max Weber. Gesellschaft, Politik und Geschichte, S. 182-207, besonders S. 200-01, 204.

104 WL, S. 427.
105 WuG, 1, S. 9.
106 WuG, 1, S. 9-10.
107 WuG, 1, S. 10.
108 WuG, 1, S. 9.
109 *Alessandro Cavalli*, La funzione dei tipi ideali e il rapporto tra cono-scenza storica e sociologia, im Band Max Weber e l'analisi del mondo moderno (hrsg. von *Pietro Rossi*), Turin 1981, S. 46; vgl. auch *Wolf-gang Mommsen*, Soziologische Geschichte und historische Soziolo-gie, und *Guenther Roth*, History and Sociology in the Work of Max Weber, in: British Journal of Sociology, 27 (1976), S. 306-18.
110 Das Zitat ist aus *Wolfgang Mommsen*, S. 204, genommen.
111 WL, S. 154.
112 WL, S. 156.
113 WL, S. 17, Anm. 6.
114 Siehe über den Aufsatz »Die Grenznutzlehre und das ›psychophysi-sche Grundgesetz‹« hinaus einige Seiten des Objektivitätsaufsatzes, insbesondere S. 187-89.
115 Siehe *Wilhelm Dilthey*, Gesammelte Schriften, Band 1: Einleitung in die Geisteswissenschaften, Leipzig-Berlin 1914, 4. Aufl. 1959, insbe-sondere S. 34-35.
116 WL, S. 166.
117 WL, S. 206.
118 Vgl. *Talcott Parsons*, insbesondere S. 686.
119 *Carl G. Hempel*, The Function of General Laws in History, in: The Journal of Philosophy, 39 (1942), S. 35-48, im Band Aspects of Scien-tific Explanation and Other Essays in the Philosophy of Science, New York 1965, S. 231-43, neu gedruckt.
120 Dieser Irrtum ist *Georg Lukács*, Die Zerstörung der Vernunft, Berlin 1954, und *Igor S. Kon*, Die Geschichtsphilosophie des 20. Jahrhun-derts – Kritischer Abriß, Berlin 1964, gemeinsam. Zu einer Diskus-sion dieser beiden Werke siehe *Pietro Rossi*, La distruzione della ragione e la crisi della filosofia tedesca, in: Rivista di filosofia, 47 (1956), S. 337-52, und die Besprechung Kons, ebd., 56 (1965), S. 495-502.
121 WL, S. 173.
122 Vgl. dazu *Wolfgang Mommsen*, »Verstehen« und »Idealtypus«. Zur Methodologie einer historischen Sozialwissenschaft, im Band Max Weber. Gesellschaft, Politik und Geschichte, S. 208-32, und auch *Pietro Rossi*, Spiegazione e comprensione da Dilthey a Max Weber, in: Rivista di filosofia, 75 (1984), S. 63-90.
123 WL, S. 115.

124 WL, S. 428.
125 Zu dieser Schlußfolgerung kommt auch *Ralf Dahrendorf* in seinem
Aufsatz in dem Band Max Weber and His Contemporaries (hg. von
Wolfgang J. Mommsen und *Jürgen Osterhammel*, London 1987,
S. 574-580.

Die Theorie der Rationalität

I

Weber hat die Bedeutung – oder besser die Bedeutungen – der Rationalität erst 1913 im Aufsatz »Über einige Kategorien der verstehenden Soziologie« ausführlich bestimmt. Hier werden zum ersten Mal die zukünftigen Schlüsselbegriffe des theoretischen Gebäudes von »Wirtschaft und Gesellschaft« dargelegt, und es wird zwischen zwei Formen der Rationalität unterschieden: der Zweckrationalität und einer anderen Form, die Weber als Richtigkeitsrationalität bezeichnet. Zweckrationalität »soll ein solches (Sichverhalten) heißen, welches ausschließlich orientiert ist an (*subjektiv*) als adäquat vorgestellten Mitteln für (subjektiv) eindeutig erfaßte Zwecke«[1]; sie wird durch eine Orientierung gekennzeichnet, die sich auf die Wahl von für die Verwirklichung bestimmter Zwecke geeigneten Mitteln stützt, oder genauer – angesichts des »subjektiven« Charakters der Bewertung der Adäquatheit dieser – von Mitteln, die für geeignet gehalten werden. Die »Richtigkeitsrationalität« ist dagegen dem »am objektiv Gültigen ›richtig‹ orientierten ... Handeln« eigen[2], d.h., sie bezieht sich auf ein Verhalten, das sich auf die Annahme der objektiven Gültigkeit seines Zwecks gründet. Die beiden Formen der Rationalität sind ganz verschieden insofern, als ein zweckrationales Handeln an »ganz ungültigen Annahmen des Handelnden orientiert erscheinen« kann[3] – wie z. B. im Falle des magischen Verhaltens. Seine Zwecke sind das Ergebnis einer Wahl ohne jegliche objektive Begründung (die somit konventionell ist), und auch die zur Erreichung dieser Zwecke eingesetzten Mittel sind je nach der Bewertung des Handelnden unterschiedlich. Beide sind jedoch für das Verstehen des Handelns relevant, d. h. für jenes Verstehen, das die spezifische Aufgabe der »verstehenden Soziologie« in diesem Aufsatz darstellt und das – wie Weber unterstreicht – nicht auf ein bloßes psychologisches Verstehen reduziert werden kann.

Das Problem der Rationalität und ihrer Formen tritt in enger Verbindung mit dem des Verstehens auf, fast zehn Jahre nach der

Polemik gegen den Intuitionismus in »Roscher und Knies und die logischen Probleme der historischen Nationalökonomie«, wo diese Kategorie bereits behandelt ist. Der kausale – und nomologische – Charakter der Sozialwissenschaften, den Weber als eine Grundbedingung ihrer wissenschaftlichen Objektivität anerkannt hat, schließt ihre Eigenart gegenüber den Naturwissenschaften nicht aus. Unterschiede ergeben sich nicht nur durch die Wertbeziehung als Auswahlkriterium des relevanten empirisch Gegebenen, sondern auch durch das Erklärungsverfahren. Und das ergibt sich daraus, daß die Kausalerklärung in den Naturwissenschaften sich als Zurückführung der Ereignisse auf ein allgemeines Gesetz, ja auf ein Gesetzessystem darstellt, während sie in den Sozialwissenschaften die Zurechnung einer individuellen Erscheinung zu anderen individuellen Erscheinungen ist; und es ergibt sich ferner daraus, daß die »Zusammenhänge und Regelmäßigkeiten« des menschlichen Handelns sich so darstellen, daß ihr »Ablauf *verständlich* deutbar ist«[4]. Im Aufsatz von 1913 werden Erklärung und Verstehen nicht mehr – wie in der Tradition Diltheys und Simmels – als antithetische Termini begriffen. Im Gegenteil, das die Soziologie und die Sozialwissenschaften kennzeichnende »Verstehen« hat nichts mit einer unmittelbaren Intuition zu tun, deren methodologische Unhaltbarkeit Weber in seiner Kritik an den Voraussetzungen der historischen Schule der Nationalökonomie (vor allem im zweiten Teil des Aufsatzes »Knies und das Irrationalitätsproblem«) herausgestellt hatte. Wenn jedoch das Verstehen nicht länger der Erklärung entgegengesetzt ist, sondern sich mit ihr verbinden kann (und soll), so muß es sich auf eine rationale Struktur des Verhaltens beziehen. Die Ablehnung eines besonderen Verfahrens der historischen Erkenntnis, das sich auf ein als unmittelbare Intuition aufgefaßtes Verstehen gründet, stützte sich im Aufsatz von 1905-6 auf die Ablehnung des Postulats der »Irrationalität« des Handelns, einer Irrationalität, aus der man die Unmöglichkeit seiner kausalen Erklärung ableiten wollte. 1913 basiert die Wiederaufnahme des »Verstehens« auf der Annahme der (zumindest teilweisen) Rationalität des menschlichen Verhaltens. Das Verstehen schließt nicht mehr die Möglichkeit aus, das Handeln auf der Grundlage von Beziehungen zwischen Ursache und Wirkung zu erklären oder »Zusammenhänge und Regelmäßigkeiten« wie in jeder anderen Art von Ereignissen zu bestimmen. Der Grad des Verständnisses des Handelns ist um so höher, je größer sein Grad an Rationalität ist, und dies deshalb, weil »das Höchstmaß an ›Evidenz‹ ... nun die zweckrationale Deutung besitzt«[5]. Je mehr ein menschliches Verhalten auf der Beziehung Zweck-Mittel beruht oder je konsequenter es die Verwirklichung eines absoluten, als objektiv gültig angenommenen Zwecks verfolgt, desto verständlicher erscheint es. Gerade das zweckrationale Handeln und das richtigkeitsrationale Handeln ermöglichen indirekt das Verstehen auch eines irrationalen, d. h. eines affektiven oder andersartigen Verhaltens. Es wäre irrig zu glauben – wie Weber im Aufsatz »Über einige Kategorien der verstehenden Soziologie« beobachtet –, daß »etwa speziell die rationale Deutung als Ziel soziologischer Erklärung anzusehen wäre«[6]; aber eben der Bezug auf die eine oder andere Form der Rationalität bildet die Grundlage für das Verständnis aller anderen Arten des Handelns insofern, als »das rational deutbare Sichverhalten bei der soziologischen Analyse verständlicher Zusammenhänge sehr oft den geeignetsten ›Idealtypus‹« bildet[7].

Die Änderung wurzelt in den methodologischen Perspektiven, die in »Die ›Objektivität‹ sozialwissenschaftlicher und sozialpolitischer Erkenntnis« (1904) und in den »Kritischen Studien auf dem Gebiet der kulturwissenschaftlichen Logik« (1906) dargelegt werden, besonders in der Theorie des »Idealtypus«, der in diesen Schriften zum ersten Mal formuliert wird. Das Verstehen des menschlichen Handelns (und seiner Regelmäßigkeiten) ist nur auf der Grundlage von Idealtypen möglich, die das Ergebnis der soziologischen Begriffsbildung sind. Es setzt somit die Konstruktion von kohärenten Verhaltensmodellen voraus, die zur Analyse des tatsächlichen Verhaltens dienen sollen, indem sie die »Abweichung« von diesen messen. Auch das zweckrationale und das richtigkeitsrationale Verhalten sind Modelle dieser Art; ja, sie sind in einem sozusagen privilegierten Sinne »Idealtypen«, denn von ihnen ausgehend kann man andere Idealtypen konstruieren, d. h. Idealtypen auch eines irrationalen Verhaltens. Die beiden Rationalitätsformen unterscheiden sich nicht aufgrund eines ontologischen Gegensatzes voneinander, sondern deshalb, weil sie zwei auf verschiedener Grundlage definierte Idealtypen des Verhaltens darstellen: Die Verwendung der einen wie der anderen Form ist »prinzipiell (logisch betrachtet) nur *ein* Fall der Bildung von Idealtypen, wenn auch oft ein höchst wichtiger Fall«[8].

Das erste Kapitel von »Wirtschaft und Gesellschaft«, das von der Definition des sozialen Handelns und seiner Typen ausgeht, ist von den oft weniger anschaulichen Formulierungen des Aufsatzes von 1913 – einer der schwierigsten Texte der methodologischen Produktion Webers – recht weit entfernt. Die Zweckrationalität wird zwar in ähnlichen Termini bestimmt, der Begriff der Richtigkeitsrationalität wird dagegen hier durch den der Wertrationalität ersetzt. Der Unterschied ist bei näherer Betrachtung nicht nur terminologisch. Im Aufsatz von 1913 neigt Weber dazu, die Richtigkeitsrationalität – in recht obskurer Art – als eine »objektive« der Zweckrationalität als einer »subjektiven« entgegenzustellen, als eine Rationalität, welche die Entsprechung zu einem vom Forscher und nicht vom Handelnden als »gültig« betrachteten »Normaltyp« bezeichnet. In »Wirtschaft und Gesellschaft« dagegen gründet sich der Unterschied zwischen den beiden Formen der Rationalität auf eine Unterscheidung der Orientierung, angesichts derer die Antithese zwischen subjektiv und objektiv jegliche Bedeutung verliert. Und so bezeichnet – nach der berühmten Definition in § 2 des Kapitels über die »Soziologischen Grundbegriffe« – die Zweckrationalität ein soziales Handeln, das »durch Erwartungen des Verhaltens von Gegenständen der Außenwelt und von anderen Menschen und unter Benutzung dieser Erwartungen als ›Bedingungen‹ oder als ›Mittel‹ für rational, als Erfolg erstrebte ... Zwecke« definiert wird, während die Wertrationalität ein soziales Handeln bezeichnet, das »durch den bewußten Glauben an den ... unbedingten *Eigen*wert eines bestimmten Sicherverhaltens rein als solchen und unabhängig vom Erfolg« gekennzeichnet wird[9]. Der Unterschied liegt jetzt anderswo: In der Zweckrationalität nimmt das Verhältnis Mittel-Zwecke (und Bedingungen-Zweck-Folgen) eine zentrale Stellung ein, während die Wertrationalität auf der Übereinstimmung mit Geboten oder »Forderungen« beruht, denen der Handelnde einen absoluten Wert zuschreibt. »Zweckrational handelt, wer sein Handeln nach Zweck, Mitteln und Nebenfolgen orientiert«[10]; aufgrund dieser Orientierung wirkt sich die Betrachtung der Mittel und der Folgen sogar auf die Bestimmung des Zwecks aus. Bei der Wertrationalität gibt es dagegen eine »Entscheidung zwischen konkurrierenden und kollidierenden Zwecken«[11], die von jeglicher Betrachtung der zu ihrer Verwirklichung nötigen Mittel absieht insofern, als sie einem als an sich gültig angenommenen

Gebot gehorcht. Und die Unterscheidung wird im Grenzfall zum Gegensatz, denn »vom Standpunkt der Zweckrationalität aus ... ist die Wertrationalität immer ... *irrational*«[12], weil sie den Zweck als einen absoluten Wert annimmt, ohne die objektiven Bedingungen seiner Verwirklichung und ihre eventuellen Folgen zu berücksichtigen.

Aus dem Gesagten geht klar hervor, daß die Rationalität für Weber kein ontologisches Attribut und keine konstituierende Dimension des menschlichen Handelns oder des Geschichtsprozesses ist. Das menschliche Handeln ist an und für sich weder rational noch irrational; es kann als zweckrational bezeichnet werden, wenn es auf die Betrachtung der für die Verwirklichung eines bestimmten Zwecks notwendigen Mittel (und ihrer Folgen) hin ausgerichtet ist, wertrational, wenn es sich auf das Streben nach einem Wert hin orientiert, dem unbedingte Gültigkeit zugeschrieben wird und bei dem die Erwägung der Mittel und Folgen gleichgültig erscheint. Der Geschichtsprozeß entzieht sich jeder umfassenden Qualifizierung als rational oder irrational, denn einerseits besitzt er in keiner Hinsicht irgendeine andere Art von Rationalität als die des individuellen Verhaltens, andererseits kann er in der Aufeinanderfolge seiner Ereignisse deshalb nicht als irrational betrachtet werden, weil diese immerhin verständlich sind. Die Rationalität – sowohl die Zweckrationalität als auch die Wertrationalität – ist somit eine Bestimmung, die dem sozialen Handeln der einzelnen oder den von diesen hervorgebrachten Strukturen *zugeschrieben* werden kann. Im Aufsatz »Über einige Kategorien der verstehenden Soziologie« unterstrich Weber noch ziemlich einseitig die Unterscheidung der beiden Rationalitätsformen auf mikrosoziologischem Niveau, d. h. als Kennzeichnung des individuellen Verhaltens und der Typen von Beziehungen, die es hervorbringt; in »Wirtschaft und Gesellschaft« dagegen nehmen sie eine Bedeutung an, die man als makrosoziologisch bezeichnen kann. Auf mikrosoziologischer Ebene ist das Handeln zweckrational, welches auf die Betrachtung des Verhältnisses zwischen Zweck und Mitteln (und zwischen Zweck und Folgen) hin ausgerichtet ist; wertrational ist dasjenige, welches im Hinblick auf einen als absolut aufgefaßten Wert orientiert ist. Ähnlich sind aber jene sozialen Gebilde zweckrational, die durch eine entsprechende Orientierung der Individuen gekennzeichnet sind (der typische Fall z. B. ist der des Kapitalismus oder des modernen rationalen Staates und jeglichen bürokratisch organisierten »Betriebs«); andere soziale Gebilde, auf deren Grundlage sich eine entsprechende Orientierung der Handelnden findet (wie z. B. die Planwirtschaft oder ein sozialistischer Staat) sind wertrational. Das ermöglicht es Weber, die beiden Begriffe zur Bezeichnung nicht nur des individuellen Verhaltens, sondern auch der vorwiegenden (idealtypischen) Orientierung von komplexen sozialen Strukturen zu verwenden.

Diese Unmöglichkeit, die Rationalität in eine »objektive« Bestimmtheit des menschlichen Handelns oder des Geschichtsprozesses zu übersetzen, ist übrigens mit der Unterscheidung in zwei verschiedene Formen der Rationalität selbst verbunden, die nicht aufeinander zurückführbar sind. Das zweckrationale Handeln ist vom Standpunkt der Wertrationalität aus tendenziell irrational (denn es nimmt den Zweck nie als unbedingt gültig an, sondern gleicht ihn den zu seiner Verwirklichung nötigen Mitteln und den eventuellen Folgen an und »relativiert« ihn somit unweigerlich); das wertrationale Handeln erweist sich *a fortiori* vom Standpunkt der Zweckrationalität aus als irrational. Es gibt also kein eindeutiges Modell der Rationalität, aufgrund dessen das soziale Verhalten oder der Lauf der Geschichte gekennzeichnet werden könnte. »Rational« wird deshalb das, was einem bestimmten Idealtypus des Verhaltens (oder der Beziehung) entspricht, und seine Bedeutung hängt vom angenommenen Modell ab. Auch das »Irrationale« jedoch wird zu einem Begriff, der seine Bedeutung vom Rationalitätsmodell ableitet, auf das es sich bezieht.

Der Bereich des Verstehens ist übrigens nicht auf das zweckrationale oder wertrationale Handeln beschränkt. Auch andere, mehr oder weniger irrationale Verhaltenstypen können verstanden werden. Das zweckrationale Handeln wird durch einen höheren Grad an Verständlichkeit, nämlich durch eine direktere Verständlichkeit charakterisiert; ja es bildet den Bezugspunkt, der das Verständnis der anderen Formen des Handelns ermöglicht. Es ist jedoch sicher nicht das einzige, das dem Verstehen zugänglich ist. Die Soziologie (wie auch die anderen Sozialwissenschaften) arbeiten nicht nur Modelle zweckrationalen oder wertrationalen Handelns aus, sondern – mit gleicher Legitimität – auch Modelle affektiven oder traditionellen Handelns. Auf der Skala des »Sinns«, der vom zweckrationalen Handeln bis zum irrationalen Handeln reicht, stößt das Verstehen auf keinerlei vorgefaßte

Schranken, und es kann auch nicht darauf stoßen. Ebensowenig wie die Rationalität kein ontologisches Attribut oder eine konstituierende Dimension des menschlichen Handelns oder des Geschichtsprozesses ist, ebensowenig bildet sie die erkenntnistheoretische Voraussetzung des Verstehens.

II

Das Rationalitätsproblem hat im Weberschen Werk eine Vorgeschichte, die viel weiter zurückgeht als die methodologischen Formulierungen im Aufsatz »Über einige Kategorien der verstehenden Soziologie« und in »Wirtschaft und Gesellschaft«. Es taucht schon in den Schriften über die Wirtschaftsgeschichte der Antike in den neunziger Jahren auf und tritt in der Untersuchung über die Beziehungen zwischen der protestantischen Ethik und dem Geist des Kapitalismus in den Vordergrund. Ja, das Rationalitätsproblem verbindet sich in dieser Zeit eng mit dem der Bestimmung der unterscheidenden Eigenschaften des modernen Kapitalismus als einer spezifischen Wirtschaftsform, die anders ist als die nichtkapitalistischen Wirtschaften und als der Kapitalismus der antiken Welt. Im Aufsatz »Die protestantische Ethik und der ›Geist‹ des Kapitalismus« bestimmt Weber keineswegs die gesamte Gestaltung des modernen Kapitalismus, sondern will nur den Ursprung eines seiner Elemente – der kapitalistischen Mentalität – in der innerweltlichen Askese des asketischen Protestantismus verfolgen; nichtsdestoweniger findet sich dort auch die Bemühung um eine Definition seiner Struktur als »ökonomischer Rationalismus«. In seiner Unterscheidung des kapitalistischen Geistes vom bloßen Gewinnstreben, vom »Erwerbsstreben«, das auch in präkapitalistischer Zeit wohlbekannt war, oder von der in der ganzen Welt verbreiteten *auri sacra fames* findet Weber die grundlegenden Eigenschaften des modernen Kapitalismus in der »rationale(n) *betrieb*mäßigen Kapitalverwertung« und in der »kapitalistischen *Arbeits*organisation«, ja, in der Organisation der freien Arbeit[13]. Die Existenz eines rational (nämlich bürokratisch) organisierten Betriebs, die rationale Kapitalverwertung mit dem Ziel eines kontinuierlichen und kontinuierlich wachsenden Einkommens, die Verwendung der freien Arbeit (anstelle der Sklavenarbeit) und – zusammen damit – noch eine rationale Lebensführung, die sich auf die Erfüllung der beruflichen Pflichten gründet, bewirken es, daß sich in Webers Augen der moderne Kapitalismus als ein rationales Wirtschaftssystem darstellt, ja als das *einzige* rationale. Und folglich wird schon hier der Traditionalismus als der Feind des modernen Kapitalismus angeprangert, nämlich als eine Einstellung, die das Engagement in der Arbeit auf die Deckung des traditionellen und daher konstanten Bedarfs beschränkt und somit keinerlei Streben nach größerem Gewinn zuläßt. Wenige Jahre später, in der dritten Ausgabe des Aufsatzes »Agrarverhältnisse im Altertum« (1909), stellte sich Weber die Frage: »Kennt das Altertum (in einem kulturhistorisch relevanten Maß) *kapitalistische* Wirtschaft?« In der Antwort darauf will er die Eigenschaften bestimmen, die den antiken Kapitalismus vom modernen unterscheiden[14]. Neben der unterschiedlichen Bedeutung der Edelmetalle und dem unterschiedlichen Verhältnis zur politischen Entwicklung wird das unterscheidende Merkmal zwischen den beiden Formen des Kapitalismus im Vorwiegen der Sklavenarbeit in der antiken und in der Verwertung der freien Arbeit in der modernen Welt gesehen; letztere erscheint noch einmal als die unerläßliche Bedingung einer rationalen Arbeitsorganisation und der »Berechenbarkeit« des Gewinns, beides wesentlich für den modernen Kapitalismus.

Die Beziehung zwischen der Bestimmung der unterscheidenden Merkmale des modernen Kapitalismus (der als »ökonomischer Rationalismus« betrachtet wird) und dem Rationalitätsproblem erlangt in der Untersuchung des wirtschaftlichen Handelns zentrale Bedeutung, die Weber im zweiten Kapitel des ersten Teils von »Wirtschaft und Gesellschaft« über die »Soziologischen Grundkategorien des Wirtschaftens« durchführt. Nach der Formulierung der das rationale wirtschaftliche Handeln definierenden Maßstäbe legt Weber – in enger Verbindung mit der Unterscheidung zwischen zweckrationalem und wertrationalem Verhalten – eine weitere Unterscheidung dar: die zwischen formaler und materialer Rationalität. Die formale Rationalität bezeichnet »das Maß der ... technisch möglichen und ... wirklich angewendeten *Rechnung*« im wirtschaftlichen Handeln[15]; sie fällt daher mit dem Grad der Berechenbarkeit, d. h. mit dem Maß der Verwendung der Geldrechnung und – als besondere Form dieser – der Kapitalrechnung zusammen. Nun besteht die formale Rationalität nicht nur in einer Geldwirtschaft, sondern manchmal auch in einer Naturalwirtschaft; jedoch stellt »die Geldform das Maximum dieser *formalen* Rechenhaftigkeit dar... (natürlich auch dies: ceteris paribus!)«[16]. Die materiale Rationalität bezeichnet dagegen den »Grad, in welchem die jeweilige Versorgung von gegebenen Menschen*gruppen* (gleichviel wie abgegrenzter Art) mit Gütern durch die Art eines wirtschaftlich orientierten sozialen Handelns sich gestaltet unter dem Gesichtspunkt bestimmter (*wie immer gearteter*) wertender *Postulate*, unter welchen sie betrachtet wurde, wird oder werden könnte«[17]; die materiale Rationalität fällt daher mit der Anwesenheit von »ethische(n), politische(n), utilitarische(n), hedonische(n), ständische(n), egalitäre(n) oder irgendwelcher andere(r) *Forderungen*« zusammen, aufgrund derer das wirtschaftliche Handeln im Hinblick auf die Verwirklichung eines bestimmten Wertes oder eines bestimmten »materialen Zwecks« orientiert erscheint[18]. Und dieser Zweck kann verschiedenster Art sein; er kann »ständische Abstufung, Leistung für politische Macht-, insbesondere aktuelle Kriegszwecke« sein oder auch ein ethischer und egalitärer Maßstab wie im Sozialismus[19].

In der typologischen Konstruktion von »Wirtschaft und Gesellschaft« gehört der moderne Kapitalismus so zu einem durch formale Rationalität gekennzeichneten wirtschaftlichen Handeln; ja, er stellt einen Sonderfall dieses Handelns dar insofern, als er nicht nur die Geldrechnung – »spezifisches Mittel zweckrationaler Beschaffungswirtschaft«[20] – voraussetzt, sondern auch eine bestimmte Form der Geldrechnung, nämlich die Kapitalrechnung. Der moderne Kapitalismus erscheint daher als eine Struktur, die auf einer Erwerbstätigkeit gründet, welche auf die von der Marktlage gebotenen Möglichkeiten hin orientiert ist, d.h. auf einer Erwerbstätigkeit, die sich nach dem Vergleich zwischen der Geldschätzungssumme der Güter zu Beginn und derjenigen beim Abschluß einer bestimmten Operation oder einer bestimmten Rechnungsperiode eines Betriebes richtet. Die besonderen Eigenschaften des wirtschaftlichen Verhaltens des modernen Kapitalismus und somit auch dieses letzteren sind die Existenz eines Marktes und eines Marktaustauschs, Vorkalkulation und Nachkalkulation einer Bilanz, Rechnung des Gewinns und der Verluste, ein »an Kapitalrechnung autonom orientierbares Handeln«[21] und Streben nach Rentabilität, d.h. nach einem kontinuierlichen, im voraus kalkulierten Gewinn.

Die Unterscheidung zwischen formaler und materialer Rationalität dient Weber dazu, den modernen Kapitalismus nicht nur im Vergleich zum antiken Kapitalismus abzugrenzen – nach der schon in »Agrarverhältnisse im Altertum« klar hervorgetretenen Orientierung –, sondern auch im Vergleich zu einer Wirtschaft sozialistischer Prägung. Dieser Unterscheidung entspricht auch die nicht weniger bedeutende zwischen Marktwirtschaft und Planwirtschaft. Eine formal-rationale Wirtschaft setzt nämlich, wie wir gesehen haben, das Bestehen eines Marktes voraus, auf dem das wirtschaftliche Handeln auf die Möglichkeiten des Tauschs und des vom Tausch herrührenden Gewinns hin orientiert ist; ohne Markt kann es wohl eine »Naturalrechnung« geben, d. h. eine Rechnung, die »am Konsum: Bedarfsdeckung orientiert« ist[22], nie aber eine rationale, auf den Erwerb ausgerichtete Rechnung. Eine rationale Wirtschaft im materialen Sinne dagegen bringt eine Planwirtschaft hervor, d. h. eine Wirtschaft, in der die Bedarfsdeckung »auf Orientierung an den Anordnungen eines ... Verwaltungsstabes angewiesen ist« und in der folglich »alles wirtschaftliche Handeln ... an gebietenden und verbietenden Anordnungen, in Aussicht gestellten Belohnungen und Strafen orientiert« ist[23]. Wenn der moderne Kapitalismus die beispielhafte Form der Marktwirtschaft darstellt, so ist in der Planwirtschaft die Orientierung des Handelns dagegen durch die Vorschriften eines Verwaltungsstabes bestimmt, der die Erreichung von materiellen Zwecken verfolgt. In einer Marktwirtschaft finden wir die formale Rationalität und somit ein zweckrationales Handeln; einer Planwirtschaft liegt die materiale Rationalität zugrunde, also ein wertrationales Handeln. »Materiale und (im Sinn exakter *Rechnung*:) formale Rationalität fallen unvermeidlich weitgehend auseinander: diese grundlegende und letztlich unentrinnbare Irrationalität der Wirtschaft ist eine der Quellen aller ›sozialen‹ Problematik, vor allem: derjenigen des Sozialismus«[24]. Die beiden Typen der Rationalität, die formale und die materiale, erweisen sich deshalb als unvereinbar, so wie bereits das zweckrationale und das wertrationale Handeln.

Auf dieser Grundlage bestimmt Weber in »Wirtschaft und Gesellschaft« die Bedingungen des höchsten Grades der formalen Rationalität und findet sie in der »vollständige(n) Appropriation aller sachlichen Beschaffungsmittel an Besitzer« und im »vollkommenen Fehlen formaler Appropriation von Erwerbschancen auf dem Markt«, in der »vollkommenen Autonomie der Auslese der Leiter durch die Besitzer«, im »völligen Fehlen der Appropriation sowohl von Arbeitsstellen und Erwerbschancen an Arbeiter wie umgekehrt der Arbeiter an Besitzer«, im »völligen Fehlen von materialen Verbrauchs-, Beschaffungs- oder Preisregulierungen oder anderen die freie Vereinbarung der Tauschbedingungen einschränkenden Ordnungen«, in der »völligen Berechenbarkeit der technischen Beschaffungsbedingungen«, in der »völligen Berechenbarkeit des Funktionierens der Verwaltungs- und Rechtsordnung«, in der »möglichst vollkommenen Trennung des Betriebs und seines Schicksals vom Haushalt und dem Schicksal des Vermögens« und schließlich in der »möglichst *formale(n)* rationale(n) Ordnung des *Geldwesens*«[25]. Diese acht Bedingungen – Freiheit des Marktes, Freiheit des Unternehmens, Freiheit des Arbeitsmarktes und der Wahl der Arbeit, Verhandlungsfreiheit, rationale Produktionstechnik, Garantie einer formal-rationalen Verwaltung und eines formal-rationalen Rechts, Trennung des Betriebs von der Verwaltung des Haushalts, rationales Geldsystem – bestimmen den Rahmen, in den die »kapitalistische« wirtschaftliche Orientierung, besonders die des modernen Kapitalismus, gehört.

Weber unterscheidet mehrere »untereinander *artverschiedene*« typische Richtungen der Orientierung des Erwerbs, welche die verschiedenen Formen der kapitalistischen Wirtschaft bezeichnen: die »Orientierung an Rentabilitätschancen des kontinuierlichen *Markt*erwerbs und -absatzes ... oder an Chancen der Rentabilität in kontinuierlichen Güter-*Beschaffungs*betrieben mit Kapitalrechnung«; die »Orientierung an Erwerbschancen durch Handel und Spekulation in Geldsorten«; die »Orientierung an Chancen des aktuellen *Beute*erwerbs von politischen oder politisch orientierten Verbänden oder Personen«; die »Orientierung an Chancen des kontinuierlichen Erwerbs kraft gewaltsamer, durch die politische Gewalt garantierter Herrschaft«, kolonialer oder fiskalischer Art; die »Orientierung an Chancen des Erwerbs durch außeralltägliche Lieferungen (an) politische Verbände«; die »Orientierung an Chancen des Erwerbs durch *rein* spekulative Transaktionen« oder »durch spekulative Finanzierung von kapitalistischen Unternehmungen und Wirtschaftsverbandsbildungen aller Art«.[26] Diese Richtungen kapitalistischer Orientierung liegen den Formen des Kapitalismus in verschiedenen Bereichen und Epochen zugrunde, auch außerhalb der modernen okzidentalen Welt. Sie bilden z. B. die Grundlage des spekulativen und des »*politisch* orientierten« Kapitalismus[27], sei es ein Beutekapitalismus oder ein auf der Ausbeutung kolonialer Besitze oder fiskalischer Aufkommen beruhender Kapitalismus oder auch ein auf Staatslieferungen gegründeter Kapitalismus. Keine dieser Formen ist für den Okzident typisch; im Gegenteil, sie »haben sich in aller Welt seit Jahrtausenden überall gefunden, wo Austauschmöglichkeit und Geldwirtschaft und ... *Geld*finanzierung stattfand«[28], vor allem da, wo es eine »Konkurrenz der Staaten untereinander um die Macht« gab[29], von China bis zur griechischrömischen Welt. Dagegen sind »der erste und der sechste Typ dem Okzident weitgehend *eigentümlich*«[30], und sie definieren eben die Eigenart des modernen Kapitalismus: Gerade das Erwerbsstreben durch einen kontinuierlichen Marktaustausch und durch den rational organisierten Betrieb unterscheidet den modernen Kapitalismus von den anderen Formen kapitalistischer Wirtschaft. »Nur der Okzident kennt rationale kapitalistische Betriebe mit *stehendem Kapital*, freier Arbeit und rationaler Arbeitsspezialisierung und -verbindung und rein verkehrswirtschaftliche Leistungsverteilung auf der Grundlage kapitalistischer Erwerbswirtschaften ... Nur der Okzident kennt die kapitalistische Form der formal rein voluntaristischen *Organisation der Arbeit* ... mit Expropriation der Arbeiter von den Beschaffungsmitteln, Appropriation der Unternehmungen an Wertpapierbesitzer«[31]. Der höchste Grad formaler Rationalität wird also nicht vom Kapitalismus im allgemeinen, sondern vom modernen Kapitalismus in seiner Eigenart und seiner qualitativen Verschiedenheit von den anderen Formen kapitalistischer Wirtschaft verwirklicht.

In der Vorbemerkung der »Gesammelten Aufsätze zur Religionssoziologie«, die in den ersten Monaten des Jahres 1920 geschrieben wurde – und in einer ausführlicheren Behandlung in den (1919-20 gehaltenen und 1923 posthum veröffentlichten) Vorlesungen über die »Wirtschaftsgeschichte« – wird die Verbindung zwischen Kapitalismus, formaler Rationalität und Marktwirtschaft noch einmal als die Grundlage der historischen Kennzeichnung des modernen Kapitalismus und seiner Individualität angenommen. Weber nimmt die Gegenüberstellung des kapitalistischen Geistes und des bloßen Gewinnstrebens wieder auf und unterstreicht den (im formalen Sinne) höchst rationalen Charakter des ersteren: »der Kapitalismus (ist) identisch mit dem Streben nach *Gewinn*, im kontinuierlichen, rationalen kapitalistischen Betrieb: nach immer *erneutem* Gewinn: nach ›*Rentabilität*‹«[32]. Er ist nämlich, wie wir gesehen haben, auf die »Ausnützung von *Tausch*chancen« hin orientiert[33], mittels eines auf Kapitalrechnung und rationaler Arbeitsorganisation beruhenden Gewinnstrebens. Die Berechenbarkeit des Gewinns und die rationale Arbeitsorganisation – eine die Existenz eines freien Arbeits- und Warenmarktes voraussetzende Organisation – stellen so die beiden Stützpfeiler des modernen Kapitalismus dar und definieren gleichzeitig den besonderen Charakter seiner Rationalität.

Im vierten Kapitel der »Wirtschaftsgeschichte« bezeichnet Weber als die grundlegende Voraussetzung der Entstehung des modernen Kapitalismus die »*rationale Kapitalrechnung als Norm für alle großen Erwerbsunternehmungen, die sich mit Alltagsbedarfsdeckung befassen*«[34]. Er schreitet dann erneut – in einer die Analyse von »Wirtschaft und Gesellschaft« widerspiegelnden Form – zur Bestimmung der Bedingungen, welche eine derartige Rechnung ermöglichen: die »*Appropriation aller sachlichen Beschaffungsmittel* ... als freies Eigentum an autonome private Erwerbsunternehmungen«; die Marktfreiheit, nämlich das Fehlen von »irrationalen« Schranken des Verkehrs; die Entwicklung einer rationalen Technik in der Produktion und im Güteraustausch; die Entwicklung eines rationalen, d. h. »berechenbaren« Rechts; die freie Arbeit, d. h. die Existenz von Personen, »die nicht nur rechtlich in der Lage, sondern auch wirtschaftlich genötigt sind, ihre Arbeitskraft frei auf dem Markt zu verkaufen«; die Kommerzialisierung der Wirtschaft, vor allem eine »ausschließliche *Orientierung der Bedarfsdeckung an Marktchancen und an Rentabilität*«[35]. Der moderne Kapitalismus erscheint auf diese Weise als das Erzeugnis des spezifischen »Rationalismus« der westlichen Kultur, eines Rationalismus, der den Höhepunkt eines Rationalisierungsprozesses – im formalen Sinne – bildet, der in anderen Teilen der Welt und anderen Geschichtsepochen nicht stattgefunden hat.

Es wäre jedoch irrig, aus dem Gesagten eine Identität zwischen modernem Kapitalismus und formaler Rationalität abzuleiten. Wenn die kapitalistische Wirtschaft in der modernen okzidentalen Welt auch eine zentrale Bedeutung hat, so stellt sie jedoch weder ihr einziges kennzeichnendes Element noch ihre »Grundlage« dar; in diesem Punkt unterscheidet sich die Webersche Analyse, die zwar – besonders in »Wirtschaft und Gesellschaft« – viele wichtige Aspekte der Marxschen Interpretation des Kapitalismus akzeptiert, deutlich von dieser. Der moderne Kapitalismus ist eine ausschlaggebende, aber nicht die einzige Erscheinung des eigentümlichen »Rationalismus« des europäischen Okzidents der nach-mittelalterlichen Zeit, eines Rationalismus, der alle Bereiche des Lebens berührt, von der Politik bis zum Recht, von der Religion bis zum »intellektuellen Wissen«. Die Behauptung ist, die »formale Rationalität« sei eine Erscheinung, die weit über den wirtschaftlichen Bereich hinausgeht und die mit dem Rationalisierungsprozeß der modernen Welt zusammenfällt.

Dies ergibt sich deutlich aus der Vorbemerkung zu den »Gesammelten Aufsätzen zur Religionssoziologie«. Hier zählt Weber auf: Entwicklung einer rationalen Naturwissenschaft (und einer Historiographie auf rationaler Basis), Rationalisierung der Kunst und der Musik, Entwicklung eines Staates »im Sinne einer politischen *Anstalt*, mit rational gesatzter ›Verfassung‹, rational gesatztem Recht und einer an rationalen, gesatzten Regeln: ›Gesetzen‹, orientierten Verwaltung durch *Fach*beamte«[36], Entwicklung eines rational-formalen Rechts. Dieses sind – *neben* dem modernen Kapitalismus, und an diesen nicht durch einseitige Abhängigkeit, sondern durch gegenseitige Bedingtheit gebunden – die Hauptaspekte des Rationalisierungsprozesses des Lebens, welcher der modernen westlichen Welt eigen ist. Der moderne »Rationalismus« ist daher weitergespannt als der moderne ökonomische Rationalismus, d. h. als die kapitalistische Wirtschaft. Zwar stimmt es, daß man »der fundamentalen Bedeutung der Wirtschaft entsprechend« in der Analyse der modernen Welt und ihres Rationalisierungsprozesses »vor allem die ökonomischen Bedingungen berücksichtigen« muß; es ist aber ebenso wahr, daß »auch der umgekehrte Kausalzusammenhang darüber nicht unbeachtet bleiben« kann[37]. Innerhalb dieses Prozesses sind wirtschaftliche und nichtwirtschaftliche Bedingungen eng verflochten; und jeder Versuch, die einen von den anderen zu trennen oder einer besonderen Reihe von Bedingungen den Vorrang oder einen privilegierten Status einzuräumen, erscheint methodologisch irreführend. Nicht zufällig entspricht in der typologischen Konstruktion von »Wirtschaft und Gesellschaft« der moderne rationale Staat mit seiner typischen Rechtsform, dem formal-rationalen Recht, dem modernen Kapitalismus mit seiner besonderen Verwaltungsstruktur; und er entspricht ebenso der Bürokratie im Dienste einer unpersönlichen Ordnung und im Dienste des legalen Herrschaftsträgers.

Das rational orientierte wirtschaftliche Handeln findet seine Entsprechung – in der im dritten Kapitel des ersten Teils von »Wirtschaft und Gesellschaft« ausgeführten Klassifizierung der Typen der legitimen Herrschaft – in der rationalen Herrschaft, d.h. in einer Herrschaft, die »auf dem Glauben an die Legalität gesatzter Ordnungen und des Anweisungsrechts der durch sie zur Ausübung der Herrschaft Berufenen ... (legale Herrschaft)« beruht[38] und die sich sowohl von der traditionalen als auch von der charismatischen Herrschaft unterscheidet. In seiner Analyse des wirtschaftlichen Verhaltens hatte Weber das rationale und das traditionale wirtschaftliche Handeln unterschieden und einander gegenübergestellt; in der Typologie der Herrschaftsformen stellt er ebenso einen Gegensatz zwischen der legal-rationalen Herrschaft und der traditionalen Herrschaft her. Im Falle der legalen Herrschaft »wird der legal gesatzten sachlichen *unpersönlichen Ordnung* und dem durch sie bestimmten *Vorgesetzten* ... gehorcht«, im Falle der traditionalen Herrschaft »wird der *Person* des durch Tradition berufenen und an die Tradition (in deren Bereich) gebundenen *Herrn* ... gehorcht«[39]. Das Bestehen abstrakter Regeln und deren bindender Charakter nicht nur für die Untertanen, sondern auch für den Herrn (oder die Herren), das Vorherrschen einer unpersönlichen Ordnung, welche das Vorgehen des Verwaltungsstabes einschränkt, die Entwicklung einer Bürokratie, die sich in der Ausübung ihrer Aufgaben an eine objektive Einstellung halten muß – all diese für den modernen Staat bezeichnenden Elemente definieren seine im formalen Sinne rationale Struktur. »Die rein bureaukratische, also: die bureaukratisch-monokratische aktenmäßige Verwaltung ist nach allen Erfahrungen die an ... formal universeller Anwendbarkeit für alle Aufgaben, rein *technisch* zum Höchstmaß der Leistung vervollkommenbare, in all diesen Bedeutungen: die formal *rationalste*, Form der Herrschaftsausübung«[40]. Wie der moderne Kapitalismus im wirtschaftlichen Bereich, so verwirklicht der bürokratische Staat – auch er eine Besonderheit des modernen Okzidents – im politischen Bereich den höchsten Grad formaler Rationalität. Deshalb besteht zwischen ihnen eine wesenhafte Entsprechung, die sich auch in einer gegenseitigen Bedingtheit ausdrückt. Einerseits haben nämlich die Erfordernisse der modernen kapitalistischen Wirtschaft und eines Marktes, der sich von äußeren Bedingungen befreien will, die Behauptung einer legalen Herrschaft begünstigt, welche die Grundlagen der patriarchalischen wie auch der patrimonialen Herrschaft erschüttert hat; andererseits hat die Entstehung des modernen Staates und eines formal-rationalen Rechts die Entwicklung des Kapitalismus gestützt, indem sie jene »Berechenbarkeit« ermöglichte, die – wie wir gesehen haben – eine Bedingung des rationalen wirtschaftlichen Verhaltens darstellt.

Diese Beziehung wird im Kapitel über die »Rechtssoziologie« in »Wirtschaft und Gesellschaft« und auch in der »Wirtschaftsgeschichte« geklärt. Ein nicht formal-rational orientierter Kapitalismus kann wohl – wie Weber in diesen posthum veröffentlichten Vorlesungen betont – in verschiedenen Weltteilen und in verschiedenen Geschichtsepochen in Form eines auf Steuerpacht und Kriegsfinanzierung beruhenden Kapitalismus gefunden werden oder auch in Form eines spekulativen Händlerkapitalismus oder eines Wucherkapitalismus. Der rationale »an Marktchancen orientierte« Kapitalismus[41] ist dagegen der modernen okzidentalen Welt eigen. Dasselbe gilt für den bürokratischen Staat und für das formal-rationale Recht, das sich auf der Grundlage der Übernahme des römischen Rechts durchgesetzt hat. Der moderne Kapitalismus braucht »ein Recht, das sich ähnlich berechnen läßt wie eine Maschine« und in dem »rituell-religiöse und magische Gesichtspunkte keine Rolle spielen« dürfen[42], ein Recht von der Art, das der moderne Staat mit Hilfe des Juristenstandes ausgearbeitet hat, »um seine Machtansprüche durchzusetzen«[43]. Wie es in »Wirtschaft und Gesellschaft« heißt, bildet das formal-rationale Recht, mit der »zunehmenden Berechenbarkeit des Funktionierens der Rechtspflege«, »eine der wichtigsten Vorbedingungen für ökonomische Dauerbetriebe, speziell für solche kapitalistischer Art«[44]. Wie der Betrieb ist auch die »Berechenbarkeit« eine gemeinsame Dimension des modernen Kapitalismus und des modernen Staats mit seiner besonderen Rechtsform.

Es gibt jedoch noch eine weitere Sphäre, die zwar in der Analyse von »Wirtschaft und Gesellschaft« in den Hintergrund tritt, in welcher sich aber der moderne »Rationalismus« in entscheidender Weise behauptet: die des intellektuellen Wissens. Die Bindung an die Wissenschaft wird in der »Wirtschaftsgeschichte« als Bedingung für die Emanzipierung der Güterproduktion *von jeder Gebundenheit an die überkommene Tradition*«[45] angegeben; und in demselben Text wird auf der Eigenart der rationalen Wirtschaft (und der rationalen Technik) für die moderne westliche Welt bestanden. In der modernen Wissenschaft erscheint dieselbe rationale – im formalen Sinne – Orientierung, auf der sowohl der moderne Kapitalismus als auch der moderne Staat (und das formal-rationale Recht) beruhen. Dieser Parallelismus, der auch in der Vorbemerkung zu den Aufsätzen zur »Religionssoziologie« angedeutet ist, taucht deutlich vor allem im Aufsatz »Wissenschaft als Beruf« (1917/1919) auf, in dem Weber die berufliche Ausübung der Wissenschaft analysiert, die auf einer wachsenden Spezialisierung der wissenschaftlichen Arbeit beruht. Die rationale Forschung ist bei den zeitgenössischen Bedingungen der Entwicklung des Wissens ein Beitrag, der sich in einen kooperativen und kumulativen Betrieb einfügen muß; ohne diesen Beitrag gibt es keine wissenschaftliche Entwicklung. Denn »die wissenschaftliche Arbeit ist ... in den Ablauf des ›Fortschritts‹ eingespannt«[46], auf eine Weise, in der jedes ihrer Entwicklungsmomente auf der Folge der vorangegangenen aufbaut und in kürzerer oder längerer Zeit durch neue Ergebnisse abgelöst werden wird: »jede wissenschaftliche ›Erfüllung‹ bedeutet neue ›Fragen‹ und *will* ›überboten‹ werden und veralten«[47]. Auf diese Art stellt sich der wissenschaftliche Fortschritt als ein Aspekt eben jenes Rationalisierungsprozesses des Lebens dar, aus dem der moderne Kapitalismus und der moderne Staat erwachsen sind und dessen letztes Ergebnis die »Entzauberung der Welt« ist[48]. Dieser läuft nicht auf eine weitergespannte Kenntnis unserer Lebensbedingungen hinaus – denn »der Wilde weiß das von seinen Werkzeugen ungleich besser«[49] als der moderne Mensch von den Techniken, die seinen Alltag regeln –, sondern eher auf das Vertrauen auf die Möglichkeit einer rationalen Kontrolle der Wirklichkeit. Die technische Beherrschung der Lebensbedingungen, eine wachsende und grenzenlose Beherrschung, ist das Erzeugnis des wissenschaftlichen Fortschritts.

Die formale Rationalität, wie sie Weber definiert, hat somit eine Tragweite, die zweifellos nicht auf den wirtschaftlichen Bereich beschränkt werden kann; jeder Versuch, sie restlos mit dem modernen Kapitalismus zu identifizieren oder sie als eine einfache Ausweitung (und Verallgemeinerung) der kapitalistischen Wirtschaftsorientierung zu betrachten – wie dies häufig auf den Spuren von Marcuse[50] in der Interpretation der Frankfurter Schule geschehen ist –, läuft unweigerlich auf ein Mißverständnis hinaus. Die formale Rationalität, die dem zweckrationalen Handeln entspricht und auf ihr aufbaut, stellt die alles durchdringende Dimension des modernen Okzidents dar, eine Dimension, die ihn in all seinen Aspekten kennzeichnet. Sie bedeutet die Loslösung des wirtschaftlichen Verhaltens von den dem rationalen Gewinnstreben fremden Zwecken, auf der Basis der marktbedingten Möglichkeiten. Sie verweist jedoch auch auf eine staatliche Struktur, in der die unpersönliche Ordnung die persönlichen Treuebindungen an einen traditionalen Herrn oder einen charismatischen Führer ersetzt hat; sie verweist ebenso auf ein Recht, das aus abstrakten und (zumindest theoretisch) aus Regeln besteht, welche für den Herrn (oder die Herren) sowie für die Untertanen gelten. Schließlich verweist sie auf einen Wissenstyp, nämlich den der modernen Wissenschaft, welcher die technische Beherrschung der Natur und der menschlichen Lebensbedingungen zum Ziel hat, welcher das religiöse Streben nach einem Weltsinn und das theologische Wissen ablöst, in eben derselben Weise, wie dieses die ursprüngliche magische Auffassung ersetzt hatte. Die moderne westliche Welt in ihrer Gesamtheit – und nicht der moderne Kapitalismus – ist für Weber der historische »Ort« der Verwirklichung der formalen Rationalität.

IV

Die formale Rationalität bezieht sich nicht auf an und für sich gültige Werte, sondern auf die Berechenbarkeit, nämlich auf die Wahl der richtigen Mittel, die für die Verwirklichung beliebiger Zwecke erforderlich sind. Das bedeutet jedoch nicht, daß sie keine außerhalb ihres Bereichs liegenden Voraussetzungen besäße. In § 13 des den »Soziologischen Grundkategorien des Wirt-

schaftens« gewidmeten Kapitels von »Wirtschaft und Gesellschaft« beabsichtigt Weber, die »materialen« Bedingungen der
formalen Rationalität der Geldrechnung herauszustellen. Er
nennt deren drei, die in seinen Augen unter einem »soziologischen« Gesichtspunkt besonderes Interesse verdienen: »Der
Markt*kampf* (mindestens relativ) autonomer Wirtschaften«, der
bewirkt, daß »die Geldpreise … Kampf- und Kompromißpro-
dukte (sind), also Erzeugnisse von Machtkonstellationen«; »wei-
testgehende Marktfreiheit im Sinn der Abwesenheit sowohl ok-
troyierter und ökonomisch irrationaler wie voluntaristischer und
ökonomisch rationaler (d. h. an Marktchancen orientierter) Monopole«; und schließlich die Kaufkraft bestimmter Stände oder
Klassen, genauer »die Grenznutzen-Konstellation bei der letzten
jeweils nach der Art der Besitzverteilung nach … kaufkräftigen
… Einkommensschicht«[51]. Damit sich die formale Rationalität
der Geldrechnung durchsetzen kann – die für die Entwicklung
des modernen Kapitalismus unerläßlich ist –, bedarf es somit einer Situation des »Interessen*kampfs*«, eines Kampfes verschiedener Individuen und Sozialgruppen, in dem das Geld »primär:
Kampfmittel und Kampfpreis« ist[52]. Eine konfliktlose Gesellschaft oder zumindest eine Gesellschaft ohne Konkurrenz – z. B.
eine »organische« Gesellschaft, die auf dem Gleichgewicht der
Stände und auf der notwendigen Zugehörigkeit jedes Individuums zu einem bestimmten Stand basiert – ist kein günstiger Boden für die Entwicklung einer Erwerbswirtschaft. Außerdem ist
es erforderlich, daß das wirtschaftliche Handeln der Individuen
auf die Möglichkeiten des Marktes ausgerichtet ist, und zwar
ohne von außen oktroyierte Beschränkungen, seien sie eine Planwirtschaft oder Monopole. Schließlich ist es erforderlich, daß es
eine Schicht oder Schichten gibt, die über die ausreichende Kaufkraft verfügen, um mit ihrer Nachfrage die Produktion und das
Angebot von Nutzleistungen von seiten der Betriebe hervorzuru-
fen. Diese drei Bedingungen – der Konflikt- und Konkurrenzcha-
rakter des Wirtschaftslebens, die Marktfreiheit, die Kaufkraft bestimmter sozialer Stände und die Eigentumsverhältnisse, die sie
voraussetzt – sind der formalen Rationalität des wirtschaftlichen
Handelns durchaus nicht eigen und haben vorwiegend politischen Charakter; im Grenzfall definieren sie einen Zustand der
Gesellschaft, ihre Gliederung in Stände und Klassen und die aus
ihnen entstehenden Machtverhältnisse.

Die formale Rationalität des wirtschaftlichen Handelns hat jedoch auch kulturelle (oder – wie sich Weber manchmal ausdrückt – »ideale«) Voraussetzungen, die durchaus nicht zweckrational sind. Die ausführliche Untersuchung Webers über die Beziehung zwischen protestantischer Ethik und kapitalistischem Geist im Aufsatz von 1904 – die sowohl in »Wirtschaft und Gesellschaft« als auch vor allem in der »Wirtschaftsgeschichte« wiederaufgenommen wird – ist in diesem Zusammenhang besonders klärend. Wenn auch der moderne Kapitalismus eine komplexe Erscheinung ist, deren Erklärung die Betrachtung vielfältiger Reihen von Bedingungen erfordert, so muß zweifellos der Ursprung des kapitalistischen Geistes mit betrachtet werden, d. h. der Ursprung jener besonderen Mentalität, die das Gewinnstreben auf der Grundlage der marktbedingten Tauschmöglichkeiten inspiriert. Aber der »Geist« des Kapitalismus – wenn er auch ein konstituierendes Element der kapitalistischen Wirtschaft ist, zumindest derjenigen des modernen Okzidents – kann gewiß nicht mit Bezug auf die Zweckrationalität definiert werden. In Anlehnung an einige Schriften von Benjamin Franklin, die er als emblematische Formulierung der Ethik des modernen Kapitalismus annimmt, beobachtet Weber, daß der Zweck des »Erwerbs von Geld und immer mehr Geld, unter strengster Vermeidung alles unbefangenen Genießens« – welcher der höchste Wert dieser Ethik wird – als »etwas gegenüber dem ›Glück‹ oder dem ›Nutzen‹ des einzelnen Individuums jedenfalls gänzlich Transzendentes und schlechthin Irrationales« erscheint[53]. Die »Umkehrung« des »natürlichen« Verhältnisses zwischen Gewinnstreben und hedonistischer Befriedigung der Bedürfnisse[54] ist das Ergebnis der Annahme eines Zwecks, dem man einen an sich gültigen Wert zuschreibt und somit (nach der Weberschen Definition) eines wertrationalen, nicht eines zweckrationalen Handelns. Das gilt für den kapitalistischen Geist, aber auch mit größerem Recht für die protestantische Ethik; in ihr erscheint das Gewinnstreben durch die Notwendigkeit motiviert, im wirtschaftlichen Erfolg die Bestätigung der »Wahl« Gottes und der Prädestination zum ewigen Heil zu finden. Die dem modernen Kapitalismus eigene Orientierung auf den Erwerb hat deshalb Wurzeln, die nicht auf jene formale Rationalität zurückgeführt werden können, die aber doch ihr kennzeichnendes Element darstellen. Sie setzt die Zustimmung zu einer religiösen Wirtschaftsethik voraus, welche als innerweltliche Askese definiert werden kann, und die Annahme des Erwerbs als eines Wertes an sich, unabhängig von der hedonistischen Befriedigung, die sie geben kann.

Eine ähnliche Situation gibt es jedoch auch in der politischen Sphäre. Die legal-rationale Herrschaft, die den modernen Staat kennzeichnet, bringt eine wachsende Bürokratisierung des öffentlichen Lebens mit sich, die parallel zu der Bürokratisierung des kapitalistischen Betriebs verläuft. Und die konstituierenden Prinzipien der Bürokratie sind so beschaffen, daß sie die Unpersönlichkeit der staatlichen Verwaltung, d. h. die rationale Herrschaftsausübung garantieren. Auch die Struktur der Parteien entspricht dem gleichen Organisationsmodell. »Die Entwicklung ›moderner‹ Verbandsformen auf *allen* Gebieten (Staat, Kirche, Heer, Partei, Wirtschaftsbetrieb, Interessenverband, Verein, Stiftung und was immer es sei) ist schlechthin identisch mit Entwicklung und stetiger Zunahme der *bürokratischen* Verwaltung: ihre Entstehung ist z. B. die Keimzelle des modernen okzidentalen Staats«[55]. Auf dem Gebiet der Politik – und nicht nur auf diesem – fallen formale Rationalität und bürokratische Organisation im wesentlichen zusammen. Und »die Bürokratie ist ›rationalen‹ Charakters: Regel, Zweck, Mittel, ›sachliche‹ Unpersönlichkeit beherrschen ihr Gebaren«[56]; eben diese Eigenschaften haben es ihr ermöglicht, die anderen Herrschaftsformen zu ersetzen. Aber die spezifisch moderne bürokratische Organisation entspricht Zielen, die durchaus nicht formal-rational sind, und sie setzt ihrerseits »materiale« Bedingungen voraus, genau wie die Geldrechnung (und allgemeiner die kapitalistische Wirtschaft). Die bürokratische Organisation entspricht, zumindest anfänglich, den Bedürfnissen der Herrschaft des modernen Staats, seinem Streben nach dem Monopol legitimer Gewalt, seiner Tendenz zur Ausmerzung jeglicher von ihm verschiedenen unabhängigen Herrschaft; sie »ist nämlich regelmäßig zur Herrschaft gelangt auf der Basis einer, mindestens relativen, *Nivellierung der ökonomischen und sozialen Unterschiede*«, und sie stellt sich als »eine unvermeidliche Begleiterscheinung der modernen *Massen*demokratie« dar[57]. Ähnlich entspricht die bürokratische Staatsorganisation am besten den Bedürfnissen der Entwicklung des modernen Kapitalismus insofern, als sie die Berechenbarkeit des Funktionierens des Verwaltungsstabs und die Gleichheit gegenüber den abstrakten Rechtsnormen sichert.

Der moderne Kapitalismus ist auf einen Wert hin ausgerichtet – das Gewinnstreben, ja das Streben nach einem kontinuierlichen und ständig wachsenden Gewinn –, der nicht als formal rational gekennzeichnet werden kann; ähnlich hat auch der moderne Staat mit seiner bürokratischen Organisation seine Ziele außerhalb des Bereichs der formalen Rationalität. Aufgrund dieser Tatsache hat Weber immer stärker die Grenzen der bürokratischen Organisation und ihre Unangemessenheit in »politischer« Sicht betont. Die Bürokratie ist imstande, eine wirksame Verwaltung des Staats zu garantieren, aber nicht, das Ziel seiner Politik zu bestimmen. Die Macht des Staates, seine Erhaltung und seine Behauptung anderen Staaten gegenüber, seine »Kulturmission« – die Weber 1895 in seiner Freiburger Antrittsrede »Der Nationalstaat und die Volkswirtschaftspolitik« dem Wilhelminischen Deutschland zugeschrieben hatte –, das alles sind Ziele, die zweifellos keinen rational-formalen Charakter besitzen und deren Verfolgung eher einem wertrationalen Handeln eignet. Die Bürokratie kann (und muß) sie verwirklichen insofern, als sie ihr als Voraussetzung ihres Tuns aufgegeben sind. Sie ermöglicht die Ausübung der legalen Herrschaft, stellt aber nicht ihre Grundlage dar. Selbst der moderne Staat gründet sich nicht ausschließlich auf eine bürokratische Organisation: es bedarf einer politischen Elite mit der Fähigkeit, die Führung des politischen Lebens zu garantieren. In »Parlament und Regierung im neugeordneten Deutschland« (1918) und in anderen Schriften der unmittelbaren Nachkriegszeit besteht Weber auf der Ungleichartigkeit zwischen dem Auswahlprozeß des bürokratischen Standes und demjenigen der politischen Elite und betont die Notwendigkeit einer charismatischen *leadership*. Die Massendemokratie braucht charismatische »Führer«, die weder die öffentliche Bürokratie noch der bürokratische Apparat der Parteien hervorbringen können. Das Charisma ist jedoch stets nicht nur eine Macht, ja »*die* große revolutionäre Macht«[58], sondern auch eine spezifisch irrationale Macht gewesen. Daher rührt die – nur scheinbar paradoxe – Schlußfolgerung, daß der moderne Staat (dieser Ausdruck der legal-rationalen Herrschaft *par excellence*) die politische Leitung einer Klasse brauche, die alles andere als rational ausgewählt sei. Zwar müssen sich diese charismatischen Gestalten, die Weber als Berufspolitiker bezeichnet (ein Ausdruck, in dem der Terminus »Beruf« seine ursprüngliche Ambivalenz zwischen »Berufung« und »Beruf«

beibehält), in einer hinfort bürokratisierten Welt behaupten; sie müssen deren Aufstiegsweisen nutzen und werden somit »Führer« auch in Beziehung zu einem Verwaltungsstab. Das macht jedoch die Notwendigkeit einer »Führung« nicht weniger dringend, die außerhalb der bürokratischen Organisation liegt und die letztere nicht stellen kann.

Einen ähnlichen Hinweis über den Bereich der formalen Rationalität hinaus haben wir im Falle der Wissenschaft, die als das reinste Erzeugnis des modernen »Rationalismus« gelten könnte. Der »Sinn« der Wissenschaft liegt in der Tat außerhalb des wissenschaftlichen Fortschritts, d. h. des kumulativen Prozesses der rationalen Forschung. Ihre Voraussetzung, nämlich daß das Ergebnis der wissenschaftlichen Arbeit »wert (ist), gekannt zu werden«[59], kann ihrerseits nicht – wie Weber in »Wissenschaft als Beruf« bemerkt – wissenschaftlich bewiesen werden; die Wissenschaften lehren uns, »das Leben *technisch* zu beherrschen«[60], sie liefern uns die zu diesem Zweck notwendigen Mittel; »ob wir es aber technisch beherrschen sollen und wollen, und ob das letztlich eigentlich Sinn hat: das lassen sie ganz dahingestellt oder setzen es für ihre Zwecke voraus«[61]. Dieses, das höchste Ziel der Wissenschaft, ist in Wirklichkeit ein einfaches Wertpostulat, welches als solches keines Beweises fähig ist. Somit scheint auch die moderne Wissenschaft genau wie der moderne Kapitalismus und der moderne Staat auf Voraussetzungen gegründet, die nicht rational sind (und es nicht sein können) im Sinne der formalen Rationalität, welche die gesamte Entwicklung der okzidentalen Kultur prägt.

V

Die Webersche Theorie der Rationalität stellt sich somit als eine soziologische Theorie dar, die ihre Grundlage in der Typologie des Handelns und insbesondere in der Unterscheidung (und der Gegenüberstellung) von zweckrationalem und wertrationalem Handeln hat. Weber legt diese Theorie ausführlich bei Gelegenheit der Niederschrift von »Wirtschaft und Gesellschaft« dar, als er die Kategorien und den begrifflichen Rahmen der Soziologie – als eine in bezug auf die Geschichtsforschung (relativ) selbständige Disziplin – bestimmen und damit eine soziologische Theorie

analog zur ökonomischen Theorie formulieren wollte. Eben weil
er auf das soziale Handeln als solches (abgesehen von seinem
Inhalt) bezogen wird, ist der Begriff der Rationalität ein »verein-
heitlichender« Begriff von Verhaltensweisen, die zur ökonomischen wie zur politischen Sphäre, zur religiösen wie auch zur
intellektuellen Sphäre gehören können. Die Orientierung des
Handelns und nicht die Zugehörigkeit zu einem bestimmten Gebiet machen es zum zweckrationalen oder zum wertrationalen
Handeln. Daher kann dieses Begriffspaar auf jede Erscheinung
angewendet werden, unabhängig von seinem Inhalt und auch von
seinem geschichtlichen Bereich. Rationale Verhaltensweisen – in
der einen oder der anderen Bedeutung – kann man in jeder Kultur
und jeder Epoche finden, wenn auch in sehr verschiedenem
Maße. Analog dient auch das von der formalen und der materialen Rationalität gebildete Paar – besonders in »Wirtschaft und
Gesellschaft« – als zweifaches Modell für die Analyse von Erscheinungen, die zu den verschiedensten Gebieten gehören. Dieses Paar bezeichnet auf streng »neutrale« Art zwei verschiedene –
und im Grenzfall gegensätzliche – Typen der sozialen Struktur.
Diese Theorie der Rationalität baut jedoch auf einer Interpretation der modernen Welt auf, in welcher der Begriff der formalen
Rationalität eine zentrale Stellung einnimmt und die sich vom
Aufsatz »Die protestantische Ethik und der ›Geist‹ des Kapitalismus« an abgezeichnet hat. Aufgrund dieser Interpretation ist die
moderne westliche Welt der privilegierte geschichtliche »Ort«
(wenn auch nicht der einzige) der formalen Rationalität, der Ort,
an dem sie sich derart entwickelt hat, daß sie alle Lebensbereiche
prägte, von der Wirtschaft zur Organisation des Staates und zum
Recht, von der Wissenschaft zu den Künsten, ja sogar bis zur
Musik[62]. Eben diese Tatsache bildet die Einzigartigkeit der modernen Kultur, die Weber mehrmals betont hat, zuletzt – in einer
klassisch gewordenen Weise – in der Vorbemerkung zu den Aufsätzen zur »Religionssoziologie«. Seine Analyse des modernen
Kapitalismus, des modernen Staates und Rechts sowie der modernen Wissenschaft ist immer darauf ausgerichtet, deren formal-
rationale Orientierung zu zeigen; der Begriff der formalen Rationalität ist dann nicht länger ein analytisches Modell, sondern wird
zu einem auf Erscheinungen angewendeten Interpretations-
schema, die zum gleichen Geschichtsprozeß gehören und die sich
untereinander gegenseitig bedingen. Eine ähnliche Bedeutung ha-

ben auch die vergleichenden Untersuchungen über die Weltreligionen, vom Konfuzianismus zum Hinduismus und Buddhismus bis hin zum antiken Judentum, wie die vielen Bezüge auf nicht zur modernen Welt gehörende geschichtliche Bereiche, die wir in »Wirtschaft und Gesellschaft« finden. Weber will immer die Eigenart dieser Welt, ihre Besonderheit im Vergleich zu anderen Entwicklungsrichtungen herausstellen. Die Individualität nicht nur des modernen Kapitalismus, sondern der gesamten westlichen Welt findet ihre Erklärung in der ihr eigenen »Rationalität«, d. h. im Vorherrschen der formalen Rationalität, die sich allmählich über die Tradition und über die materiale Rationalität behauptet hat. Sie hat das Charisma als »revolutionäre Macht«, d. h. als Element des Wandels, abgelöst; wenn »in traditional gebundenen Epochen« das Charisma von innen heraus »eine Wandlung der zentralen Gesinnungs- und Tatenrichtung unter völliger Neuorientierung aller Einstellungen« vollzog, so ist es in der modernen Welt die *ratio* – im Sinne von formaler Rationalität –, die »von außen her wirkt: durch Veränderung der Lebensumstände und Lebensprobleme und dadurch mittelbar der Einstellungen zu diesen, oder aber: durch Intellektualisierung«[63]. Nicht nur die Orientierung, sondern auch der Mechanismus der Veränderung erscheint anders als in anderen geschichtlichen Bereichen.

Diese Interpretation der modernen Welt bringt eine Sicht ihrer Entwicklung auf der Grundlage des Rationalisierungsprozesses mit sich: ein vieldeutiger Ausdruck, den Weber in nicht immer miteinander zu vereinbarenden Bedeutungen benutzt, ohne je eine explizite Definition dafür zu liefern. In der Tat finden wir einen Rationalisierungsprozeß auch in anderen Kulturen, fast in allen. Die Loslösung von der Tradition, die Schwächung der »natürlichen« Bindungen und ihre Ersetzung durch neue Arten der Beziehung, das Sich-Behaupten der Weltreligionen gegen das ursprüngliche magische Weltbild, die Suche nach einer »Erlösung« vom Schmerz und vom Leiden, das alles sind Formen der Rationalisierung; und die Religion ist eben Träger einer Forderung nach Rationalität. Diese Art Rationalisierung ist jedoch noch nicht – oder nur in zweiter Linie – eine Rationalisierung im formalen Sinne. Diese finden wir nur in der modernen westlichen Welt, in der die verschiedenen Lebenssphären allmählich ihre Selbständigkeit von der Religion erobern und diese schließlich »ins Reich des Irrationalen« verdrängen[64]. Daher rührt die ganz besondere Stellung, welche die moderne Welt in der Weberschen Geschichtsauffassung einnimmt; sie ist nicht der Höhepunkt eines Prozesses, der seinen Sinn in der fortschreitenden Entwicklung der Rationalität findet, sondern der spezifische »Ort« einer besonderen Form der Rationalität. Bei Weber fehlt – wie Wolfgang Mommsen gezeigt hat[65] – eine Theorie der »Weltgeschichte« als notwendiger Fortschritt völlig; sie fehlt sowohl in der Hegelschen als auch in der organischen Formulierung der Romantik (die vom Aufsatz »Roscher und Knies« an abgelehnt wurde), sie fehlt auch in der marxistischen (die in den methodologischen Aufsätzen zwischen 1904 und 1906 und später in den Schriften über den Sozialismus kritisiert wird) und auch in der positivistischen Formulierung. Wie es in »Der Sinn der ›Wertfreiheit‹ der soziologischen und ökonomischen Wissenschaften« (1913/1917) heißt, kann man legitim von Fortschritt sprechen – aber auch in diesem Falle sollte man den Ausdruck meiden –, im Sinne von rein »technischem Fortschritt«, d. h. mit Bezug lediglich auf die Mittel und nicht auf die Zwecke, nie mit Bezug auf »den Bereich der ›letzten‹ *Bewertungen*«[66]. Weber hat eine Auffassung der Geschichte als unaufhörliches Fortschreiten in Richtung einer größeren Rationalität immer abgelehnt, ebenso wie er eine apokalyptische und unheilschwangere Sicht immer zurückwies, wie sie nach der deutschen Niederlage in der Spenglerschen Prophezeiung eines unmittelbar bevorstehenden »Untergangs des Abendlandes« zum Ausdruck kam.

Der Rationalisierungsprozeß zeichnet demnach nicht den Lauf der Geschichte, er zeigt uns nicht ihren »Sinn«; er stellt nur die besondere Bedeutung der Entwicklung des modernen Okzidents dar. Auch in diesem spezifischen Raum ist der Rationalisierungsprozeß jedoch nicht notwendig und kann auch nicht als positiv bezeichnet werden. Gewiß, die Steigerung der formalen Rationalität in den verschiedenen Lebenssphären verstärkt sie und macht in der modernen Welt eine Rückkehr zu jenen Formen der sozialen Organisation schwieriger, die mit Bezug auf irgend eine andere Orientierungsart des Handelns geprägt sind. Der Rationalisierungsprozeß ist zwar nicht irreversibel, erscheint aber doch zum Fortschreiten bestimmt, vielleicht sogar zur Verbreitung außerhalb seines ursprünglichen Bereichs. Aber das Zukunftsbild, das Weber aus dieser Perspektive ableitet, ist alles andere als optimistisch; im Gegenteil, es hat einen tragischen Sinn, der vor allem auf den letzten Seiten des Aufsatzes »Die protestantische Ethik und der ›Geist‹ des Kapitalismus« klar herauskommt. Die moderne Berufsarbeit mit ihrer asketischen Prägung stellt weiterhin den »Verzicht auf die faustische Allseitigkeit des Menschentums« dar, einen »Abschied von einer Zeit schönen und vollen Menschentums«[67]. In dem Puritaner des 17. Jahrhunderts stützte sich das Engagement im Beruf auf einen religiösen Glauben, der es zum Ergebnis einer ethischen Wahl machte; heute ist die Berufsarbeit nur noch eine harte Notwendigkeit, ein Zwang. »Der Puritaner *wollte* Berufsmensch sein – wir *müssen* es sein«[68]. Der moderne Kapitalismus hat ein »stahlhartes Gehäuse« errichtet[69], dem die Menschheit, zumindest die des Okzidents, sich nicht entziehen kann. Wenn der Kapitalismus sich am Anfang auf eine religiöse Basis stützte, so bedarf »der siegreiche Kapitalismus jedenfalls, seit er auf mechanischer Grundlage beruht, dieser Stütze nicht mehr«[70]. Allgemeiner ausgedrückt hat der Rationalisierungsprozeß auch eine immer weiter verbreitete Bürokratisierung bedeutet, welche die Handlungsmöglichkeiten des Individuums eingeschränkt und den Menschen unter die Herrschaft der Institutionen gestellt hat. Für Marx waren die Widersprüche des Kapitalismus die Voraussetzung für seine unerläßliche »Überwindung«, für den Übergang – durch die Revolution des Proletariats – zu einem anderen sozialen Gebilde, zu einer klassenlosen Gesellschaft und damit zu einer Gesellschaft ohne Klassenkampf; die Kritik des Kapitalismus mündet so in eine revolutionäre Perspektive und in das Bild einer nicht länger entfremdeten Menschheit. Das war möglich, weil sich die Analyse des »Kapitals« letztlich auf eine Geschichtsphilosophie, auf eine Auffassung der geschichtlichen Entwicklung als fortschreitende Befreiung des Menschen stützte. Sein radikaler Realismus hinderte Weber daran, an eine Palingenesis der Menschheit zu glauben, die durch die Revolution verwirklicht werden konnte; gleichfalls hielt er die Ausmerzung der Klassen und ihres Konflikts für unmöglich und blickte voller Furcht in die Zukunft, denn er war sich sehr wohl der Gefahr bewußt, daß der Rationalisierungsprozeß auf ein seiner ursprünglichen Absicht genau entgegengesetztes Ergebnis hinauslaufen könne, d. h. auf eine »mechanisierte Versteinerung«. Diese Gefahr hängt in seinen Augen nicht vom ökonomisch-politischen System ab, denn die Bürokratisierung wird in demselben Maße zum Schicksal des Sozialismus, wie sie es für den Kapitalismus, für eine Planwirtschaft wie auch für eine Marktwirtschaft, wird; ja, wenn politische Herrschaft und wirtschaftliche Macht in denselben Händen vereint sind, bringt der Sozialismus einen allmächtigen Verwaltungsapparat hervor, der sich jeder Form der Kontrolle entzieht und die Herrschaft des Menschen über den Menschen nicht nur unverändert beibehält, sondern sie noch verstärkt. Der der modernen westlichen Welt eigene Rationalisierungsprozeß hat ein »stahlhartes Gehäuse« hervorgebracht, aus dem es kein Entrinnen gibt. Er ist somit zum »Schicksal« des Menschen von heute geworden, ein Schicksal, bei dem die düsteren und bedrohlichen Aspekte das Vertrauen auf eine rationale Beherrschung der Wirklichkeit überwiegen, die dieser Prozeß ursprünglich beabsichtigte.

Anmerkungen

1 WL, S. 428.
2 WL, S. 433.
3 Ebd.
4 WL, S. 428.
5 Ebd.
6 WL, S. 429.
7 Ebd.
8 WL, S. 438.
9 WuG, 1, S. 12.
10 WuG, 1, S. 13.
11 Ebd.
12 Ebd.
13 RS 1, S. 43.
14 Agrarverhältnisse im Altertum, in: Handwörterbuch der Staatswissenschaften, 3. Aufl. 1909, später in GASWG, S. 12, aufgenommen.
15 WuG, 1, S. 44.
16 WuG, 1, S. 45.
17 WuG, 1, S. 44.
18 WuG, 1, S. 45.
19 Ebd.
20 Ebd.
21 WuG, 1, S. 48.
22 WuG, 1, S. 54.
23 WuG, 1, S. 59.

24 WuG, I, S. 60.
25 WuG, I, S. 94.
26 WuG, I, S. 95-96.
27 WuG, I, S. 96.
28 Ebd.
29 Ebd.
30 Ebd.
31 Ebd.
32 RS I, S. 4.
33 Ebd.
34 Wirtschaftsgeschichte, S. 239.
35 Wirtschaftsgeschichte, S. 239-40.
36 RS I, S. 3-4.
37 RS I, S. 12.
38 WuG, I, S. 124.
39 Ebd.
40 WuG, I, S. 128.
41 Wirtschaftsgeschichte, S. 286.
42 Wirtschaftsgeschichte, S. 293.
43 Ebd.
44 WuG, II, S. 505.
45 Wirtschaftsgeschichte, S. 263.
46 WL, S. 592.
47 Ebd.
48 WL, S. 594.
49 WL, S. 593.
50 Vgl. dazu *Herbert Marcuse*, Industrialisierung und Kapitalismus, in: *Otto Stammer* (Hrsg.), Max Weber und die Soziologie heute, Tübingen 1965, S. 161-80.
51 WuG, I, S. 58-59.
52 WuG, I, S. 58.
53 RS I, S. 35.
54 RS I, S. 36.
55 WuG, I, S. 128.
56 WuG, II, S. 578.
57 WuG, II, S. 567.
58 WuG, I, S. 142.
59 WL, S. 599.
60 WL, S. 599-600.
61 WL, S. 600.
62 Was die Interpretation der modernen westlichen Welt angeht, siehe das grundlegende Buch von *Wolfgang Schluchter*, Die Entwicklung des okzidentalen Rationalismus, Tübingen 1979.
63 WuG, I, S. 142.

64 RS 1, S. 564.
65 *Wolfgang Mommsen*, Universalgeschichtliches und politisches Denken bei Max Weber, in: Historische Zeitschrift, 201 (1965), S. 557-612,
später in den Band Max Weber. Gesellschaft, Politik und Geschichte,
Frankfurt a.M. 1974, S. 97-143 aufgenommen.
66 WL, S. 516.
67 RS 1, S. 203.
68 Ebd.
69 Ebd.
70 RS 1, S. 204.

Die Analyse der Weltreligionen

I

Weber hat sich dem Problem der Religion erst nach 1910 aufgrund der Bemühung genähert, die unterscheidenden Merkmale des modernen Kapitalismus und das Verhältnis zwischen der protestantischen Ethik und dem »Geist« des Kapitalismus zu bestimmen, das er in den beiden berühmten Aufsätzen »Die protestantische Ethik und der ›Geist‹ des Kapitalismus« (1904-5) und »Die protestantischen Sekten und der ›Geist‹ des Kapitalismus« (1906) behandelt hatte. Laut der in der Biographie seiner Ehefrau Marianne enthaltenen Informationen begann Weber seine Studien über die Religionssoziologie um 1911 und nahm sie während des Krieges mit dem Ziel ihrer Veröffentlichung im »Archiv für Sozialwissenschaft und Sozialpolitik« – die bekanntlich zwischen 1915-16 und 1918-19 erfolgte – und ihrer späteren Zusammenstellung wieder auf, für die der erste Teil, über Konfuzianismus und Taoismus, revidiert und erweitert wurde[1]. Zwischen diesen Studien und den Aufsätzen über die protestantische Ethik besteht eine deutliche Kontinuität, die Hand in Hand mit der Erweiterung der historischen Perspektive sowie mit der Absicht geht, nicht mehr nur »die Bedingtheit der Entstehung einer ›Wirtschaftsgesinnung‹: des ›Ethos‹, einer Wirtschaftsform, durch bestimmte religiöse Glaubensinhalte«[2], sondern beide Richtungen der gegenseitigen Bedingtheit von Religion und Wirtschaft zu untersuchen[3].

Die Annäherung Webers an das Studium der Weltreligionen vollzieht sich somit aufgrund eines Interesses, das man in keiner Weise als eigentlich religiös bezeichnen kann. Er selbst gesteht übrigens in einem Brief vom Februar 1909 das vollkommene Fehlen eines religiösen Gefühls: »ich bin zwar religiös absolut unmusikalisch und habe weder Bedürfnis noch Fähigkeit, irgendwelche Bauwerke religiösen Charakters in mir zu errichten«[4]. Sein Interesse für die Religion ist in der Tat vor allem ein abgeleitetes Interesse; es entspringt aus der Notwendigkeit, auf negativem Wege eine Bestätigung des eigenartigen Verhältnisses zwischen

93

einer bestimmten religiösen Ethik (der des asketischen Protestantismus) und einer bestimmten Wirtschaftsgesinnung (dem kapitalistischen »Geist«) zu finden, das zusammen mit vielen anderen Bestandteilen das Entstehen des modernen Kapitalismus ermöglichte, d. h. der einzigen in formal-rationalem Sinn ausgerichteten Form des Kapitalismus. Und aus der Untersuchung dieses Verhältnisses taucht das Bewußtsein der strategischen Bedeutung der Religion und der Wirtschaftsethik auf, deren Trägerin jede Religion in irgendeiner Weise ist. Wenn sich in einem bestimmten geschichtlichen Bereich die Religion als entscheidender Faktor der Wirtschaftsentwicklung erwiesen hat, d. h. als unerläßliche Voraussetzung für die Entstehung der Gesinnung des modernen Kapitalismus, so kann man mit Recht annehmen, daß sie in anderen Zusammenhängen eine ähnliche Funktion ausgeübt hat oder daß sie – im Gegenteil – das Sichdurchsetzen einiger Formen der kapitalistischen Wirtschaft verhindert hat. Die Analyse der Wirtschaftsethik der Weltreligionen will eben diese Beziehungen herausstellen, um die Eigenart der Verknüpfung zwischen modernem Kapitalismus und protestantischer Ethik zu zeigen – und zwar nicht mehr nur in einer auf den europäischen Okzident beschränkten, sondern in einer weltgeschichtlichen Perspektive. Wenn in keinem anderen geschichtlichen Bereich eine innerweltlich-asketische Wirtschaftsethik – wie die Wirtschaftsethik des Protestantismus oder, genauer, des Calvinismus und der protestantischen Sekten – vorhanden ist, dann kann man erklären, warum der rationale Kapitalismus ein ausschließliches Produkt der modernen europäischen Kultur ist und warum er sich nicht auf dem Boden anderer Formen der Religiosität entwickeln konnte.

Wenn die Studien über die Wirtschaftsethik der Weltreligionen die Fortsetzung, und gleichzeitig eine entscheidende Erweiterung, der beiden Aufsätze über den Protestantismus darstellen, so erscheinen sie andererseits eng mit den Ergebnissen verbunden, zu denen Weber im Laufe der in den neunziger Jahren durchgeführten Studien über die alte Geschichte gekommen war. Diese Studien liefen auf die »Agrarverhältnisse im Altertum« hinaus, deren erste Fassung von ca. zwanzig Seiten auf das Jahr 1897 zurückgeht, die aber 1909 erheblich erweitert wurde[6]. Wie schon im Aufsatz »Die sozialen Gründe des Untergangs der antiken Kultur« (1896) behandelte Weber in der neuen Fassung der

»Agrarverhältnisse im Altertum« das in seinen Augen entscheidende Problem des Bestehens einer kapitalistischen Wirtschaft in der antiken Welt und der Strukturunterschiede zwischen antikem und modernem Kapitalismus. Auf die Frage »kennt das Altertum (in einem kulturhistorisch relevanten Maß) *kapitalistische* Wirtschaft?« antwortet Weber mit einer genaueren Bestimmung des Kapitalismusbegriffs[7]. Wenn man unter Kapitalismus eine Wirtschaftsform versteht, die auf Privatkapital und auf dem Austausch nicht nur der Produkte, sondern auch der Produktionsmittel beruht, so kann man ihn zweifellos auch in der Antike weit verbreitet finden. Wenn man dagegen den Begriff des Kapitalismus »auf eine bestimmte *Kapitalverwendungsart*: die Ausnutzung fremder Arbeit durch Vertrag mit dem ›freien‹ Arbeiter«[8] beschränkt, dann muß man zugeben, daß eine solche Wirtschaft im wesentlichen in der antiken Welt fehlt. Es wird so der Unterschied zwischen zwei Formen des Kapitalismus deutlich, die einmal die Sklavenarbeit, einmal die Arbeit einer (formal) freien Arbeitskraft benutzen und deren grundlegende Struktur einmal im Grundbesitz, einmal im auf die Kapitalrechnung und auf den entsprechenden Gewinn gerichteten Unternehmen besteht[9]. Auf diese Weise zeigte die Untersuchung der »Agrarverhältnisse im Altertum« deutlich die Verschiedenartigkeit zwischen einem material-rational ausgerichteten Kapitalismus, in dem die Tendenz zur systematischen Verfolgung eines ständigen und ständig wachsenden Erwerbs fehlt, und dem zu Beginn der Neuzeit entstandenen Kapitalismus, in dem das wirtschaftliche Verhalten formal-rational ausgerichtet ist. Der Gegensatz zwischen der materialen und formalen Rationalität, der später im ersten Teil von »Wirtschaft und Gesellschaft« ausdrücklich formuliert wird, zeichnet sich schon hier ab im Vergleich zwischen zwei Arten kapitalistischer Wirtschaft, in denen der Kapitalismus eine vollkommen unterschiedliche Gestaltung – und somit auch Bedeutung – annimmt.

Die Studien über die Wirtschaftsethik der Weltreligionen dehnen diesen Vergleich auf andere Bereiche aus, und gleichzeitig stellen sie das Verhältnis zwischen Religion und Wirtschaft in den Mittelpunkt. Während Ernst Troeltsch zwischen 1908 und 1912 gleichfalls in den Bänden des »Archivs für Sozialwissenschaft und Sozialpolitik«[10] ein Gesamtbild der Soziallehren der christlichen Kirchen und Gruppen bot – von den eschatologischen Erwartun-

gen des Urchristentums bis zu den liberal-demokratischen Ergebnissen der calvinistischen Theorie – und dabei seine Zustimmung
zur Weberschen These vom protestantischen Ursprung des »Geistes« des Kapitalismus ausdrückte, richtete Weber seine Aufmerksamkeit auf die asiatische Religiosität, von China bis nach
Indien, von dort zum antiken Israel, das Ganze mit der Absicht
(an deren Verwirklichung ihn der Tod hinderte), diese Analyse
mit der christlichen und der islamischen Religion abzuschließen.
Die Untersuchung des Verhältnisses zwischen Protestantismus
und »Geist« des Kapitalismus wurde so zu einer vergleichenden
Analyse der Weltreligionen, die unter dem Gesichtspunkt ihrer Wirtschaftsethik durchgeführt wurde. Die Wirtschaftsethik
stellte auf diese Weise den Berührungspunkt von zwei Richtungen der Bedingtheit dar: der Bedingtheit des wirtschaftlichen
Handelns von seiten der Religion und der Bedingtheit des religiösen Lebens von seiten der Wirtschaftsstrukturen, besonders von
seiten der Interessen und der Bestrebungen der sozialen Schichten, die die Träger der verschiedenen Weltreligionen waren. Auf
diese Art wird die (bewußte) Einseitigkeit der in den beiden Aufsätzen von 1904/05 und 1906 geführten Untersuchung von einer
Perspektive abgelöst, in der die Beziehung zwischen Religion und
Wirtschaft als das Ergebnis einer Mannigfaltigkeit von kausalen
Verkettungen erscheint.

II

Die Einleitung in die Studien über die »Wirtschaftsethik der
Weltreligionen« zeigt deutlich Webers Stellung zur marxistischen
Auffassung; sie bleibt auf der Linie, die schon von den methodologischen Aufsätzen des vorhergehenden Jahrzehnts, von »Die
›Objektivität‹ sozialwissenschaftlicher und sozialpolitischer Erkenntnis« (1904) bis zu »R. Stammlers ›Überwindung‹ der materialistischen Geschichtsauffassung« (1907), vorgezeichnet war.
Die grundlegende These Webers ist, daß »eine Wirtschaftsethik
keine einfache ›Funktion‹ wirtschaftlicher Organisationsformen
ist, ebensowenig wie sie umgekehrt diese eindeutig aus sich heraus prägt«[11]. Weber weist zugleich sowohl den Anspruch zurück,
die Wirtschaftsethik einer Religion von den Wirtschaftsstrukturen der Gesellschaft »abzuleiten«, in der sie sich entwickelt hat,

als auch den, das Wirtschaftsleben als ausschließlich – oder auch nur vorwiegend – von religiösen Einflüssen bestimmt zu betrachten. Zweifellos sind Religionen von der sozialen Schicht oder den Schichten geprägt, die ihre Träger gewesen sind, und ihre Wirtschaftsethik drückt auch weitgehend deren Interessen und Bestrebungen aus. So war der Konfuzianismus – um Webers Beispielen zu folgen – »die Standesethik einer literarisch gebildeten weltlich rationalistischen Pfründnerschaft«, d. h. einer traditionalistischen Bürokratie; der ältere Hinduismus hatte seine Grundlage in einer Kaste von »literarisch Gebildeten«, die »als ritualistische Seelsorger der Einzelnen und der Gemeinschaften fungierten« und die Träger der vedischen Kultur waren; der Buddhismus »wurde von heimatlos wandernden ... Bettelmönchen propagiert«, die die Ordnung der umgebenden Gesellschaft ablehnten; der Islam war »eine Religion welterobernder Krieger, eines Ritterordens von disziplinierten Glaubenskämpfern«; das antike Judentum stellte »die Religion eines bürgerlichen ›Pariavolkes‹« in ständigem Konflikt mit den angrenzenden Bevölkerungen dar; das Christentum endlich »begann seinen Lauf als eine Lehre wandernder Handwerksburschen« und entwickelte sich in der Folge als »spezifisch städtische ... Religion«[12]. Das Verhältnis zwischen Religion und sozialen Schichten ist jedoch veränderlich, und keine Regel zwingt eine beliebige Religion dazu, an die Schichten gebunden zu bleiben, die ihre ursprünglichen Träger waren. Im Gegenteil, »im Lauf der Geschichte können die in jenem Sinne maßgebenden Schichten wechseln. Und nie ist der Einfluß einer einzelnen Schicht ein exklusiver«[13]. Andererseits ist »die religiöse Bestimmtheit der Lebensführung« gewiß eines der Elemente, die eine Wirtschaftsethik und, durch diese, das wirtschaftliche Handeln der Mitglieder einer Gesellschaft bedingen; sie ist aber bei weitem nicht das einzige oder auch nur das vorherrschende Element[14]. Das Verhältnis zwischen Religion und Wirtschaft, und somit die Funktion einer Wirtschaftsethik auf religiöser Grundlage, kann nicht eindeutig festgestellt werden.

Weber weist damit eine Betrachtung der Religion zurück, die sie zum »Überbau« rechnet, in Übereinstimmung mit der Kritik, die er zuvor bereits gegen die Unterscheidung von Basis und Überbau gerichtet hatte. Nur scheinbar schlug er in dem Aufsatz »Die protestantische Ethik und der ›Geist‹ des Kapitalismus« eine entgegengesetzte Richtung ein mit dem Versuch, die Bedingtheit der wirtschaftlichen Entwicklung durch religiöse Motive zu zeigen. In der Tat besteht er auf dem Ursprung der Wirtschaftsethik einer Religion »primär aus religiösen Quellen«, d. h. »aus dem Inhalt ihrer Verkündigung und Verheißung«[15]. Das bedeutet aber nicht, daß sie nicht *auch* wirtschaftlich bedingt wäre; es bedeutet vielmehr, daß »erst sekundär« andere Interessensphären auf sie einwirken konnten[16]. Die Veränderlichkeit selbst der Beziehung zu bestimmten sozialen Schichten bewirkt, daß eine Religion, wenn sie auch ursprünglich die Interessen und die Bestrebungen einer bestimmten Klasse oder Schicht widerspiegelt, sich in der Folgezeit denen anderer Schichten anpaßt und daß sich dabei auch ihre Wirtschaftsethik verändert.

Es wäre also irrig, aus dieser wiederholten Kritik der materialistischen Geschichtsauffassung auf eine Neigung zu einer spiritualistischen Interpretation zu schließen, die manch einer nach einer oberflächlichen (und unzulässig isolierenden) Lektüre der beiden Aufsätze über das Verhältnis zwischen Protestantismus und kapitalistischem »Geist« erkennen wollte. Das schließt schon die Polemik mit Rudolf Stammler im Aufsatz von 1907 hinreichend aus, in dem die »These der Bedingtheit der *Gesamtheit* der Kulturerscheinungen ›in letzter Instanz‹ nur durch religiöse Motive« als eine »schon in sich haltlose, überdies mit feststehenden ›Tatsachen‹ nicht vereinbare Hypothese« definiert wird [17]. Gegen den Versuch, einen religiösen »Faktor« in der Vielschichtigkeit der sozialen Prozesse zu isolieren und alle anders gearteten Phänomene als Erscheinungen seines entscheidenden Einflusses zu betrachten, machte Weber dieselbe Kritik geltend, die er drei Jahre vorher gegen die materialistische Geschichtsauffassung gerichtet hatte. Zu behaupten – wie Stammler auf einer im Weberschen Text zitierten Seite schreibt[18] –, daß »die Geschichte nichts anderes ist als ein Ablauf *religiöser* Stellungnahmen« und daß »religiöse Interessen und Stellungnahmen zum Religiösen schlechthin alle Erscheinungen des Kulturlebens bedingen, einschließlich insbesondere derjenigen des politischen und des Wirtschaftslebens«, bedeutet keineswegs, eine »Überwindung« des historischen Materialismus zu vollziehen; sondern es bedeutet, dessen doppelten Irrtum zu wiederholen, nämlich einen Faktor des historischen Prozesses als Grundlage für alle anderen zu nehmen und ihr Verhältnis untereinander als eindeutige Beziehung oder »Widerspiegelung« zu definieren. Im einen wie im anderen Falle werden in der Tat ganz willkürlich Grundsätze, die rein methodologisch sind – und als solche »heuristische« Gültigkeit haben –, »zum Rang erkenntnistheoretisch verankerter ›Formalprinzipien‹« erhoben[19].

Das Verhältnis von Religion und Wirtschaft muß daher als ein Verhältnis gegenseitiger Bedingtheit interpretiert werden, deren Richtung jeweils mittels einer konkreten Untersuchung festgestellt werden muß. Die Unterscheidung selbst zwischen religiöser und wirtschaftlicher Sphäre kann nicht in einen ontologischen Unterschied verwandelt werden. Schon in der Kritik an Stammler wurde unterstrichen, daß die »Unterscheidung ›ökonomischer‹ von nicht ökonomischen Determinanten des Geschehens« nur die Konsequenz von »gedanklichen Isolationen« ist[20]. Über den Rückgriff auf die Unterscheidung zwischen Basis und Überbau, über die Erhebung der Religion zur entscheidenden Grundlage des historischen Prozesses hinaus, verfallen die materialistische Geschichtsauffassung und deren angebliche »Überwindung« durch Stammler eben in den gleichen Irrtum, einen Unterschied zu ontologisieren, der letztlich von einer Verschiedenheit der »Gesichtspunkte« abhängt. Diese Auffassung, an die Weber sich in den Untersuchungen über die Wirtschaftsethik der Weltreligionen hält, bezeichnet auch seine Distanz zu Troeltsch, an den ihn in jenen Jahren ein intensiver geistiger Austausch und eine eher enge Zusammenarbeit banden. Troeltsch war immer von der Sorge bewegt, die Autonomie der Religion als einer selbständigen Wertsphäre zu sichern, welcher in der geschichtlichen Wirklichkeit ein objektiver Bereich von Erscheinungen entspricht, der als »religiös« bezeichnet werden kann. Noch in einem Vortrag von 1913 mit dem bezeichnenden Titel »Religion und Wirtschaft«[21] bestand er auf der Existenz einer eigenen Kausalität des religiösen Lebens und zeigte im Christentum – nicht ohne eine versteckte apologetische Absicht – die Vollendung eines Prozesses »totaler Verinnerlichung und Vergeistigung der Religion«, aufgrund deren »sie von ihren Verbindungen mit dem sozialen und wirtschaftlichen Leben befreit wird«[22]. Weber jedoch, der zwar zugibt, daß die Bildung und die Veränderung der religiösen Ideen vor allem im Hinblick »auf *religiöse* Bedürfnisse« erfolgt[23], gesteht dagegen der religiösen Sphäre oder anderen Sphären keine selbständige Kausalität zu, eben weil im geschichtlichen Prozeß keine ontologisch definierten Bereiche bestehen, die in systematischer Form organisierten »Wertsphären« entsprechen würden, sondern nur eine Vielfalt kausaler Verkettungen.

Dies bezeichnet eine Perspektive für das soziologische Studium der Weltreligionen und der Formen der Wirtschaftsethik, die in diesen Studien ausgearbeitet wird. Ausgehend von der Analyse des Verhältnisses zwischen Protestantismus und kapitalistischem »Geist«, dehnt Weber seine Untersuchungen auf die anderen Weltreligionen aus; aber seine vergleichende Bemühung verbirgt keine »wertende« Absicht. Daß die spezifische Mentalität des modernen Kapitalismus nur auf dem Gebiet des Christentums entstanden ist, ja einer besonderen Form der christlichen Religiosität, dem asketischen Protestantismus, entsprang, ist eine Erscheinung, die erklärt werden muß, nichts weiter; es kann nicht als ein Zeichen der Überlegenheit dieser Religion im Vergleich zu anderen genommen werden. Im Gegenteil, die Verwandlung des Strebens nach Erwerb von der Suche nach »Bewahrung« des individuellen Heils in einen Zweck für sich, in einen selbständigen Wert[24], fügt sich in einen Prozeß der Rationalisierung des Lebens ein, der den Raum für die Religion allmählich einschränkt und der – wie wir sehen werden – unter dem Zeichen der »Entzauberung« der Welt steht.

III

In derselben Zeit, in der er mit dem Studium der Wirtschaftsethik der Weltreligionen begann, schrieb Weber auch das Kapitel über die »Religionssoziologie« in »Wirtschaft und Gesellschaft«. Die chronologischen Beziehungen zwischen den beiden Texten sind schwer zu bestimmen; wir wissen nur, daß die Niederschrift des zweiten Teils von »Wirtschaft und Gesellschaft« (zu dem dieses Kapitel gehört) auch auf die Jahre zwischen 1911 und 1913 zurückgeht[25]. Trotz ihrer zeitlichen Nähe legt die inhaltliche Prüfung der beiden Texte die Vermutung nahe, daß das Kapitel über die »Religionssoziologie« die Behandlung der »Wirtschaftsethik der Weltreligionen« und besonders die begrifflichen Formulierungen der »Einleitung« und der »Zwischenbetrachtung« voraussetzt, daß Weber in diesem Kapitel die Betrachtungen systematisch ausgestaltet hat, die er über die Unterschiede der Wirtschaftsethik der chinesischen und der indischen Religionen niedergelegt hatte. Wegen der zeitlichen Nähe der beiden Texte ist die Klärung ihrer chronologischen Beziehung nicht sonderlich wichtig; viel wichtiger ist es, sich ihre Zielsetzung klarzumachen wie auch die Tatsache, daß sie sich im wesentlichen ergänzen. Die Aufsätze über die »Wirtschaftsethik der Weltreligionen« sind ausdrücklich in dem Sinne vergleichend angelegt, daß sie direkt auf die »Protestantische Ethik« bezogen bleiben und die Wirtschaftsethik der untersuchten Religionen daraufhin befragt wird, welches Potential sie in sich barg, einen kapitalistischen »Geist« hervorzubringen. Daraus entwickelt sich die – ausdrücklich erklärte – zweifache Tendenz, »die Ethik der einzelnen Religionen systematisch wesentlich einheitlicher (darzustellen), als sie es im Fluß der Entwicklung jemals war«, und »diejenigen Züge« zu unterstreichen, »welche für die Gestaltung der *praktischen* Lebensführung in ihren *Unterschieden* gegen andere Religionen die entscheidenden waren«[26]. Das Kapitel von »Wirtschaft und Gesellschaft« dagegen will ein vollständiges Bild der verschiedenen Typen religiöser Gemeinschaft liefern, indem es vom Ursprung der Religion ausgeht und zu einer Typologie der verschiedenen religiösen Gestalten, der Beziehungen der Religionen zu den Ständen und Klassen, der Erlösungswege und schließlich der verschiedenen religiösen Stellungnahmen zur »Welt« fortschreitet. Das Problem des Verhältnisses zwischen Protestantismus und kapitalistischem »Geist« tritt hier in den Hintergrund als nicht mehr direkter, sondern indirekter Bezugspunkt.

In beiden Texten nimmt die Beziehung zwischen Religion und sozialen Schichten eine zentrale Stellung ein. In dem religionssoziologischen Kapitel von »Wirtschaft und Gesellschaft« will Weber herausfinden, welche Stände und Klassen die verschiedenen Weltreligionen hervorgebracht haben. Die erste aus seiner Analyse hervorgehende Verknüpfung ist die zwischen bäuerlichen Schichten und magischen Kulten, die sich aus dem Versuch einer Kontrolle über die organischen und meteorologischen Prozesse ergibt; dies erklärt die Unfähigkeit dieser Schichten, eine Religiosität mit ethischem Charakter hervorzubringen. »In aller Regel bleibt die Bauernschaft auf Wetterzauber und animistische Magie oder Ritualismus, auf dem Boden einer ethischen Religiosität aber auf eine streng formalistische Ethik, des ›do ut des‹ dem Gott und Priester gegenüber, eingestellt«[27]. Auch der Kriegsadel und die aristokratischen Schichten sind in der Regel keine Träger einer ethischen Religiosität; die einzigen Ausnahmen bilden die jüdische Prophetie und vor allem der Islam, der Verheißungen für die »Glaubenskämpfer« spendet und daher imstande ist, Religiosität und militärisches Handeln in der Proklamation des »heiligen Krieges« zu vereinigen[28]. Die Stellung der bürgerlichen und kleinbürgerlichen Schichten zur ethischen Religiosität dagegen ist anders.

Das erlaubt es uns aber gewiß nicht, eine starre Verbindung zwischen diesen Schichten und den verschiedenen Formen der Religiosität zu schaffen; im Gegenteil, eine Untersuchung ihrer Beziehungen macht »das Untypische der religiösen Haltung« und das Bestehen grundlegender Gegensätze deutlich[29]. Im Christentum, das auf dem Boden einer Handwerkerschicht entstanden ist, kann man »eine ausgesprochene Neigung sowohl zur Gemeindereligiosität wie auch zur Erlösungsreligiosität und schließlich auch zur rationalen ethischen Religiosität ... verglichen mit den bäuerlichen Schichten« feststellen[30]. Das Christentum ist und bleibt eine städtische Religion im Gegensatz zu den auf dem Lande weitgehend fortbestehenden magischen Kulten, und es findet seinen privilegierten sozialen Boden in den Handwerkerschichten und im Kleinbürgertum. Dem entsprechen seine Erlösungsversprechen im Jenseits, eine Erlösung, die das Individuum und nicht mehr – wie im antiken Judentum – das ganze Volk erlangt. Diese Beziehung gilt jedoch auch für andere geschichtliche Bereiche: indem sie sich den Bedürfnissen der Massen anpaßte, mußte jede Erlösungsreligion, auch wenn sie eventuell im Inneren einer sozial vornehmen Schicht entstanden war, magische Kulte hervorbringen oder sich in der Gestalt eines »göttlichen oder menschlich-göttlichen« Erlösers verkörpern, der »Träger der religiösen Beziehungen als der Bedingung des Heils« wird[31]. Das ist nicht nur im Christentum geschehen, sondern auch im Hinduismus und im Buddhismus, wo z. B. der Buddha durch die Gestalt des »bodhisattva« ersetzt wurde, und sogar in der antiken, sich an Dionysos inspirierenden Volksreligiosität. Im Bildungsprozeß der Weltreligionen nehmen jedoch die intellektuellen Schichten eine entscheidende Bedeutung an; im Grunde sind »die großen asiatischen religiösen Lehren alle Intellektuellenschöpfungen«[32], auch wenn die Ausprägung der gebildeten Schicht, die ihre Systematisierung betrieben hat, recht unterschiedlich erscheint. Die chinesische Bürokratie, die vedisch ge bildete Brahmanen-Kaste, die jüdischen Propheten, der christliche Klerus haben bei der Weiterentwicklung der Weltreligionen eine entscheidende Rolle gespielt; und von ihren verschiedenen soziologischen Merkmalen hängen in erheblichem Maße gewisse unterscheidende Züge der Doktrinen der Weltreligionen ab. Das Verhältnis zwischen bürgerlichen (besonders kleinbürgerlichen) Schichten und intellektuellen Ständen erweist sich also als entscheidend für den Bildungsprozeß der Weltreligionen.

Es handelt sich jedoch um ein sehr allgemeines und im Grenzfall unbestimmtes Verhältnis, das in bezug auf die verschiedenen geschichtlichen Zusammenhänge näher umschrieben werden muß. Diese Aufgabe nimmt sich Weber in der »Wirtschaftsethik der Weltreligionen« vor. Im Konfuzianismus ist die Intellektuellenschicht, die die religiöse Systematisierung besorgt, eine patrimoniale Bürokratie, die durch ein System von Prüfungen rekrutiert wird und die zugleich traditionalen und charismatischen Charakter besitzt: traditional insofern, als sie an der Einhaltung unveränderlicher Normen orientiert ist, die in den klassischen Texten enthalten sind, und charismatisch insofern, als der Beamte Träger magischer Eigenschaften ist, durch die das Blühen der Landwirtschaft und das Funktionieren der Verwaltung gesichert werden muß. Daraus resultiert eine Ethik der »Anpassung« an die Welt, des Akzeptierens der sozialen Ordnung; die konfuzianische Religion garantiert die Unverletzlichkeit der bestehenden Ordnung, die von alters her überliefert und für immer gültig ist. Im Hinduismus ist der entscheidende Träger gleichfalls eine Schicht mit literarischer Bildung, die Kaste der Brahmanen, die aber keine bürokratischen Funktionen hat, sondern für die Seelsorge eingesetzt ist und daher magisch-kultische Aufgaben übernimmt. Sie ordnet sich in ein starres Kastensystem ein und versucht, darin eine privilegierte Stellung zu behalten, die sich auf die Monopolisierung heiligen Wissens gründet. Daraus entsteht eine religiöse Ethik, die auf der Grundlage der Lehre des jeder Kaste eigenen »dharma«, der Seelenwanderung, der Vergeltung durch das »Rad der Wiedergeburten« sowie durch ein kontemplativ gewendetes Erlösungsstreben der Individuen dazu führen muß, die soziale Ordnung, eben das Kastensystem, zu akzeptieren. Im antiken Judentum dagegen ist die entscheidende intellektuelle Schicht die der Propheten, charismatischer Gestalten, die das jüdische Volk zum ausschließlichen Kult Jahves und zur Treue zum »Bund«

aufrufen, den es mit ihm geschlossen hat; sie tragen so dazu bei, daß es in der Lage eines »Paria-Volkes« bleibt, von den anderen Völkern abgeschlossen und in ständigem Konflikt mit ihnen. So entsteht eine religiöse Ethik, deren Ziel es ist, die Einheit des jüdischen Volkes auch in der Zeit des Exils und – nach der römischen Eroberung von Jerusalem – auch während der Diaspora zu sichern.

Im allgemeinen haben die im Fernen Osten und in Indien entstandenen Weltreligionen – direkt oder indirekt – im Hinblick auf die soziale Ordnung und somit im Hinblick auf die traditionalen Modelle wirtschaftlicher Tätigkeit eine legitimierende Funktion ausgeübt. Im Konfuzianismus gilt die politisch-soziale Ordnung als unveränderlich wie die der Natur; im Hinduismus begünstigen die Theorie des »dharma« und die Erwartung eines besseren Schicksals im nächsten Leben die Annahme des Kastensystems, weil dadurch einerseits der dem Individuum in diesem System angewiesene Platz gerechtfertigt und ihm andererseits eine Möglichkeit der Verbesserung für die Zukunft geboten wird; im Buddhismus eröffnet die Befreiung durch Kontemplation eine Aussicht auf individuelle Erlösung, weshalb die soziale Ordnung und der in ihr eingenommene Platz als religiös gleichgültig erscheinen. Anders liegen die Dinge im antiken Judentum: Auch wenn es keine Veränderung der politisch-sozialen Ordnung Israels fordert, formuliert es doch ein Erlösungsversprechen für das jüdische Volk, das vom Bund mit dem nationalen Gott garantiert wird. Radikal anders ist die Beziehung des Christentums zur sozialen Ordnung. Auch wenn es in seiner langen Geschichte sehr verschiedene Soziallehren hervorgebracht hat – für die Weber auf die Analyse von Troeltsch verweist –, so steht außer Zweifel, daß das Christentum von Beginn an keine Religion der Weltanpassung gewesen ist. Gerade das Christentum hat zur Ablehnung der traditionalen Formen der wirtschaftlichen Tätigkeit geführt und ist im asketischen Protestantismus dazu gelangt, die Suche nach Gewinn als Streben nach dem Zeichen der göttlichen »Wahl« und somit als ein Versprechen ewigen Heils aufzufassen.

Wenn jede Weltreligion die Interessen und die Bestrebungen der sozialen Schichten ausdrückt, die ihre Träger sind, so gilt das ebenfalls für ihre Wirtschaftsethik. Die Wirtschaftsethik der Weltreligionen ist jedoch auch, und vor allem, eine mehr oder weniger bewußte Bemühung um eine Regelung der wirtschaftlichen Tätigkeit auf religiöser Grundlage; sie stellt das Mittel dar, durch das eine Religion Stellung zu dieser Tätigkeit nimmt, indem sie ihr zustimmt, sie zurückweist oder – und das ist der bedeutungsvollste Fall – sie ihren Zwecken unterordnen will. Religion und Wirtschaft können in der Tat in einem sehr verschiedenen Verhältnis zueinander stehen, das sich auf drei grundsätzliche Formeln zurückführen läßt. Die Religion kann zunächst einmal der wirtschaftlichen Tätigkeit gleichgültig gegenüberstehen oder die Formen, die diese in einer gegebenen Gesellschaft annimmt, positiv sanktionieren; in diesem Falle paßt sich Religion an die (meist traditionalen) Regeln des wirtschaftlichen Handelns an. Sodann kann die Religion die wirtschaftliche Tätigkeit negativ bewerten, weil sie eine Verwicklung des Individuums in die Geschäfte der »Welt« bedeutet, die die Möglichkeit seiner Erlösung beeinträchtigt: In diesem Falle stehen wir vor einer radikalen Verurteilung des wirtschaftlichen Handelns, die lediglich Raum für die Anerkennung des religiösen Wertes der Armut und des Almosens läßt. Schließlich kann die Religion den Anspruch auf eine religiöse Regelung auch des wirtschaftlichen Lebens stellen, indem sie dem Individuum gewisse Verhaltensweisen als »gottgewollt« vorschreibt und andere als nicht gottgewollt zurückweist; in diesem Falle wirkt die Religion tendenziell als verändernde Macht auf die Wirtschaftsstrukturen ein. Wie Weber in »Wirtschaft und Gesellschaft« beobachtet: »Wo daher einmal ein Gebot die Bedeutung einer göttlichen Ordnung erlangt hat, steigt es damit aus dem Kreise veränderlicher Konventionen zum Rang der Heiligkeit auf«[33]. Diese drei grundlegenden Stellungnahmen – Anpassung an die wirtschaftliche Tätigkeit, anti-wirtschaftliche Weltablehnung und Veränderung der wirtschaftlichen Ordnung aufgrund von religiösen Kriterien – haben, in dieser Reihenfolge, ihre Verwirklichung in der konfuzianischen, in der indischen (besonders in der buddhistischen) und in der calvinistischen Wirtschaftsethik gefunden.

Webers Analyse des Konfuzianismus schließt mit einem ausdrücklichen Vergleich zwischen der konfuzianischen Wirtschaftsethik und der des asketischen Protestantismus. Die Anpassung an die bestehende Ordnung, die den Konfuzianismus kennzeichnet, zeigt sich auch auf wirtschaftlichem Gebiet; bei der Verfolgung des materiellen Wohlergehens und des Reichtums will er die Regeln der wirtschaftlichen Tätigkeit nicht ändern, sondern er sanktioniert sie, indem er sie in die kosmische Ordnung eingliedert. Auch der Konfuzianismus ist in Wirklichkeit rationalistisch; aber zwischen diesem Rationalismus und dem puritanischen besteht eine unüberwindliche Distanz. »Der konfuzianische Rationalismus bedeutete rationale Anpassung an die Welt. Der puritanische Rationalismus: rationale *Beherrschung* der Welt«[34]. Der Konfuzianismus hat eben immer eine traditionale Grundlage, die jegliche Bemühung einer Unterordnung der Welt unter religiöse Zwecke und somit jegliche Bemühung der Erneuerung auf wirtschaftlichem Gebiet vereitelt. Das erklärt sich letztlich mit dem Gewicht, das die Sippe in der chinesischen Gesellschaft hatte, und mit den Banden, die sie den einzelnen auferlegte. Da, wo das Grundprinzip des menschlichen Handelns die kindliche Ehrfurcht ist und wo sich alle anderen Beziehungen nach ihr als Modell richten müssen, ist kein Raum mehr für ein wirtschaftliches Handeln, das von den Normen der Tradition abweicht.

Im Hinduismus dagegen überwiegt die religiöse Ablehnung der wirtschaftlichen Tätigkeit, die nur in dem Maße legitimiert wird, in dem sie den Regeln des Kastensystems gehorcht. Die Bindung des Individuums an die Kaste, in der es geboren ist und von der sein »dharma« kommt, versperrt ihm jede Möglichkeit sozialer Beförderung; und andererseits verhindert die Stellung, die jeder Kaste in der gesamten Ordnung angewiesen ist – zumindest prinzipiell – jede Veränderung in den gegenseitigen Beziehungen zwischen den verschiedenen Kasten. Jede Handlung eines Individuums hat ihren religiösen Wert nur im Hinblick auf seine zukünftige Inkarnation; das Leben stellt sich als eine Art laufendes Konto dar, dessen Saldo darüber entscheidet, ob die Seele in Zukunft in eine höhere oder niedrigere Kaste übergehen wird (oder gar in den Körper eines Tiers). Daher stammt ein ethischer Imperativ ähnlich dem Lutherschen »bleibe in deinem Beruf«, der die Bindung an die ursprüngliche Kaste sanktioniert und nur ein traditionales wirtschaftliches Handeln erlaubt. Der Buddhismus stellt in gewisser Hinsicht eine Radikalisierung dieser Haltung dar: Der buddhistische Mönch darf nur von Almosen leben, und er muß jede Einordnung in die wirtschaftliche Tätigkeit zurückweisen, um sich der reinen Kontemplation zu widmen und die Auflösung seiner Persönlichkeit im »nirvana« zu suchen. Auf diese Art verwandelt sich die Entwertung der Welt in »absolute Weltflucht«[35], und die Suche nach dem Heil nimmt die Form einer mystischen Haltung an, die vor dem Engagement in der Welt flieht.

Die Dinge liegen anders im Falle des antiken Judentums. Die jüdische Religion schreibt weder die Anpassung an die Welt noch ihre Ablehnung vor; sie gibt ein Heilsversprechen, das sich in dieser Welt durch die Befreiung des erwählten Volkes und seinen Sieg über die Feinde verwirklichen soll, der mit dem Sieg Jahves über die konkurrierenden Götter zusammenfällt. Hier scheinen die Einschränkungen wegzufallen, die im Konfuzianismus und in der indischen Religion die Entstehung einer auf die Veränderung der Wirtschaftsordnung ausgerichteten Ethik verhindern. Aber der Inhalt der eschatologischen Erwartungen des Judentums ist eher politisch als wirtschaftlich, und die Unterscheidung in Binnen- und Außenmoral läßt das Miteinanderbestehen einer Ethik der Solidarität gegenüber den Mitgliedern der jüdischen Religionsgemeinschaft und einer ›Ethik der Ausbeutung‹ gegenüber den Fremden zu. Daher stammt eine Einschränkung des Strebens nach Erwerb, die die Haltung des antiken Judentums zur Wirtschaft deutlich von der des asketischen Protestantismus unterscheidet. Der geschäftliche Erfolg bedeutet keine »Bestätigung« des Heils, denn das Heil besteht in der Befreiung des jüdischen Volkes und nicht in individueller Erlösung.

Durch die Analyse der Wirtschaftsethik der Weltreligionen zeigt Weber also die Einzigartigkeit der calvinistischen (und vor allem der puritanischen) Stellungnahme zum Erwerbsstreben. Wenn in der asiatischen Welt manchmal Formen des Kapitalismus existiert haben, so handelte es sich dabei immer um Formen, die sich auf Wucher oder Steuerpacht oder auf Beutewirtschaft gründeten; d.h., es handelte sich um einen spekulativen Kapitalismus oder um einen Beutekapitalismus, aber nicht um einen in formal-rationalem Sinne orientierten Kapitalismus. Dies erklärt sich unter anderem aus dem Fehlen des modernen kapitalistischen »Geistes«, d.h. dem Fehlen einer Wirtschaftsethik, die den Erwerb als

Zeichen der »Bewährung« des Heils des Individuums auffaßt. Auch das Judentum hat diesen »Geist« nicht entwickelt. Daher weist Weber die Sombartsche These klar zurück, die den Juden eine entscheidende Bedeutung bei der Entstehung des modernen Kapitalismus zuschrieb. Die typischen Institute der modernen kapitalistischen Wirtschaft sind nicht jüdischen Ursprungs, und sowohl im antiken Judentum wie im Diasporajudentum fehlen die wesentlichen Züge ihrer Mentalität. Wie noch im religionssoziologischen Kapitel von »Wirtschaft und Gesellschaft« unterstrichen wird, teilt die jüdische Religion mit den asiatischen Religionen »jene Wirtschaftsgesinnung, welche allem urwüchsigen Händlertum... typisch war und ist: der Wille und das Verständnis, rücksichtslos jede Chance des Gewinns auszunutzen«[36]. Während Sombart in den Juden – vor allem in denen des Mittelalters, die sozial in eine Randstellung gedrängt waren – die Träger jener Tendenz zur Akkumulation sah, in der er das Hauptkennzeichen des Kapitalismus ausmachte, behauptete Weber drastisch, daß »weder das spezifisch Neue des modernen Wirtschafts*systems* noch das spezifisch Neue an der modernen Wirtschafts*gesinnung*« jüdisch sind[37]. Dies hängt mit der »Pariavolkslage« zusammen, die die jüdische Religiosität bestimmt und die eine wirtschaftliche Haltung gegen die Fremden erzeugt, die den das Verhältnis zu den »Brüdern« kennzeichnenden Solidaritätsregeln diametral entgegengesetzt ist.

V

Auch wenn der Vergleich zwischen den Wirtschaftsethiken der Weltreligionen den Kern der Weberschen Religionssoziologie darstellt, so erschöpft diese sich jedoch nicht in einer Untersuchung der Stellungnahme der Religionen zur wirtschaftlichen Tätigkeit. Besonders in »Wirtschaft und Gesellschaft« stellt sich die Beziehung zwischen Religion und Wirtschaft als ein zwar entscheidender, jedoch zugleich besonderer Aspekt einer weitergespannten Beziehung dar: derjenigen zwischen der Religion und dem, was Weber als »die Welt« definiert, d. h. dem Komplex aller Lebenssphären. Diese Beziehung findet sich in allen Weltreligionen und wird durch einen grundlegenden Gegensatz gekennzeichnet – den zwischen der Anpassung an die Welt und ihrer

Ablehnung. Eine Religion kann sich in der Tat an die soziale Ordnung und ihre Regeln anpassen; oder sie kann sie zurückweisen, indem sie die Bindung zu ihr unterbricht oder sie in religiösem Sinne umändern will. Nur in diesem zweiten Fall, d. h. im Fall der Ablehnung der Welt und nicht der Anpassung an sie, stellt sich eine Weltreligion als eine »Erlösungsreligion« dar, insofern als sie den Bedürfnissen einer bestimmten sozialen Schicht entgegenkommt, die versucht, sich aus ihrer Lage entweder durch eine Flucht ins Jenseits oder durch die Bemühung zu befreien, die weltlichen Einrichtungen an ethisch-religiöse Maßstäbe anzugleichen. Weltreligion und Erlösungsreligion sind in der Tat keine gleichwertigen Ausdrücke; denn es gibt zumindest eine Weltreligion, den Konfuzianismus, der »eine ›religiöse‹ Ethik ist, aber gar nichts von einem Erlösungsbedürfnis weiß«[38]. Die Erlösungsreligiosität erzeugt eine Haltung der Weltablehnung, der Suche nach einer ethischen »Vergeltung«, die an die Stelle der Suche nach weltlichen Gütern (wie dem Wohlergehen und dem Reichtum) tritt. Sie favorisiert ein auf die »Verheißung einer Erlösung von Druck und Leid« ausgerichtetes Handeln[39]. Dabei ist es von nachrangiger Bedeutung, ob diese Verheißungen ins Jenseits oder in eine irdische Wirklichkeit verlegt sind, die in Übereinstimmung mit dem göttlichen Willen umzuformen ist.

Die »Zwischenbetrachtung« der »Wirtschaftsethik der Weltreligionen« – ein Text von grundlegender Bedeutung zum Verständnis des begrifflichen Bildes der Weberschen Religionssoziologie – bietet eben eine »Theorie der Grade und der Richtungen der Weltablehnung«, d. h. eine Typologie der möglichen Verhaltensweisen, die die Religion in bezug auf die anderen Lebenssphären annehmen kann. Wenn die Anpassung an die »Welt« eine eindeutige Dimension darstellt, so nimmt ihre Ablehnung – und somit auch die »Erlösung« von ihr – verschiedene Formen an, die Weber auf der Grundlage der Unterscheidung zwischen asketischem und mystischem Verhalten definiert. Die Askese weist die soziale Ordnung aktiv zurück durch »ein gott*gewolltes* Handeln«, in dem das Individuum sich als »Werkzeug Gottes« fühlt; die Mystik dagegen lehnt die Welt ab und sucht »den kontemplativen Heils*besitz*«, bei dem »der Einzelne nicht Werkzeug, sondern ›Gefäß‹ des Göttlichen« ist[40]. Die Askese erstrebt eine Änderung der sozialen Ordnung, indem sie diese an die göttlichen Vorschriften, nicht aber die Religion an die Welt anpassen will; die

Mystik dagegen führt zu einer kontemplativen Haltung, welche die Welt flieht, weil sie sie als religiös gleichgültig oder gar als »eine Gefährdung der … Heilszuständlichkeit« betrachtet[41]. Zwischen diesen beiden Termini, die Weber als »polare Begriffe« auffaßt, besteht also ein prinzipieller Gegensatz. »Radikal ist der Gegensatz, wenn auf der einen Seite die Askese des Handelns sich innerhalb der Welt als deren rationale Gestalterin zur Bändigung des kreatürlich Verderbten durch Arbeit im weltlichen ›Beruf‹ auswirkt (innerweltliche Askese) und wenn die Mystik ihrerseits die volle Konsequenz der radikalen Weltflucht zieht (weltflüchtige Kontemplation). Der Gegensatz mildert sich, wenn auf der einen Seite die Askese des Handelns sich auf die Niederhaltung und Überwindung des kreatürlich Verderbten im eigenen Wesen beschränkt und infolgedessen die Konzentration auf die feststehendermaßen gottgewollten aktiven Erlösungsleistungen bis zur Meidung des Handelns in den Ordnungen der Welt steigert (weltflüchtige Askese), dadurch also dem äußeren Verhalten nach der weltflüchtigen Kontemplation sich annähert. Oder wenn andererseits der kontemplative Mystiker die Konsequenz der Weltflucht nicht zieht, sondern in den Ordnungen der Welt bleibt wie der innerweltliche Asket (innerweltliche Mystik)«[42].

Wenn man diese beiden Gegensätze zusammen berücksichtigt, den »radikalen« und den »gemilderten«, so ergibt sich ein idealtypisches Schema, das nicht mehr nur aus zwei, sondern aus vier Termini besteht: die mystische Kontemplation als Form der »Weltflucht«, die mystische Kontemplation, die in der Welt bleibt, die außerweltliche Askese und schließlich die innerweltliche Askese. Die mystische Kontemplation in der Form der »Weltflucht« verweigert jegliche Beziehung mit der sozialen Ordnung; um in den »Besitz« des Göttlichen zu kommen, müssen alle Bindungen an die umgebende Gesellschaft unterbrochen werden, die die Anstrengung der Kontemplation verhindern. Die innerweltliche mystische Kontemplation akzeptiert die soziale Ordnung als gegeben, sie akzeptiert sie aber nur, weil sie sie als bar jedes religiösen Wertes betrachtet; der Mystiker »›ist‹ in der Welt und ›schickt sich‹ äußerlich in ihre Ordnungen, aber, um sich: im Gegensatz gegen sie, dadurch seines Gnadenstandes zu versichern, daß er der Versuchung, ihr Treiben wichtig zu nehmen, widersteht«[43]. Auch in diesem Falle haben wir also »eine Minimisierung des Handelns«, weil ein Handeln in der Welt immer gefährlich und ablenkend ist. Die außerweltliche Askese betrachtet die Welt als verderbt und konzentriert das Handeln auf die von der sozialen Ordnung verlangten verschiedenen Leistungen, d. h. in »aktiven Erlösungsleistungen«, die von einem göttlichen Gebot vorgeschrieben und daher Gott wohlgefällig sind[44]. Die innerweltliche Askese dagegen »bewährt sich *durch* Handeln«, genauer, durch Handeln in der Welt, durch ein Handeln, das diese den göttlichen Geboten gemäß umformen soll; sie »vollstreckt die in ihrem letzten Sinne ihr verborgenen positiven göttlichen Ratschlüsse, wie sie in den von Gott verfügten rationalen Ordnungen des Kreatürlichen vorliegen«[45].

Diese Richtungen der Weltablehnung finden sich nicht nur in der wirtschaftlichen Sphäre, sondern auch in den anderen Lebenssphären: in der politischen, ästhetischen, erotischen und intellektuellen Sphäre. An der Wurzel jeder Erlösungsreligion steht die Loslösung von den magischen Voraussetzungen, die historisch ihre Prämisse ist (und der Beweis dafür liegt in der Tatsache, daß der Konfuzianismus, die einzige Weltreligion, die keine Erlösungsreligion ist, die Loslösung nicht verwirklicht hat). Es stimmt, daß die Magie die Vorbedingung sowohl der asketischen als auch der mystischen Haltung in sich enthält und daß »der Prophet und der Heiland sich in aller Regel durch den Besitz eines magischen Charisma legitimierten«[46]; das Entstehen der Erlösungsreligion bedeutete jedoch einen – mehr oder weniger deutlichen – Bruch mit der Magie. Zwischen der Magie und der Erlösungsreligion besteht wohl eine Kontinuität, so daß man in der letzteren auch kräftige Spuren von magischem Verhalten finden kann, aber es besteht vor allem ein radikaler Unterschied. Die Erlösungsreligion stellt nämlich den Anspruch, »daß der Weltverlauf, wenigstens soweit er die Interessen der Menschen berührt, ein irgendwie *sinnvoller* Vorgang sei«[47]; sie will dem menschlichen Leben einen Sinn, und vor allem einen ethischen Sinn geben. Die Erlösungsreligion ist so ein Versuch, zwei grundlegende Probleme zu lösen: das der Existenz des Leidens und das der »ethisch unmotivierten Ungleichheit der Verteilung von Glück und Leid«[48]. In bezug auf das erste Problem wird sie Trägerin von Heilsversprechen, indem sie die Existenz des Leidens auf der Grundlage einer Erlösungsmöglichkeit im Jenseits oder auch im Diesseits, sei es in Gestalt von Reinkarnationen, sei es in Gestalt einer »unio mystica« mit der Gottheit, rechtfertigt; in bezug auf das zweite Problem arbeitet sie einen ethischen Ausgleichsmechanismus aus, der die Aufgabe hat, Gleichheit unter den Menschen herzustellen. Die Erlösungsreligion enthält also immer eine Art Theodizee: entweder in der Form eines radikalen Dualismus zwischem dem Prinzip des Guten und dem des Bösen oder in der Form der Prädestinationstheorie oder schließlich in der Form der Vereinigung mit der Gottheit auf der höchsten Stufe der Kontemplation. In jedem Falle aber stehen »der Kosmos der Naturkausalität und der postulierte Kosmos der ethischen Ausgleichskausalität... in unvereinbarem Gegensatz gegeneinander«[49].

Das zeigt sich um so deutlicher, als parallel zur Loslösung der Religion von ihren magischen Voraussetzungen die anderen Lebenssphären dazu tendieren, sich zu verselbständigen und schließlich in Konkurrenz oder gar in Konflikt mit der religiösen Sphäre zu geraten. Da die Erlösungsreligion der Welt und dem menschlichen Leben einen »Sinn« geben will, ist sie tendenziell exklusiv; sie will sich jeden Aspekt des Lebens unterordnen. Aber der Rationalisierungsprozeß, der von ihr ausgeht, fördert die Befreiung und »das *Bewußtsein* der *inneren Eigengesetzlichkeiten* der einzelnen Sphären« und bewirkt, daß »sie in jene Spannungen zueinander geraten, welche der urwüchsigen Unbefangenheit der Beziehung zur Außenwelt verborgen bleiben«[50]. Auf diese Weise tritt die Erlösungsreligion nicht nur mit der wirtschaftlichen und der politischen Sphäre in Konkurrenz, sondern auch mit der ästhetischen, der erotischen, der intellektuellen Sphäre. Ihre Spannung mit diesen ist nicht zufällig, sondern dauerhaft und wachsend, insofern als sie proportional zum Rationalisierungsprozeß steigt. Es zeichnen sich so zwei Grenzlösungen ab, die beide eine innre Konsequenz besitzen: jene, welche die Welt als einen an sich irrationalen Bereich auffaßt, der aber verändert und dem ein religiöser Sinn gegeben werden muß, und die daher »alles Wirken in der Welt als Dienst in Gottes... Willen und Erprobung des Gnadenstandes«[51] objektiviert, und jene, welche die Welt flieht in einer radikalen Ablehnung der wirtschaftlichen wie auch der politischen Tätigkeit, des künstlerischen und erotischen Lebens und der intellektuellen Erkenntnis. Zwischen diesen beiden Grenzlösungen, der innerweltlichen Askese und der weltflüchtigen Kontemplation, liegen Zwischenlösungen, d. h. Formen der Weltablehnung, in denen die Anerkennung der sozialen Ordnung sich mit einer Bemühung um gegenseitige Anpassung verbindet – einer Anpassung der sozialen Ordnung an die ethischen Forderungen der Religion und der Religion an die inneren Normen der anderen Lebenssphären.

Von der Beziehung der Religion zur wirtschaftlichen Sphäre ausgehend, analysiert Weber diese verschiedenen Lösungen. Die Entstehung der Erlösungsreligion geht zusammen mit der Auflösung der Sippe und mit der Ersetzung der Gemeinschaft zwischen Blutsverwandten, die auf einer natürlichen Grundlage ruht, durch eine andere Solidarität, nämlich die Solidarität zwischen Glaubensbrüdern. Bruch mit der Magie und Bruch der Exklusivität der Sippe gehen Hand in Hand und machen die Entwicklung einer »religiösen Brüderlichkeitsethik« möglich, die auf die Bindungen zwischen Glaubensbrüdern »das Prinzip der brüderlichen Nothilfepflicht« überträgt[52]. Diese Beziehung steht jedoch im Gegensatz zu den Forderungen der Wirtschaftätigkeit, die »ihren immanenten Eigengesetzlichkeiten« folgt und »jeglicher denkbaren Beziehung zu einer religiösen Brüderlichkeitsethik« unzugänglich ist[53]. Zwischen der persönlichen Beziehung, die unter Glaubensbrüdern herrschen muß, und der Unpersönlichkeit der wirtschaftlichen Beziehungen besteht ein unüberwindlicher Kontrast, der nur in der puritanischen Wirtschaftsethik, die das Erwerbsstreben als Erfüllung einer religiösen Pflicht auffaßt, oder in der »Weltflucht«, die sich im »Liebesakosmismus« auflöst, eine Versöhnung finden kann[54]. Eine ähnliche Beziehung entsteht auch zwischen Religion und politischer Sphäre. Bei einer Stammesreligion oder einer nationalen Religion fällt die religiöse Pflicht mit der Pflicht gegen die Gemeinschaft zusammen: »Den Lokal-, Stammes- und Reichsgott gingen nur die Interessen seiner Verbände an«, und er selbst hatte Teil am Kampf gegen die anderen Gemeinschaften und ihre Götter[55]. In der Erlösungsreligion zerbricht diese Bindung, und die politische Sphäre findet in der »Staatsräson«, d. h. in einer mit der Bruderschaftsethik unvereinbaren Norm, ihren Ausdruck. Auch hier stehen wir vor einem Gegensatz, der nur in der innerweltlichen Askese eine konsequente Lösung findet, die glaubt, daß der »der Gewaltsamkeit und ethischen Barbarei unterworfenen Welt« die göttlichen Gebote »auch durch deren eigene Mittel: Gewalt« aufgezwungen werden müßten, oder in einem »radikalen Antipolitismus«, d. h. in der mystischen Ablehnung jeglichen Kontaktes mit der Gewalt[56].

Ein weiterer Gegensatz zeigt sich gegenüber der ästhetischen und der erotischen Sphäre; und er zeigt sich eben infolge des Durchbrechens der Magie, die noch friedlich mit den künstlerischen und sexuellen Bedürfnissen zusammen bestehen konnte. Zwischen der Erlösungsreligion einerseits, der Kunst und dem Eros andererseits entwickelt sich eine Spannung, die mit »der Entfaltung der Eigengesetzlichkeit der Kunst«[57] und mit der Sublimierung der Sexualität zur Erotik immer stärker wird. »Die Kunst konstituiert sich nun als ein Kosmos immer bewußter erfaßter selbständiger Eigenwerte«, und sie stellt sich daher wie eine »innerweltliche *Erlösung*« dar[58]; sie tritt daher in Konkurrenz zur Religion. Aber auch die Erotik, d. h. die bewußte Suche nach einem ›außeralltäglichen‹ Genuß in Gestalt sublimierter Liebe, wird zu einem »selbständigen Wert« und tritt in Konkurrenz zur religiösen Liebe zwischen Glaubensbrüdern[59]; sie verwandelt sich so in ein Erlebnis, das dem mystischen »Besitz« der Gottheit ähnelt und gerade deshalb mit diesem unvereinbar ist. Die ursprüngliche psychologische Verwandtschaft zwischen Religion und Kunst oder zwischen Religion und Eros macht ihre Spannung besonders stark. Nicht, daß auch hier Kompromißformen fehlen würden, wie die Unterordnung der Kunst unter religiöse Zwecke oder die Legitimierung der Geschlechtsbeziehungen in der Eheform zeigen; aber im Prinzip ist die Beziehung zwischen den beiden Termini eine Konkurrenzbeziehung, die sich auf die Substituierbarkeit von künstlerischer oder erotischer und religiöser Erfahrung gründet.

Die deutlichste Spannung besteht jedoch in der Beziehung zwischen Religion und intellektueller Sphäre. In der Magie gibt es noch eine Einheit zwischen dem Weltbild und den Prozessen der Beeinflussung der Naturerscheinungen; die religiöse Bemühung, der Welt und dem menschlichen Leben einen ethischen »Sinn« zu geben, erscheint jedoch unvereinbar mit der Suche nach einer rationalen Erklärung, die auf der Grundlage einer intellektuellen Erkenntnis durchgeführt wird. Wie Weber beobachtet: »Wo immer aber rational empirisches Erkennen die Entzauberung der Welt und deren Verwandlung in einen kausalen Mechanismus konsequent vollzogen hat, tritt die Spannung gegen die Ansprüche des ethischen Postulates: daß die Welt ein gottgeordneter, also irgendwie ethisch *sinnvoll* orientierter Kosmos sei, endgültig hervor«[60]. Die Wissenschaft erkennt keinerlei Sinn in der Welt und ihren Ereignissen; sie will sie nur erklären, d. h. kausale Beziehungen bestimmen. Und das hat weittragende Folgen für die Religion. Wenn diese durch einen Rationalisierungsprozeß entsteht, der einen Bruch mit der ursprünglichen Magie bedeutet, so hat die Entwicklung der intellektuellen Erkenntnis zum Ergebnis, daß »dadurch die Religion zunehmend aus dem Reich des Rationalen ins Irrationale verdrängt wird« und so »*die* irrationale oder antirationale überpersönliche Macht schlechthin« wird[61]. Die Spannung zwischen Religion und intellektueller Sphäre beeinflußt nicht nur die Richtung der religiösen Weltablehnung, sondern auch die Funktion der Religion selbst. Die Entwicklung der intellektuellen Erkenntnis verhindert in der Tat die Möglichkeit einer »rationalen Deutung des Weltsinns«, der den Grund selbst der Erlösungsreligion darstellte[62].

VI

Die Beziehung zwischen Religion und Rationalität – genauer zwischen Weltreligionen und Rationalisierungsprozeß – kann daher nicht eindeutig definiert werden. Zweifellos liegt in Webers Sicht der Erlösungsreligion eine Forderung nach Rationalität zugrunde, und es gibt auch einen Rationalisierungsprozeß *innerhalb* der religiösen Sphäre[63]; das ist Folge ihres Bemühens, der Welt und dem menschlichen Leben einen »Sinn« zu geben, indem sie der Existenz des Leidens und der Ungleichheit der individuellen Schicksale die Aussicht auf einen ethischen Ausgleichsmechanismus entgegensetzt. Dieser Prozeß nimmt jedoch verschiedene Formen und Bedeutungen an, die wir unterscheiden müssen[64].
Die erste Bedeutung des Rationalisierungsprozesses der religiösen Sphäre ist die der Befreiung von der Magie. In Übereinstimmung mit einer in der Anthropologie des 19. Jahrhunderts recht verbreiteten Orientierung – vor allem bei E. B. Tylor, noch ausdrücklicher aber bei J. G. Frazer, wobei wir allerdings nicht wissen, ob er ihn gelesen hat – neigt Weber dazu, aus der Religion ein von der Magie unterschiedenes und auf sie folgendes Entwicklungsstadium zu machen. Übrigens ist die evolutionistische Perspektive, die in den Studien über die »Wirtschaftsethik der Weltreligionen« nur am Rande erscheint, im Kapitel von »Wirtschaft und Gesellschaft«, das von einer Analyse des Ursprungs der Reli-

gionen ausgeht, ausführlich vorhanden. Glaube an die Geister und Vertrauen auf die Möglichkeit, in Verbindung mit ihnen zu treten, sie durch »*außeralltägliche* Kräfte« zu beeinflussen, bilden das Substrat, aus dem die Weltreligionen entstehen: eine Mischung aus animistischen Auffassungen (und die Theorie des Animismus bildet bekanntlich einen Hauptpunkt der Tylorschen Konzeption), aus Magie, ekstatischen und orgiastischen Bräuchen, die in den verschiedensten Kulturbereichen weit verbreitet sind. Die Erlösungsreligion entsteht, wenn der Glaube an die Geister sich in die Vorstellung einer – wie auch immer beschaffenen – Seele und »übernatürlicher Mächte« verwandelt, sie sich als Gottheiten oder Dämonen darstellen: »deren Beziehungen zu den Menschen zu ordnen nun das Reich des *›religiösen‹ Handelns* ausmacht«[65]. Wir haben so eine Loslösung vom Animismus und vom ursprünglichen Naturalismus und korrelativ dazu die Bildung eines *Pantheons*, d. h. einer Vielfalt von Gottheiten, denen spezifische Funktionen zugeschrieben und deren Zuständigkeiten gegeneinander abgegrenzt werden.

So ist die Erlösungsreligion ursprünglich ein Faktor der Rationalisierung und als solche ein anti-traditionalistisches Element. Dieser Charakter zeigt sich in der Entstehung einer Weltanschauung und gleichzeitig von religiösen Gestalten, die sich von dem traditionellen Zauberer stark unterscheiden. Indem die Erlösungsreligion der Welt einen »Sinn« gibt, das Glück legitimiert und eine Vergeltung für den in Aussicht stellt, der es in diesem Leben nicht erhält, gelangt sie zur »religiösen Verklärung des Leidens«[66]. Sie schafft so eine Weltanschauung, die sich durch die Propheten und »Heilande« ausdrückt, welche ihr Heilsversprechen an alle Menschen, unabhängig von ihrem Stand und ihrer Klasse oder ihrer Kaste, richten. Das erklärt die überwiegende Bindung der Erlösungsreligion an nichtprivilegierte soziale Schichten, für die die Rechtfertigung des Leidens ein dringenderes Problem ist als für die privilegierten. Für die Bauern war die Magie mit ihren Fruchtbarkeitsriten ausreichend; für den Kriegsadel und für die aristokratischen Schichten im allgemeinen war keine Erlösungsaussicht erforderlich, weil sie schon Reichtum und soziales Prestige besaßen und die Religion nur dazu dienen konnte, ihre Stellung zu legitimieren. Die Erlösungsreligion findet daher ihre Grundlage in den bürgerlichen und vor allem in den kleinbürgerlichen Schichten, d. h. in Schichten, die in der sozialen Ordnung eine

Stellung einnahmen, die irgendeine Form des Ausgleichs erforderte. »Eine *prophetisch* verkündete Heilands-Religiosität hatte daher in der großen Mehrzahl der Fälle ihre dauernde Stätte vorzugsweise in den minder begünstigten sozialen Schichten, welchen sie die Magie entweder ganz ersetzte oder doch rational ergänzte. Und wo die Verheißungen des Propheten oder Heilandes selbst den Bedürfnissen der sozial minder Begünstigten nicht hinlänglich entgegenkamen, da entwickelte sich aus ihnen mit großer Regelmäßigkeit eine sekundäre Erlösungsreligiosität der Massen unterhalb der offiziellen Lehre. Der... rationalen Weltbetrachtung aber fiel eben deshalb in aller Regel die Aufgabe zu, eine rationale Theodizee des Unglücks zu schaffen. Zugleich aber versah sie das Leiden als solches nicht selten mit einem ihm ursprünglich ganz fremden positiven Wertvorzeichen«[67].

Aber der Rationalisierungsprozeß der religiösen Sphäre nimmt auch eine andere, nicht weniger wichtige Bedeutung an, nämlich die einer Systematisierung der Weltanschauung, d. h. einer Formulierung von Lehren, die in systematischer Form in einem heiligen Text enthalten sind: Für jede Weltreligion ist in der Tat ein »heiliges Wissen« erforderlich, welches das Monopol eines Priesterstandes wird. Die klassischen Texte des Konfuzianismus, die Veden, der buddhistische Kanon, das Alte und das Neue Testament, der Koran sind die bedeutendsten Beispiele dieser Fixierung der religiösen Lehre in schriftlicher Form, Gegenstand von Überlieferung und Interpretation, jedoch – zumindest prinzipiell – nicht von Veränderung und Erweiterung. Daher rührt die entscheidende Bedeutung der intellektuellen Schicht, die der Bewahrer dieses Wissens ist und die das religiöse Leben in Form einer Kirche oder Sekte organisieren will. Die Rationalisierung des Lehrinhalts wird somit von einem Institutionalisierungsprozeß begleitet, durch den das »Charisma« des Propheten oder »Heilands« sich in »tägliche Praxis« und der Glaube in traditionales Verhalten wandelt.

Im Weberschen Text kann man jedoch noch eine dritte Bedeutung des Rationalisierungsprozesses ausmachen – eine Bedeutung, die nicht mehr auf alle Weltreligionen anwendbar, sondern der modernen Welt eigentümlich ist. Wenn die anderen Lebenssphären, die sich die Religion unterordnen oder als religiös gleichgültig zurückweisen will, eine Autonomie erlangt haben und damit in Konkurrenz zur religiösen Sphäre treten, vollzieht sich der Rationalisierungsprozeß nicht mehr nur innerhalb dieser Sphäre, sondern er wird äußerlich und allgemein; d. h. er führt zur »Entzauberung« der Welt. Zwar steht schon der Übergang von der Magie zur Erlösungsreligion in einem gewissen Sinne unter dem Zeichen der Entzauberung; in der modernen Welt jedoch erstreckt sich der Rationalisierungsprozeß – und das ist das Entscheidende – auf alle Gebiete der menschlichen Existenz und mündet in eine säkularisierte Welt. Die historische Voraussetzung für diese Wende ist von Weber im Übergang von der protestantischen Ethik zum kapitalistischen »Geist« bestimmt worden: zwei Termini, deren Trennung nicht weniger bedeutsam ist als die Beziehung, die in den beiden Aufsätzen von 1904/05 und 1906 hergestellt wurde. Die Voraussetzung des der modernen Welt eigenen Rationalisierungsprozesses, d. h. eines im formal-rationalen Sinne ausgerichteten Prozesses, ist daher die innerweltliche Askese, die bewußte Bemühung einer Umwandlung der Welt mit dem Zweck ihrer Unterordnung unter die göttlichen Gebote, d. h. das Handeln in der Welt verstanden als »Dienst in Gottes... Willen und Erprobung des Gnadenstandes«[68]; aber wenn das Engagement in den verschiedensten Lebensbereichen diesen ursprünglichen religiösen Sinn verliert, wird die Welt vollständig »entzaubert«. Das Erwerbsstreben als »Bewahrung« des Heils im Jenseits wird abgelöst vom Erwerbsstreben als Selbstzweck; die Verwendung der Gewalt als Mittel zur Beugung des politischen Lebens unter Gottes Willen wird von der bloßen »Staatsräson« abgelöst, die jedem moralischen Prinzip widersteht; ähnlich erlangen die künstlerische und die erotische Sphäre eine Selbständigkeit von der Religion, die eine Selbständigkeit *gegen* die Religion wird, ein Versuch, die religiösen durch andere Werte zu ersetzen. Der entscheidende Bruch aber vollzieht sich in der intellektuellen Sphäre; durch die Entwicklung eines rationalen Wissens gerät das »heilige Wissen« in eine Krise und wird die Religion in das Reich des Irrationalen zurückgedrängt.

Diese Umkehrung schafft ein Problem, das nur teilweise im Weberschen Text erscheint: das des Schicksals der Religion in der zeitgenössischen Gesellschaft. Wie Weber in den Vorlesungen über die »Wirtschaftsgeschichte« bemerkte, die er im Wintersemester 1919-20 in München gehalten hat, ist »die religiöse Wurzel des modernen ökonomischen Menschentums... abgestorben« und »heute steht der Berufsbegriff als *caput mortuum* in der

Welt«[69]; die innerweltliche Askese des Protestantismus ist von einer Weltanschauung abgelöst worden, die ihre Grundlage im Zeitalter der Aufklärung hat und die die wirtschaftliche Tätigkeit – wie alle anderen Lebenssphären – von jeglicher religiösen Bedeutung entleert hat. Mit dem Kapitalismus hat die moderne Wissenschaft den der Religion zugestandenen Raum eingeschränkt und schließlich ganz getilgt. In einer vollständig »entzauberten« Welt gibt es keinen Platz mehr für Heilsversprechen. Um uns auf das Bild der letzten Seiten des Aufsatzes »Die protestantische Ethik und der ›Geist‹ des Kapitalismus« zu berufen, hat die Welt sich in ein »stahlhartes Gehäuse« verwandelt; und »niemand weiß noch, wer künftig in jenem Gehäuse wohnen wird und ob am Ende dieser ungeheuren Entwicklung ganz neue Propheten oder eine mächtige Wiedergeburt alter Gedanken und Ideale stehen werden, *oder* aber... mechanisierte Versteinerung, mit einer Art von krampfhaftem Sich-wichtig-nehmen verbrämt«[70].

Es ist nicht Aufgabe einer soziologischen Analyse der Religion – die sich an den methodologischen Maßstab der »Wertfreiheit« halten muß –, Voraussagen oder gar Prophezeiungen über die Überlebens- oder Wiedergeburtsmöglichkeit der Religion in der zeitgenössischen Gesellschaft zu machen. Daß in der modernen Welt kein Platz mehr ist für die Religion und ihre Erlösungserwartungen, ist eine Tatsache, keine Notwendigkeit; im Gegenteil, es ist prinzipiell nicht ausgeschlossen, daß in Zukunft sich andere Formen religiösen Lebens bilden, die an die besonderen Bedingungen einer säkularisierten Gesellschaft angepaßt sind. Weniger in den Studien über die »Wirtschaftsethik der Weltreligionen«, als vielmehr in einigen Hinweisen in »Wirtschaft und Gesellschaft« scheint Weber manchmal das Proletariat als Träger neuer religiöser Bedürfnisse zu sehen, wenn er auch gegenüber den Intellektuellen, die diese zu formulieren suchen, seine Skepsis und sein Mißtrauen ausdrückt. Diese Hinweise werden jedoch gleich erstickt vom negativen Urteil über den Sozialismus, das er in seinen letzten Jahren fällte. Das steht übrigens in Übereinstimmung mit der Einstellung der Weberschen Religionssoziologie. Auf dem Gebiet der wissenschaftlichen Betrachtung kann man nur feststellen, daß der Rationalisierungsprozeß, der von der Erlösungsreligion selbst mit ihrer Suche nach einem »Sinn« der Welt eingeleitet wurde, sich ihrer Kontrolle entzogen und sich gegen sie gewendet hat. Das Verschwinden der Religion in einer Welt, die unter dem

Zeichen der »Entzauberung« steht, bildet das Schlußwort der Weberschen Analyse. Es ist ein Wort, das vielleicht einen Hauch von Sehnsucht nach der weit zurückliegenden innerweltlichen Askese des Protestantismus enthält, nach seiner religiösen Aufgabe, nach einer Verwandlung der Welt gemäß den göttlichen Geboten; ein Wort jedoch nicht weniger ausdrucksvoll als das Bild vom »stahlharten Gehäuse«, mit dem diese Diagnose sich verbindet.

Anmerkungen

1 *Marianne Weber*, Max Weber: Ein Lebensbild, 2. Aufl. Heidelberg 1950, S. 378-82, 638.
2 RS I, S. 12.
3 Über die Webersche »Religionssoziologie« s. *Reinhard Bendix*, Max Weber, An Intellectual Portrait, Garden City (N.Y.) 1960, besonders den zweiten Teil, und vor allem *Luciano Cavalli*, Max Weber. Religione e società, Bologna 1968.
4 *Marianne Weber*, S. 370.
5 Vgl. im allgemeinen die »Vorbemerkung« zu den Gesammelten Aufsätzen zur Religionssoziologie, Bd. 1, S. 1-16, und *Cavalli*, S. 213-37.
6 Agrarverhältnisse im Altertum, in: Handwörterbuch der Staatswissenschaften, 3. Aufl. 1909, später in GASWG, S. 1-288 aufgenommen.
7 GASWG, S. 12.
8 GASWG, S. 15.
9 GASWG, S. 18-26.
10 *Ernst Troeltsch*, Die Soziallehren der christlichen Kirchen und Gruppen, zum ersten Mal im »Archiv für Sozialwissenschaft und Sozialpolitik« veröffentlicht, später in Band 1 der Gesammelten Schriften, Tübingen 1912, aufgenommen. Aus der umfangreichen Troeltsch-Literatur s. den neueren Band von *Giuseppe Cantillo*, Ernst Troeltsch, Neapel 1979, mit ausführlicher Bibliographie.
11 RS I, S. 238.
12 RS I, S. 239-40.
13 RS I, S. 239.
14 RS I, S. 238.
15 RS I, S. 240.
16 RS I, S. 240-41.
17 R. Stammlers »Überwindung« der materialistischen Geschichtsauffassung, in: WL, S. 296.

18 *Rudolf Stammler*, Wirtschaft und Recht nach der materialistischen Geschichtsauffassung, 2. Aufl. Leipzig 1906, S. 66, von Weber in WL, S. 294 zitiert.

19 WL, S. 310.

20 WL, S. 314.

21 Der Vortrag an der Gehe-Stiftung von Dresden ist später mit dem veränderten Titel »Religion, Wirtschaft und Gesellschaft« in Gesammelte Schriften, Bd. IV, Tübingen 1925, S. 21-33, aufgenommen worden.

22 *Ernst Troeltsch*, Gesammelte Schriften, Bd. IV, S. 3.

23 RS I, S. 240.

24 RS I, S. 202-04.

25 1913 veröffentlichte Weber bekanntlich den Aufsatz »Über einige Kategorien der verstehenden Soziologie«, der im Kern den theoretischen Aufbau des ersten Teils von »Wirtschaft und Gesellschaft« enthält. Über die Zusammenstellung dieses Werkes vgl. im allgemeinen *Johannes Winckelmann*, Max Webers Opus posthumum, in: Zeitschrift für die gesamte Staatswissenschaft, 105 (1948-49), S. 368-87.

26 RS I, S. 267.

27 WuG, I, S. 286.

28 WuG, I, S. 288-89.

29 WuG, I, S. 293.

30 Ebd.

31 WuG, I, S. 296.

32 WuG, I, S. 305.

33 WuG, I, S. 348.

34 RS I, S. 534.

35 RS II, S. 359.

36 WuG, I, S. 369.

37 Ebd.

38 WuG, I, S. 319.

39 WuG, I, S. 320.

40 RS I, S. 538-39.

41 RS I, S. 539.

42 Ebd.

43 Ebd.

44 Ebd.

45 RS I, S. 539-40.

46 RS I, S. 540.

47 RS I, S. 567.

48 Ebd.

49 RS I, S. 569.

50 RS I, S. 541-42.

51 RS I, S. 545-46.

52 RS 1, S. 542.
53 RS 1, S. 544.
54 RS 1, S. 546.
55 Ebd.
56 RS 1, S. 549.
57 RS 1, S. 555.
58 Ebd.
59 RS 1, S. 560-61.
60 RS 1, S. 564.
61 Ebd.
62 RS 1, S. 566-67.
63 WuG, 1, S. 245.
64 Darüber vgl. *Wolfgang Schluchter*, Die Entwicklung des okzidentalen Rationalismus, Tübingen 1979.
65 WuG, 1, S. 247.
66 RS 1, S. 242.
67 RS 1, S. 245.
68 RS 1, S. 545.
69 Wirtschaftsgeschichte, S. 314.
70 RS 1, S. 204.

Die Theorie der Politik

I

In einem Brief vom 30. Dezember 1913 an den Verleger Siebeck, in dem er den allgemeinen Inhalt von »Wirtschaft und Gesellschaft« beschrieb, unterrichtete Weber ihn darüber, daß das geplante Werk unter anderem »eine umfassende soziologische Staats- und Herrschaftslehre« enthalten sollte[1]. Die Verwendung des Adjektivs »soziologisch« kann als Versuch verstanden werden, Gegenstand und Methode der »verstehenden Soziologie« zu bestimmen, den er in dem so betitelten Aufsatz des gleichen Jahres unternommen hatte[2]; die Gleichstellung der Termini »Staat« und »Herrschaft« jedoch beweist, daß Weber zu dieser Zeit noch nicht zu einer genauen Definition des Bereichs der Politik gekommen war. In den folgenden Versionen der politischen Soziologie – die in den letzten Jahren von Wolfgang Mommsen und Wolfgang Schluchter in »Wirtschaft und Gesellschaft« und in anderen gleichzeitig erschienenen Schriften gefunden worden sind[3] – wird Weber dem Begriff der Herrschaft eine zentrale Stellung zuschreiben und aus dem Staat eine besondere und geschichtlich bedingte Form der Herrschaft machen. In der ursprünglichen Fassung, die noch stark entwicklungsgeschichtlich geprägt war, ging Weber von einer allgemeinen Definition der politischen Gemeinschaft auf der Grundlage ihres zweifachen Bezugs auf ein »Gebiet« und auf ein auf die »Bereitschaft zu physischer Gewalt« gegründetes Verbandshandeln aus, so daß »das begriffliche Minimum« der Definition in der »gewaltsamen Behauptung der geordneten Herrschaft über ein Gebiet und die Menschen auf demselben« bestand[4]. Der Übergang von der Analyse der politischen Gemeinschaften zu der der Herrschaftsformen geschah ohne eine präzise Verknüpfung von »Herrschaft« als einem »Sonderfall von Macht« und der Unterscheidung zwischen »zwei polar einander entgegengesetzten Typen von Herrschaft«, nämlich »einerseits [der] Herrschaft kraft Interessenkonstellation... und andererseits [der] Herrschaft kraft Autorität (Befehlsgewalt und Gehorsamspflicht)«[5]. Erst später, mit dem dann 1922 postum veröffentlichten Aufsatz »Die drei reinen Typen der legitimen Herrschaft«[6], findet die Theorie der Politik ihren Mittelpunkt in der Theorie der Herrschaftstypen, und gleichzeitig tritt das Problem ihrer verschiedenen »Legitimitätsgründe« in den Vordergrund. Nicht zufällig wird dann in der endgültigen Fassung – die im ersten Teil von »Wirtschaft und Gesellschaft«, besonders in Kapitel III, enthalten ist – die Untersuchung dieser Typen weniger im Hinblick auf die Organisation, als vielmehr im Hinblick auf den »Legitimitätsanspruch« geführt werden; und der Kern der Theorie der Politik wird eben die Unterscheidung zwischen den verschiedenen Typen der legitimen Herrschaft und deren jeweiligen Voraussetzungen werden.

Mit dieser Änderung der Perspektive vollzieht Weber eine entscheidende Wende in bezug auf die Definitionen der Politik, die das moderne Denken formuliert hatte. Von Hobbes bis Hegel – um uns auf zwei verschiedene, aber gleicherweise charakteristische Stellungnahmen zu beziehen – hatte in der Tat die moderne politische Philosophie eine Erklärung und nicht selten auch eine Rechtfertigung des Staates geliefert, den sie als politischen Organismus par excellence betrachtete; und auch dort, wo sie sich – wie es häufig geschah – auf vom griechischen Denken ausgearbeitete Begriffe berief, paßte sie diese der neuen Wirklichkeit an, die nicht auf die politischen Formen der Antike zurückgeführt werden konnte, ja nicht einmal mit diesen vergleichbar war. Die Sphäre der Politik fiel so mit dem Staat zusammen, sei es, daß man dessen absolute Souveränität über die Untertanen bestätigte, sei es, daß man im Gegenteil seine Grenzen zu bestimmen versuchte, indem man die Unverletzlichkeit der »Naturrechte« der Bürger behauptete oder indem man die verschiedenen Funktionen des Staates verschiedenen, sich gegenseitig begrenzenden Gewalten übertrug. Der Staat, dieses neue Hauptelement des politischen Lebens, stellte sich somit als Träger der Souveränität dar; wie immer seine Rechtfertigung aussah, von ihm stammte jede Rechtsnorm und jede tatsächliche Ausübung der Autorität. Diese zentrale Stellung des Staates hat in der romantisch-nationalistischen Kultur ihre Bestätigung gefunden, in Übereinstimmung mit der Ablehnung des Kosmopolitismus des 18. Jahrhunderts und mit der Errichtung des Nationalstaates in Teilen Europas, die in den vorhergehenden Jahrhunderten geteilt gewesen waren. Für Hegel war der Staat bekanntlich die höchste Form der Sittlichkeit; und noch bei Heinrich von Treitschke – ein auch Weber wohlbekannter Autor – wird die Wissenschaft der Politik mit der »Staatslehre« identifiziert[7]. Sogar die Marxsche (und marxistische) Theorie der Politik, die den Staat und die Staatsorganisation in den Bereich des Überbaus verwies und sie als Ausdruck einer besonderen Klassenstruktur betrachtete und die die zukünftige klassenlose Gesellschaft als eine Gesellschaft ohne Staat auffaßte, behielt im Grunde diese Identifizierung bei. Die Sphäre der Politik löst sich als Teil des Überbaus in der Ausübung der staatlichen Funktionen auf; außerhalb des Staates gibt es keine eigentlichen politischen Beziehungen mehr, sondern nur Verwaltungsaufgaben. Von dieser Tradition löst sich Weber, der noch 1895 – in seiner Antrittsvorlesung in Freiburg[8] – die Machtinteressen des Nationalstaates geltend gemacht hatte, überaus entschieden. Die in »Wirtschaft und Gesellschaft« ausgeführte soziologische Theorie der Politik gründet sich auf den Begriff der Herrschaft, nicht mehr auf den des Staates; und der Staat wird eine spezifische Organisationsform der Herrschaft, ein politisches Gebilde neben anderen.

Es ist nun nicht so, daß der Begriff der Herrschaft im modernen politischen Denken gefehlt hätte. Im Gegenteil, die »machiavellische« Richtung in ihm, die über Hobbes bis zu Hegel und Marx reicht, hatte die politischen Beziehungen immer auf der Grundlage der Macht und der Gewaltsamkeit interpretiert, d. h. mit Begriffen, die auch in der Weberschen Definition der Herrschaft auftauchen: die Macht als allgemeine, die Herrschaft einschließende Kategorie, die Gewaltsamkeit als grundlegendes »Mittel« einer politischen Gruppe »insoweit..., als [ihr] Bestand und die Geltung [ihrer] Ordnungen innerhalb eines angebbaren geographischen *Gebiets* kontinuierlich durch Anwendung und Androhung *physischen* Zwangs seitens des Verwaltungsstabes garantiert werden«[9]. Was sich ändert, ist vielmehr das Verhältnis zwischen den beiden Begriffen. Die politischen Beziehungen werden nicht mehr als staatliche definiert; ja, die Definition des Staates setzt diejenige des politischen Herrschaftsverbandes voraus. In der Tat, »*Staat* soll ein politischer *Anstaltsbetrieb* heißen, wenn und insoweit sein Verwaltungsstab erfolgreich das *Monopol legitimen* physischen Zwanges für die Durchführung der Ordnungen in Anspruch nimmt«[10]. Die Existenzgrundlage eines Staates wird auf diese Weise in der Monopolisierung der Gewaltsamkeit in

einem bestimmten Gebiet gesehen. Der angewandte Zwang –
einerseits der physische, andererseits der psychische Zwang – ermöglicht es Weber, zwischen einem politischen und einem hierokratischen Herrschaftsverband und, innerhalb dieser beiden, zwischen Staat und Kirche zu unterscheiden. Beide sind in der Tat
immer Anstaltsbetriebe; aber dem Anspruch »des *Monopols legitimen* physischen Zwanges« des Staates steht von seiten der Kirche der Anspruch auf das »Monopol legitimen hierokratischen
Zwanges« gegenüber[11].

Die Analyse der Herrschaftsbeziehungen bietet Weber so den
typologischen Rahmen, in den er nicht nur den Staat, sondern
auch die anderen Formen politischer Gemeinschaft einordnet.
Die beiden von Montesquieu im »Esprit des lois« aufgezeigten
Unterscheidungsmaßstäbe – das, was sich auf den Träger der sou-
veränen Herrschaft, und das, was sich auf die Art bezieht, in der
diese ausgeübt wird – werden von Weber durch andere, ganz
neue, ersetzt: einerseits durch den Unterscheidungsmaßstab zwischen alltäglicher und außeralltäglicher Herrschaft, andererseits
durch den zwischen unpersönlicher und persönlicher Herrschaft.
Aus der Kreuzung dieser beiden Kriterien leitet sich die bekannte
Klassifikation der legitimen Herrschaft in die drei Typen der legalen, der traditionalen und der charismatischen Herrschaft ab,
die den begrifflichen Kern der Weberschen Theorie der Politik in
ihrer reifsten Formulierung bildet. Die legale (oder rationale)
Herrschaft, die »auf dem Glauben an die Legalität gesatzter Ordnungen und des Anweisungsrechts der durch sie zur Ausübung
der Herrschaft Berufenen« ruht[12], ist eine *alltägliche und unpersönliche* Herrschaft. Die traditionale Herrschaft, die »auf dem
Alltagsglauben an die Heiligkeit von jeher geltender Traditionen
und die Legitimität der durch sie zur Autorität Berufenen« beruht[13], ist eine *alltägliche und persönliche* Herrschaft. Die charismatische Herrschaft schließlich, die »auf der außeralltäglichen
Hingabe an die Heiligkeit oder die Heldenkraft oder die Vorbildlichkeit einer Person und der durch sie offenbarten oder geschaffenen Ordnungen« gründet,[14] ist eine *außeralltägliche und persönliche* Herrschaft. Während die erste an Regeln und die zweite
an Präzedenzfälle gebunden ist, ist die letzte »spezifisch irrational
im Sinn der Regelfremdheit« und »stürzt« andererseits »die Vergangenheit um«, um die Gebote des Trägers des Charismas geltend zu machen[15]. Zwischen diesem und den beiden anderen

Herrschaftstypen, die Formen alltäglicher Herrschaft sind, besteht daher ein prinzipieller Gegensatz.

Es ist deshalb die Aufgabe einer soziologischen Theorie der Politik, die Mannigfaltigkeit der historischen Formen politischer Gemeinschaft – oder der politischen Herrschaftsverbände, wie sie vorzugsweise im ersten Teil von »Wirtschaft und Gesellschaft« genannt werden – auf den einen oder anderen dieser drei Typen zurückzuführen oder sie als deren »Kombinationen« zu analysieren. Diese Analyse wird von Weber durchgeführt, indem er die Organisation der Herrschaft untersucht, die auf der »Existenz des Verwaltungsstabes und seines *kontinuierlich* auf Durchführung und Erzwingung der Ordnungen gerichteten Handelns« aufbaut[16], wie auch die Verhältnisse, die zwischen dem (individuellen oder kollektiven) Träger der Herrschaft, diesem Stab und den anderen Mitgliedern der Gemeinschaft entstehen. Sie wird jedoch auch – vor allem im Aufsatz »Die drei reinen Typen der legitimen Herrschaft« und in dem den »Typen der Herrschaft« gewidmeten Kapitel von »Wirtschaft und Gesellschaft« – in bezug auf die Legitimität durchgeführt. Jede Art Herrschaft besitzt in der Tat eine sozusagen »innere« Dimension; d. h., sie stellt einen »Legitimitätsanspruch«, indem sie eine »Anerkennung« von seiten des politischen Verbandes, nämlich von seiten der Beherrschten, fordert (und erhält). Ohne diese Anerkennung wäre jegliche Herrschaft, auch wenn sie sich auf eine Interessensituation, auf Sitte oder auf affektive Motive gründet, »relativ labil«: »Bei Herrschenden und Beherrschten pflegt vielmehr die Herrschaft durch *Rechtsgründe*, Gründe ihrer ›Legitimität‹, innerlich gestützt zu werden, und die Erschütterung dieses Legitimitätsglaubens pflegt weitgehende Folgen zu haben«[17]. Und gerade die »Art der beanspruchten Legitimität« bedingt auch den »Typus des Gehorchens, des zu dessen Garantie bestimmten Verwaltungsstabes und de(n) Charakter der Ausübung der Herrschaft«[18].

Einer rational »durch Paktierung oder Oktroyierung« gesatzten Herrschaft, die auf einem als »Kosmos abstrakter…*Regeln*« aufgefaßten Recht beruht, entsprechen in der Tat ein Herr, der »der unpersönlichen Ordnung gehorcht, an welcher er seine Anordnungen orientiert«, ein Verwaltungsstab von Beamten mit Fachausbildung und ein Herrschaftsunterworfener, der »nur als *Genosse* und nur ›dem Recht‹ gehorcht«, d. h. nicht der »Person« des Herrn, sondern der Ordnung, auf die sich seine Herrschaft

stützt[19]. Einer Herrschaft, die auf »altüberkommenen (›von jeher
bestehenden‹) Ordnungen und Herrengewalten« beruht, entsprechen ein »persönlicher *Herr*« und ein Verwaltungsstab, der aus
»persönlichen ›Dienern‹« besteht, die seine Gebote den »Untera-
nen« übermitteln, so daß der Gehorsam »der durch Tradition
oder durch den traditional bestimmten Herrscher dafür berufenen *Person*« geleistet wird[20]. Einer auf den Glauben an das Charisma gegründeten Herrschaft entsprechen schließlich ein persönlicher, »mit übernatürlichen oder übermenschlichen oder mindestens spezifisch außeralltäglichen … Kräften oder Eigenschaften«
begabter Herr – handele es sich nun um einen Propheten oder um
einen Kriegsfürsten oder um einen Führer – und ein »nach charismatischen Qualitäten ausgelesener« Verwaltungsstab, d. h. ein
Stab, der von einer religiösen oder militärischen oder im engen
Sinne politischen »Gefolgschaft« gebildet wird, so daß das Ge-
horsamsverhältnis sich auf eine »durch *Bewährung* … gesicherte
freie, aus Hingabe an Offenbarung, Heldenverehrung, Vertrauen
zum Führer geborene, *Anerkennung*« stützt[21]. Organisation der
Herrschaft und Legitimitätsgrund sind daher untereinander verbundene Elemente, so daß die Wandlung dieses letzteren auch
eine Änderung der Herrschaftsstruktur mit sich bringt, deren
bedeutungsvollstes Beispiel die Veralltäglichung des Charismas
darstellt. Die Stabilität jeglicher Herrschaftsform hängt von ihrer
Fähigkeit ab, Gehorsam von seiten der Mitglieder des politischen
Verbands zu bekommen, und dieser beruht seinerseits auf dem
Glauben an seine Legitimität[22].

II

Dieser Definition der Politik mit Hilfe des Herrschaftsbegriffs
entspricht im Weberschen Werk eine Akzentverschiebung von
der Analyse des Staates im allgemeinen auf die des *modernen*
Staates, der als eine besondere historische Form der politischen
Organisation betrachtet wird. Soziologisch relevant ist nicht so
sehr die Unterscheidung zwischen Staat und vom Staat verschiedenen politischen Gemeinschaften, als vielmehr die Unterscheidung zwischen dem modernen Staat und den anderen Typen politischer Gemeinschaft, seien sie nun staatlich organisiert oder
nicht. Auch Weber liefert – wie wir gesehen haben – eine Defini-

tion des Staates im allgemeinen, indem er das Merkmal des legitimen physischen Zwangs, das allen politischen Herrschaftsverbänden eignet, mit dem Merkmal des Zwangsmonopols, das nur dem Staat eignet, verbindet; er beeilt sich aber zu präzisieren, daß dieser »in seiner Vollentwicklung durchaus modern« sei[23]. Für den modernen Staat ist in der Tat »formal charakteristisch ... eine Verwaltungs- und Rechtsordnung, welche durch Satzungen abänderbar ist, an der der Betrieb des Verbandshandelns des (gleichfalls durch Satzung geordneten) Verwaltungsstabes sich orientiert und welche Geltung beansprucht nicht nur für die ... Verbandsgenossen, sondern in weitem Umfang für alles auf dem beherrschten Gebiet stattfindende Handeln«; ja, Weber fügt als zusätzliches Merkmal die Tatsache hinzu, daß »es ›legitime‹ Gewaltsamkeit heute nur noch insoweit gibt, als die staatliche Ordnung sie zuläßt oder vorschreibt«[24]. Der moderne Staat stellt demnach eine besondere und geschichtlich bedingte Form der staatlichen Organisation dar; und als solche unterscheidet er sich von den staatlichen Gebilden mit einer patriarchalischen oder patrimonialen Grundlage, im besonderen von den patrimonialen bürokratischen Staaten wie der ägyptischen Monarchie, dem späten römischen Kaiserreich, dem byzantinischen Reich in der Antike und dem chinesischen Kaiserreich im Fernen Osten. Gleichzeitig neigt Weber jedoch – mit einer deutlich spürbaren Ambivalenz – dazu, den modernen Staat als *den* Staat par excellence (oder als den Staat »in seiner Vollentwicklung«) aufzufassen, und er geht in der »Wirtschaftsgeschichte« soweit zu behaupten, daß es »Staat im Sinne des rationalen Staates ... nur im Okzident gegeben« hat[25], so wie es auch den als ökonomischen Rationalismus verstandenen modernen Kapitalismus nur im Okzident gegeben hat.

Diese Ambivalenz erklärt sich (und löst sich auf), indem man die Definition des modernen Staates auf die Theorie der Herrschaftstypen zurückführt. Die Eigenart des modernen Staates liegt nicht im höheren Grad der Monopolisierung des legitimen physischen Zwangs, den er im Vergleich mit anderen staatlichen Gebilden durchsetzen konnte (denn in diesem Falle würde es sich um einen rein quantitativen Unterschied handeln), sondern in seiner Zugehörigkeit zum »legalen Typus« der Herrschaft. Danach kennzeichnen den modernen Staat die rationale Rechtssatzung, die Bindung der Gesetzgebung, der Rechtspflege und der Verwaltung an »abstrakte Regeln«, die Unterordnung des Herrn unter eine »unpersönliche Ordnung«, der unpersönliche Charakter des Gehorsams, vor allem aber die Tatsache, daß er sich eines »*bureaukratischen Verwaltungsstabes*« bedient[26]. In diesem Typus der Schwerpunkt der Herrschaft vom Herrschaftsträger auf den Verwaltungsstab übergegangen. In der Tat kann der Herrschaftsträger gleicherweise seine Stellung »entweder kraft Appropriation oder kraft einer Wahl oder Nachfolgerdesignation« erlangen; während das Bestehen von »*sachlichen* Amtspflichten«, einer »Amts*hierarchie*«, von »festen Amts*kompetenzen*«, die Rekrutierung durch Auslese, die »*Fachqualifikation*«, ein dem hierarchischen Rang entsprechendes geldliches Gehalt, die Betrachtung des Amtes als »einzigen oder Haupt-Beruf«, die Aussicht auf eine Karriere, die »Trennung von den Verwaltungsmitteln« und die »Amtsdisziplin« Merkmale des Stabes sind[27]. Die besondere Struktur des modernen Staates wird so in der Art und im Funktionieren seines Verwaltungsstabes ausgemacht, d. h. in seiner Verbindung mit einer bürokratischen Verwaltung.

Diese Verbindung ist nicht ausschließlich dem Staat eigen. Im Gegenteil, Weber unterstreicht, daß »die Entwicklung ›moderner‹ Verbandsformen auf *allen* Gebieten (Staat, Kirche, Heer, Partei, Wirtschaftsbetrieb, Interessenverband, Verein, Stiftung und was immer es sei).. schlechthin identisch mit Entwicklung und stetiger Zunahme der *bureaukratischen* Verwaltung« ist[28]. Dies stellt in der Tat den gemeinsamen Boden dar, auf dem nicht nur der moderne Staat und seine eigentümlichen Strukturen – vom bürokratisch organisierten Heer unter der Führung von »Offizieren« bis zu den politischen Parteien –, sondern auch der kapitalistische Betrieb aufruht, der an Kapitalrechnung orientiert und auf rationaler Organisation der (formal) freien Arbeit gegründet ist. Die bürokratische Verwaltung hat es dem modernen Staat ermöglicht, die Selbständigkeit der »Stände« zu brechen und sich als ausschließliche Grundlage der legitimen Ordnung und damit als ausschließliche Quelle des Rechts in dem ihm unterstellten Gebiet zu behaupten. Ähnlich hat die bürokratische Verwaltung dem kapitalistischen Betrieb die unerläßliche Grundlage für das Streben nach kontinuierlichem Erwerb geliefert. Sie hat sich als die »formal *rationalste* Form der Herrschaftsausübung« erwiesen[29]; und das aufgrund ihrer technischen Überlegenheit, einer durch die Tatsache garantierten Überlegenheit, daß ihre Herrschaft »kraft *Wissens*«, und genauer, kraft eines »*Fachwissens*«, ausgeübt wird[30]. Aus dieser zentralen Stellung des Verwaltungsstabes und aus dem behaupteten Parallelismus zwischen dem modernen rationalen Staat und dem modernen Kapitalismus erklärt sich, weshalb Weber der Struktur und dem Auswahlmechanismus des (monokratischen oder kollegialen) Organs, das die Spitze der Herrschaft bildet, nachrangige Bedeutung beimißt, weshalb ihn das Problem der Regierungsform, das ein Dauerthema der modernen (und schon der antiken) politischen Philosophie dargestellt hatte, nicht übermäßig interessiert. Der Herrschaftsträger kann ein erblicher Souverän oder ein gewählter Präsident, ein plebiszitär bestimmter »Führer« oder auch ein kollegialer Organismus sein; seine Herrschaft kann auf verschiedene Art von der einer repräsentativen Versammlung beschränkt oder ausgeglichen werden, die auf begrenzter Grundlage gebildet oder mit allgemeinem Wahlrecht gewählt ist. Auch das Verhältnis zwischen der Spitze der Herrschaft und dem Verwaltungsstab kann recht verschieden sein, je nachdem, ob dieser die Anweisungen des Souveräns unkontrolliert ausführt oder ob er der Kontrolle des Parlaments unterstellt ist, zwei Lösungen, die Weber – mit Bezug auf die deutsche Situation und das Bismarcksche Erbe – in »Parlament und Regierung im neugeordneten Deutschland« (1918) verglichen hat. Alle diese Umstände sind zweifellos wichtig und werden in den politischen Schriften Webers ausführlich diskutiert; sie haben jedoch für die Definition und die typologische Einordnung des modernen Staates geringe Bedeutung. Selbst die möglichen Varianten der rational-legalen Herrschaft und ihre Beziehung zu den verschiedenen Entwicklungsrichtungen und -phasen des modernen Staates treten in Webers Theorie der Politik in den Hintergrund, verglichen mit der Anerkennung der bürokratischen Struktur des Verwaltungsstabes und der Untersuchung seiner Wachstumsmechanismen. Schon die Darstellung der bürokratischen Herrschaft im alten Teil von »Wirtschaft und Gesellschaft« geht vor allem auf strukturelle Dimensionen ein, die den verschiedenen politischen, aber auch wirtschaftlichen Gebilden der modernen Zeit gemeinsam sind und die sie von anderen, geschichtlich älteren Verwaltungstypen unterscheiden. Die von Weber hervorgehobenen Erscheinungen sind die Konzentration der Betriebsmittel in den Händen des Staates (wie auch des kapitalistischen Betriebs) und die Nivellierung der ökonomischen und sozialen Unterschiede. In der Folge, in der endgültigen Fassung, neigt er dazu, die legale Herrschaft in ihren »reinsten Typus« aufzulösen, d. h. in den der bürokratisch-monokratischen Verwaltung, und ihre anderen Formen in den Hintergrund zu verweisen.

Der moderne Staat erscheint so einerseits durch bürokratische Verwaltung, andererseits durch »Legalität«, d. h. durch rationale Rechtssatzung, definiert, gleichgültig ob auf der Grundlage von Paktierung oder von Oktroyierung. Sein Entwicklungsprozeß ist mit einem über die politische Sphäre hinausgehenden Bürokratisierungsprozeß verbunden und verweist auf die Ausbildung einer *neuen*, d. h. unpersönlichen Herrschaftsform. Diese beiden Hauptrichtungen der Weberschen Analyse haben jedoch eine gemeinsame Wurzel: Für die Herrschaftsorganisation wie für die Legitimitätsgrundlagen stellen sie den modernen Staat in den Rahmen des dem modernen Okzident eigenen Rationalisierungsprozesses. Zwischen dem modernen Staat und dem modernen Kapitalismus besteht eine strukturelle Homogenität; in der Tat ist auch der Staat ein Betrieb, der ähnlich wie ein kapitalistischer Betrieb verwaltet wird. Die Entwicklung des modernen Staates und des formal-rationalen Rechts schafft »Berechenbarkeit«, die für eine Wirtschaft unerläßlich ist, welche auf der Grundlage von Markterwartungen kontinuierlich nach Gewinn strebt, während die merkantilistische Politik der großen europäischen Monarchien vom 17. Jahrhundert an die Expansion des Kapitalismus innerhalb des Staates begünstigt und seine Handelsmöglichkeiten nach außen verstärkt hat. Andererseits hat die Entwicklung des modernen Kapitalismus die Behauptung einer legalen Herrschaft und die allmähliche Ausmerzung der noch bestehenden Formen von Patrimonialismus begünstigt. Der moderne Staat und der moderne Kapitalismus sind – wie die bürokratische Verwaltung, die ihre gemeinsame Voraussetzung ist – zwei Äußerungen des Auftauchens von rational, *d. h. vor allem formal-rational* orientierten Organisationsformen, die für die moderne Welt kennzeichnend sind. Der Kapitalismus im Sinne des rationalen Kapitalismus ist nicht auf die teilweise durchaus auch kapitalistischen Wirtschaftsformen zurückführbar, die ihm vorausgegangen sind; auch der moderne rationale Staat kann nicht auf die politischen Gebilde der Vergangenheit zurückgeführt werden, handle es sich nun um traditionale oder charismatische Herrschaftsformen oder um irgendeine ihrer Kombinationen. Zwischen ihm und diesen Formen besteht ein qualitativer Unterschied, der demjenigen zwischen der bürokratischen Verwaltung und den anderen Verwaltungsformen entspricht. Sicher, »die bürokratische Struktur ist überall spätes Entwicklungsprodukt«, und »je weiter wir in der Entwicklung zurückgehen, desto typischer wird für die Herrschaftsformen das Fehlen der Bürokratie und des Beamtentums überhaupt«[31]; aber diese Feststellung darf nicht in dem Sinne interpretiert werden, daß die Bürokratie den Schlußpunkt und die anderen Formen der Verwaltung die vorbereitenden Elemente eines einheitlichen Prozesses darstellen. Im Gegenteil, Weber unterstreicht die Neuheit des »rationalen« Charakters dieser Struktur, wo »Regel, Zweck, Mittel, ›sachliche‹ Unpersönlichkeit... ihr Gebaren« beherrschen, und fügt hinzu, daß »ihre Entstehung und Ausbreitung... daher überall in jenem... Sinne ›revolutionär‹ gewirkt [hat], wie dies der Vormarsch des *Rationalismus* überhaupt auf allen Gebieten zu tun pflegt«[32]. Auf diese Weise haben der moderne Staat und die bürokratische Verwaltung – beide Träger einer unpersönlichen Herrschaft – eine revolutionäre Funktion übernommen, die in gewisser Weise diejenige der charismatischen Herrschaft in der Vergangenheit ersetzte. »In vorrationalistischen Epochen teilen Tradition und Charisma nahezu die Gesamtheit der Orientierungsrichtungen des Handelns unter sich auf«, und das Charisma stellt »*die* große revolutionäre Macht« im Vergleich zu den traditionsgebundenen Organisationsformen dar[33]. In der modernen Welt stehen wir dagegen vor einer ganz neuen Situation, denn diese Funktion ist nun auf die *ratio* übergegangen, »die... von außen her wirkt: durch Veränderung der Lebensumstände und Lebensprobleme und dadurch mittelbar der Einstellung zu diesen«[34]. Der moderne Staat und die moderne Bürokratie sind zusammen mit dem modernen Kapitalismus – und, so könnte man hinzufügen, mit der modernen Wissenschaft[35] – die Hauptelemente dieses Umwandlungsprozesses im rationalen Sinne gewesen, der alle Lebenssphären einschließt.

Der Übergang von einer auf den Staatsbegriff gegründeten Definition des Bereichs der Politik zu einer auf den Herrschaftsbegriff gegründeten – auf den sich die Behandlung Webers in »Wirtschaft und Gesellschaft« stützt – hat auf den ersten Blick zumindest drei Vorteile von großer theoretischer Bedeutung: Er ermöglicht es, im modernen Staat ein politisches Gebilde zu erkennen, das in einem besonderen historischen Zusammenhang und unter eigentümlichen Bedingungen entstanden ist und sich entwickelt hat, und es wird so jene Tendenz zur Verabsolutierung des Staates aufgegeben, die ein charakteristisches Element der modernen politischen Philosophie gewesen war. Zum zweiten ermöglicht er es, die Strukturunterschiede hervorzuheben, die ihn von anderen (auf andere Herrschaftsformen zurückführbare) Staatsformen trennen. Drittens ermöglicht er es, auch die politischen Verbände in eine Theorie der Politik aufzunehmen, bei denen jegliche staatliche Organisation fehlt – und die traditionell Gegenstand anderer, von der Soziologie unterschiedener Disziplinen, besonders der anthropologischen Forschung, gewesen sind. Dies gilt auch für die politischen Gebilde, die zwischen- oder innerstaatlichen Charakter besitzen. Der Vergleich des modernen rationalen Staates mit den Patrimonialstaaten und den aus der Umwandlung des Charismas im autoritären oder antiautoritären Sinne entstandenen Staatsformen stellt ein immer wiederkehrendes Thema der Analyse dar, die in »Wirtschaft und Gesellschaft« durchgeführt wird. Dagegen wird den primitiven Herrschaftsformen und der Art, wie in ihnen die politischen Funktionen ausgeübt werden[36], nur geringe Aufmerksamkeit gewidmet; um so mehr Aufmerksamkeit schenkt Weber aber sowohl den Beziehungen zwischen den »Großmächten« und den Erscheinungen des Nationalstaates und des Imperialismus wie der Verteilung der Macht (und der Herrschaft) innerhalb der Gemeinschaft auf Klassen, Stände und Parteien. Wichtig – wenn auch nur in eingeschränktem Maße behandelt[37] – sind vor allem die Analyse der Parteien als Faktoren der Beeinflussung des Handelns der Gemeinschaft, der sie angehören, und die Typologie der Parteien, die Weber übrigens in seinen politischen Schriften, besonders in denen der letzten Jahre, häufiger gebraucht hat.
Wir müssen uns jedoch fragen, ob die Webersche Definition der

Politik aufgrund des Herrschaftsbegriffs nicht zu weitgefaßt ist und Gefahr läuft, die unterscheidenden Züge der *politischen* Herrschaft im Vergleich zu anderen Herrschaftsformen aus den Augen zu verlieren, die strenggenommen nicht als solche bezeichnet werden können. Laut der im ersten Kapitel von »Wirtschaft und Gesellschaft« ausgedrückten Unterscheidung zwischen »Macht« und »Herrschaft« bezeichnet der erste Begriff »jede Chance, innerhalb einer sozialen Beziehung den eigenen Willen auch gegen Widerstreben durchzusetzen, gleichviel, worauf diese Chance beruht«, während der zweite »die Chance« bedeutet, »für einen Befehl bestimmten Inhalts bei angebbaren Personen Gehorsam zu finden«[38]. Der Machtbegriff wird so als Fähigkeit der Beeinflussung definiert, während der Herrschaftsbegriff mit Bezug auf das Verhältnis zwischen Befehl und Gehorsam definiert wird; und nicht zufällig entspricht ihm als notwendiges Gegenstück der Begriff der Disziplin, die verstanden wird als »die Chance, kraft eingeübter Einstellung für einen Befehl prompten, automatischen und schematischen Gehorsam bei einer angebbaren Vielfalt von Menschen zu finden«[39]. Die Macht ist somit etwas Allgemeines und Unbestimmtes; die Herrschaft ist dagegen spezifisch und in ihrem Inhalt bestimmt, und sie drückt sich in der Form von »Befehlen« oder Regeln aus. Während »der Begriff ›Macht‹ ... soziologisch amorph« ist[40], läßt sich der Begriff der Herrschaft weiter kennzeichnen:

a) durch die Anwesenheit einer oder mehrerer Personen, des individuellen oder kollektiven Herrschaftsträgers, der Befehle gibt oder Regeln aufstellt, und durch die entsprechende Bereitschaft zum Gehorsam der anderen Mitglieder der Gruppe;

b) durch die – wenn auch nicht notwendige – Anwesenheit eines Stabes (des Verwaltungsstabes), der diesen Gehorsam garantiert;

c) durch das Bestehen eines Verbands von Menschen, die »Herrschaftsbeziehungen unterworfen sind«, der deshalb »Herrschaftsverband« heißt[41]. Diese drei Merkmale kann man aber auch bei nichtpolitischen Verbänden finden, z. B. bei denen, die danach streben, eine »geistliche Herrschaft« über Menschen auszuüben[42], d. h. in einem hierokratischen Herrschaftsverband. Um den politischen Herrschaftsverband von diesem zu unterscheiden, ist Weber gezwungen, auf eine weitere Bestimmung zurückzugreifen, die – wie wir gesehen haben – in der Beziehung auf ein Gebiet und auf die Anwendung legitimen physischen Zwangs besteht.

Nicht jede Herrschaft hat somit politischen Charakter; dieser ist nur da vorhanden, wo die Herrschaft in einem bestimmten Gebiet (oder im Verhältnis zu ihm) und auf der Grundlage der *physischen* Gewaltsamkeit ausgeübt wird. Während das erste dieser Kriterien als selbstverständlich gilt und nicht besonders analysiert wird, wird das zweite als konstituierendes Kriterium jedes politischen Verhältnisses angenommen. Nicht der Zweck, sondern das Mittel – und genauer, die Anwendung (oder die Androhung) physischen Zwangs – kennzeichnet den Bereich der Politik als solchen. »Es ist nicht möglich, einen politischen Verband – auch nicht: den ›Staat‹ – durch Angaben des *Zweckes* seines Verbandshandelns zu definieren. Von der Nahrungsfürsorge bis zur Kunstprotektion hat es keinen Zweck gegeben, den politische Verbände *nicht* gelegentlich, von der persönlichen Sicherheitsgarantie bis zur Rechtsprechung keinen, den *alle* politischen Verbände verfolgt hätten. Man kann daher den ›politischen‹ Charakter eines Verbandes nur durch das – unter Umständen zum Selbstzweck gesteigerte – *Mittel* definieren, welches nicht ihm allein eigen, aber allerdings spezifisch und für sein Wesen *unentbehrlich* ist: die Gewaltsamkeit«[43].

Weber hat so – an dieser wie an anderen Stellen – den physischen Aspekt des Zwangs als charakteristisches Element der politischen Herrschaft unterstrichen. Aber einerseits erscheint das einseitig, ja sogar unzulässig restriktiv, denn die politische Herrschaft bedient sich normalerweise auch anderer Mittel als der physischen Gewaltsamkeit, und der Rückgriff auf diese ist häufig eher eine *ultima ratio*; andererseits scheint es auch anfechtbar, denn dieses Mittel ist z. B. auch dem Handeln eines hierokratischen Verbandes nicht fremd, zumindest wenn dieser einen Anspruch auf das Monopol des psychischen Zwangs stellt. Weber hat versucht, diese Schwierigkeit zu umgehen, indem er die Herrschaft als einen »Sonderfall von Macht« darstellte und jede beherrschende Stellung im nichtpolitischen Bereich auf diese zurückführte; man kann jedoch nicht sagen, daß ihm das vollkommen gelungen sei. Schon das bloße Zugeständnis der Möglichkeit einer Herrschaft »kraft Interessenkonstellation« und nicht »kraft Autorität« – das zu Beginn des der Herrschaftssoziologie gewidmeten Kapitels von »Wirtschaft und Gesellschaft« erscheint, das zur ursprünglichen Fassung gehört – zeigt klar die Unzulänglichkeit einer Definition der Politik aufgrund einer nicht näher beschriebenen Herrschaft. Daß »die monopolistische Herrschaft auf dem Markt« verschieden ist von der »hausväterliche(n) oder amtliche(n) oder fürstliche(n) Gewalt«, insofern als »die erstere.. sich... auf die Einflüsse auf das lediglich dem eigenen Interesse folgende formal ›freie‹ Handeln der Beherrschten«, während »die letztere (sich) auf eine in Anspruch genommene, von allen Motiven und Interessen absehende schlechthinige Gehorsamspflicht« gründet[44], scheint eine einwandfreie Unterscheidung zu sein, ist es aber in Wirklichkeit nicht. In der Tat kann sich auch die monopolistische Herrschaft auf dem Markt der Zwangsmittel bedienen, und das von ihr beeinflußte Verhalten ist nicht immer »vom eigenen Interesse« geleitet, sondern ist vielmehr von den Bindungen bedingt, die die Monopolstellung selbst den Entscheidungen der wirtschaftlich Handelnden auferlegt; außerdem kann die monopolistische Herrschaft politisch unterstützt und garantiert werden, womit der Gegensatz zwischen den beiden Herrschaftsformen entfällt. Andererseits gilt die Gehorsamspflicht wohl unabhängig vom Bestehen anderer Motive oder Interessen, meistens wird sie jedoch eben von diesen gestützt; ja, Weber erkennt ausdrücklich an, daß »ein bestimmtes Minimum an Gehorchen*wollen*, also: *Interesse* (äußerem oder innerem) am Gehorchen,... zu jedem echten Herrschaftsverhältnis« gehört[45]. Die Abgrenzung der politischen Herrschaft von der ökonomischen erscheint somit viel problematischer, als Weber annimmt. Und in der Tat ist er gezwungen, sich auf einen »engeren Sinn« der Herrschaft zu berufen, welcher »der durch Interessenkonstellationen, insbesondere marktmäßig, bedingten Macht« entgegengesetzt und als »*autoritäre Befehlsgewalt*« verstanden wird[46]. Das Ergebnis ist eine ziemlich künstliche Definition der politischen Herrschaft in der Form eines hypothetischen Imperativs, nach der sie mit dem Tatbestand identifiziert wird, »daß ein bekundeter Wille (›Befehl‹) des oder der ›Herrschenden‹ das Handeln anderer (des oder der ›Beherrschten‹) beeinflussen will und tatsächlich in der Art beeinflußt, daß dies Handeln, in einem sozial relevanten Grade, so abläuft, als ob die Beherrschten den Inhalt des Befehls, um seiner selbst willen, zur Maxime ihres Handelns gemacht hätten (›Gehorsam‹)«[47].

Weber hat versucht, das Problem der Unterscheidung der politischen Herrschaft von den anderen Herrschaftsformen, insbesondere von der wirtschaftlichen, zu lösen, indem er die ihr eigene

Dimension der Legitimität betonte. Im herrschaftssoziologischen Kapitel von »Wirtschaft und Gesellschaft« hat er beobachtet, daß »die *Struktur* einer Herrschaft... nun ihren soziologischen Charakter zunächst durch die allgemeine Eigenart der Beziehung des oder der Herren zu dem Apparat und beider zu den Beherrschten und weiterhin durch die ihr spezifischen Prinzipien der ›Organisation‹, d. h. der Verteilung der Befehlsgewalten« empfängt; aber diesen Elementen hat er gleich die »letzten Prinzipien« hinzugefügt, auf welche »die ›Geltung‹ einer Herrschaft, d. h. der Anspruch auf Gehorsam der ›Beamten‹ gegenüber dem Herrn und der Beherrschten gegenüber beiden, gestützt werden kann«[48]. In der Folge, in der endgültigen Formulierung der Weberschen Theorie der Politik, wird der »Legitimitätsglaube« das maßgebliche Element der politischen Herrschaft; und die Unterscheidung zwischen den verschiedenen Legitimitätsformen wird zur Grundlage der Typologie. Die politische Herrschaft unterscheidet sich von jeder anderen Herrschaftsform insofern, als sie einen »Grund« kennt, der je nach den Typen verschieden ist und aus dem sie ihre Legitimität entnimmt. Das bedeutet nicht, daß jede politische Herrschaft als solche Anerkennung von seiten der Beherrschten findet; Weber weiß sehr wohl, daß die volle Anerkennung der Legitimität der Herrschaft – wie auch der vollständige Gehorsam – nur ein Grenzfall ist. Ja, er beobachtet, daß »die ›Legitimität‹ einer Herrschaft... natürlich auch nur als *Chance*, dafür in einem relevanten Maße gehalten und praktisch behandelt zu werden, angesehen werden« darf[49]. Aber die im Aufsatz »Die drei reinen Typen der legitimen Herrschaft« und dann im dritten Kapitel des ersten Teils von »Wirtschaft und Gesellschaft« dargelegte Typologie der Herrschaftsformen stellt sich im wesentlichen als eine Typologie der legitimen Herrschaft dar.

Weber drängt letzten Endes die nichtlegitime Herrschaft, deren Vorhandensein (und historische Bedeutung) er freilich für die okzidentale Stadt anerkennt, in eine Randstellung seiner Analyse und, was schwerer wiegt, seiner Begriffsbildung. Sowohl in der antiken als auch in der mittelalterlichen Welt entsteht diese Form der Herrschaft in seiner Sicht durch »Verbrüderung« zwischen den Mitgliedern der städtischen Gemeinschaft – eine Verbrüderung, die einen Kultverband hervorbringt oder die von einer »conjuratio« bekräftigt wird. In beiden Fällen ist sie jedoch »das Ergebnis einer politischen Vergesellschaftung der Bürger trotz der und *gegen* die ›legitimen‹ Gewalten, richtiger: das Ergebnis einer ganzen Serie von solchen Vorgängen«[50]. Die Eroberung der Autonomie und der Autokephalie geschieht durch eine Usurpierung von Gewalten auf Kosten der Geschlechter oder des legitimen »Herrn« oder auch – im Falle der Plebejerstadt – der schon legitimierten städtischen Gemeinschaft. Die Herrschaft der okzidentalen Stadt kann daher auf keinen der Typen der legitimen Herrschaft zurückgeführt werden: nicht auf den rational-legalen, denn die von ihr hergestellte Ordnung gründet sich nicht auf Legalitätsmaßstäbe, hat keinen unpersönlichen Charakter, und es fehlt eine bürokratische Verwaltung; nicht auf den traditionalen, denn die Stadt siegt im Kampf gegen die traditionalen Herrschaftsstrukturen; nicht auf die charismatische Herrschaft, denn jede mit einem Charisma versehene Gestalt fehlt gänzlich. Und dennoch stellt die städtische Gemeinschaft zweifellos eine Form der politischen Herrschaft dar. Hatte sich die Definition der Politik mittels des Herrschaftsbegriffs zunächst als zu weitgespannt erwiesen, so daß eine Spezifizierung ihrer Merkmale erforderlich wurde, so schränkt ihre Identifizierung mit der legitimen Herrschaft den Politikbegriff zu weit ein.

IV

Weber bindet die Analyse des modernen Staates an die Analyse der modernen bürokratischen Verwaltung. Aber die bürokratische Verwaltung hat – wie wir gesehen haben – eine Tragweite, die über die politische Sphäre hinausgeht; und das insofern, als ihre Entwicklung auch die Entwicklung des kapitalistischen Betriebs und aller Formen der spezifisch modernen Vergesellschaftung begleitet und fördert. Sie ist eine nicht auf den politischen Bereich beschränkte Organisationsform, die auf jede soziale Beziehung oder zumindest auf jede Gemeinschaft ›rationalen‹ Charakters anwendbar ist. Aufgrund ihrer Überlegenheit, die aus dem Fachwissen ihrer Beamten herrührt, erscheint die bürokratische Verwaltung unentbehrlich für jede politische oder ökonomische (oder anders geartete) Struktur, die im formal-rationalen oder auch material-rationalen Sinne ausgerichtet ist. Sie findet sich in jeder Wirtschaft, die auf die Güterproduktion in großem Maße ausgerichtet ist, »einerlei, ob diese kapitalistisch oder – was, wenn die *gleiche* technische Leistung erzielt werden sollte, nur eine ungeheure *Steigerung* der Bedeutung der Fachbureaukratie bedeuten würde – sozialistisch organisiert ist«[51]. Weder eine auf die formale Rationalität gegründete Verkehrswirtschaft, in der die Bedarfsdeckung »rein durch Interessenlage ermöglicht« und »an Tauschchancen orientiert und nur durch Tausch vergesellschaftet« ist, noch eine Planwirtschaft, in der die Bedarfsdeckung dagegen an »*gesatzten*, paktierten oder oktroyierten, materialen Ordnungen systematisch orientiert« ist[52], können auf eine bürokratische Struktur verzichten. In dieser Hinsicht stehen Kapitalismus und Sozialismus – oder genauer, der moderne Kapitalismus und der moderne Sozialismus, die beide rationalen Charakter tragen – auf der gleichen Ebene. Und in der Tat bedingt »der Bedarf nach stetiger, straffer, intensiver und *kalkulierbarer* Verwaltung, wie ihn der Kapitalismus ... historisch geschaffen hat (er kann ohne sie nicht bestehen) und [den] jeder *rationale* Sozialismus einfach übernehmen müßte und steigern würde, ... diese Schicksalhaftigkeit der Bureaukratie als des Kerns *jeder* Massenverwaltung«[53]: eine Schicksalhaftigkeit, der sich eventuell nur »der (politische, hierokratische, vereinliche, wirtschaftliche) *Klein*betrieb« entziehen könnte[54], aber sicher keine Organisation auf breiter Skala. Die Bürokratie wird somit ein wesentliches Element sowohl eines Staates, der die dem bürgerlichen (absoluten oder liberalen) Staat eigene Forderung nach formaler Rationalität verfolgt, als auch eines Staates, der Zwecke der Gerechtigkeit, d. h. »materiale« Zwecke, verfolgt.

Wenn man sich fragt, welches die Gründe des Beharrens der bürokratischen Verwaltung auch in Herrschaftsformen sind, die verschieden sind von jenen, mit denen sie ursprünglich verbunden war, eines Beharrens, das geradezu zur Unentbehrlichkeit wird, so muß die Antwort in zwei Eigenschaften gesucht werden, die Weber beide betont: einmal ihre technische Überlegenheit, zum anderen ihre Verfügbarkeit. Einerseits ist in der Tat die bürokratische Verwaltung eine Herrschaft »kraft *Wissen*«, eines Wissens, das nicht nur auf die eigentlichen Zwecke einer rationalen Organisation ausgerichtet ist, sondern durch das »*Dienstwissen*« weiter gesteigert wird[55]. In dieser technischen Überlegenheit liegt der Hauptgrund ihrer wachsenden Verbreitung, durch die sie andere Organisationsformen verdrängt. »Ein voll entwickelter bürokratischer Mechanismus verhält sich zu diesen genau wie eine Maschine zu den nicht mechanischen Arten der Gütererzeugung. Präzision, Schnelligkeit, Eindeutigkeit, straffe Unterordnung, Ersparnisse an Reibungen, sachlichen und persönlichen Kosten sind bei streng bürokratischer, speziell: monokratischer Verwaltung durch geschulte Einzelbeamte gegenüber allen kollegialen oder ehren- und nebenamtlichen Formen auf das Optimum gesteigert. Sofern es sich um komplizierte Aufgaben handelt, ist bezahlte bürokratische Arbeit nicht nur präziser, sondern im Ergebnis oft sogar billiger als die formell unentgeltliche ehrenamtliche«[56]. Andererseits eignet sich die bürokratische Verwaltung dazu, in den Dienst jeder Herrschaft gestellt zu werden; und im Falle eines Übergangs der Herrschaft – wie sie bei der Eroberung von seiten eines feindlichen Staates oder in einer Revolution vorkommt – sichert sie die Kontinuität der Leistungen des Verwaltungsstabes.

Diese beiden Merkmale finden eine Erklärung in erster Linie nicht aus dem Rationalisierungsprozeß, sondern aus der Durchsetzung der Massengesellschaft. Die technische Überlegenheit der bürokratischen Verwaltung macht sie zur »formal-technisch rationalsten« für jede politische oder wirtschaftliche oder andersartige Struktur; aber sie erscheint »für die Bedürfnisse der *Massen*verwaltung (personalen oder sachlichen) heute schlechthin unentrinnbar«[57], d. h. für die Bedürfnisse einer Gesellschaft, die von der – gleichgültig, ob aktiven oder passiven – Anwesenheit der Massen auf der politischen Szene und von einem Wirtschaftssystem gekennzeichnet ist, in dem auch Produktion und Verteilung eine Massendimension angenommen haben. Ursprünglich hat die bürokratische Verwaltung den Sieg des modernen Staates über die Partikularismen der »Stände« begünstigt und hat gleichzeitig zur Festigung des kapitalistischen Betriebs beigetragen; in der Folgezeit hat sie sich zusammen mit der Nivellierung der ökonomischen und sozialen Unterschiede ausgedehnt. Zwischen Bürokratie, sozialer Nivellierung und Massendemokratie besteht somit eine enge Wechselbeziehung: Die bürokratische Verwaltung entwickelt sich parallel zu einer Demokratie, die dazu tendiert, die Herrschaft der »Stände« zu beseitigen und die Einflußsphäre der öffentlichen Meinung auszudehnen. Auf diese Weise erlangt die Bürokratie eine wachsende *Selbständigkeit* gegenüber den politischen und wirtschaftlichen Herrschaftsformen, mit denen sie in ihrer ersten Entwicklungsphase verbunden war, d. h.

sowohl gegenüber dem modernen »rationalen« Staat, der auf das Prinzip der formalen Rationalität gegründet ist, wie gegenüber dem modernen Kapitalismus. Dem Abbau dieser Bindungen entspricht der Aufbau einer anderen Beziehung: hinter der Bürokratie – so beobachtet Weber – taucht »der unentrinnbare Schatten der vorschreitenden ›*Massen*demokratie‹« auf[58]. Die Forderung nach rechtlicher Gleichheit, die Beseitigung jeder ehrenamtlichen Verwaltung und die Entwicklung der modernen Parteien machen aus der bürokratischen Verwaltung die den Bedürfnissen einer Massendemokratie adäquateste Verwaltungsform. Die Bürokratie stellt somit die *spezifisch moderne* Alternative zu den traditionalen oder charismatischen Herrschaftsstrukturen dar, die in der Vergangenheit auch die großen politischen Gebilde gekennzeichnet haben, handle es sich nun um Patrimonialstaaten oder um jene Autoritätsformen, die sich auf die »Anerkennung« der außeralltäglichen Eigenschaften eines Charismaträgers gründeten. Für die ersteren gewährleistet sie die Sachlichkeit und die Unpersönlichkeit der Verwaltung, ihre Regelgebundenheit und damit auch die Kalkulierbarkeit ihres Verhaltens; für die zweiten, die eigentlich fluide, ja »labil« sind, sichert sie deren Kontinuität.

Wenn Bürokratisierung und Demokratisierung zusammenfallende Prozesse sind, die sich gegenseitig stärken, so schließt das jedoch nicht einen tendenziellen Konflikt zwischen bürokratischer Verwaltung und Demokratie aus. Schon das Prinzip einer auf dem »Fachwissen« ruhenden Herrschaft scheint im Gegensatz zu dem Bestreben der Massen zu stehen, an der Ausübung der Herrschaft teilzunehmen. Für die Bürokratie ist die Beibehaltung des »Amtsgeheimnisses« wesentlich, also der Schutz des eigenen Wissens und der Verwaltungsverfahren vor jedem Eingreifen von außen. »Die Bürokratie verbirgt ihr Wissen und Tun vor der Kritik, soweit sie irgend kann«[59]. Auf diese Art neigt sie dazu, sich als Stand zu konstituieren, »Trägerin einer spezifisch ›ständischen‹ Entwicklung [zu werden,] wie [es] die ganz anders gearteten Amtsträger der Vergangenheit [waren]«[60]; sie neigt dazu, ihre Selbsterhaltung und die Ausdehnung ihrer Herrschaft über das Ziel einer sachlichen und unpersönlichen Verwaltung im Dienste der Mitglieder des politischen Verbands zu stellen. Andererseits versucht die Demokratie dagegen, eine Bresche in die Bürokratie zu schlagen oder zumindest das Funktionieren des Verwaltungsstabes zu kontrollieren. Der von Weber in »Parlament und Regierung« untersuchte Fall des nach-Bismarckschen Deutschlands bietet ein besonders klares Beispiel des Zusammenstoßes zwischen dem Interesse der Bürokratie, die eigene privilegierte Stellung zu garantieren – indem sie die bestehende Herrschaft gegen Gewährung von persönlichen oder kollektiven Vorteilen unterstützte –, und dem Interesse der Demokratie, eine politische Führung ins Leben zu rufen, die imstande war, ihr Handeln zu kontrollieren. So wird eine in gewissem Maße paradoxe Situation deutlich. Einerseits hat die Entwicklung einer Massengesellschaft und der ihr entsprechenden politischen Gebilde, insbesondere der Massenpartei – zusammen mit dem modernen Staat –, »auf politischem Gebiete... den klassischen Boden der Bürokratisierung« dargestellt[61]; sie hat nämlich die Bedingungen für die allgemeine Verbreitung der bürokratischen Verwaltung gesetzt, der einzigen, die imstande war, die Bedürfnisse einer vorwiegend nach Klassenstruktur und nicht länger nach ständischer Struktur gegliederten Gesellschaft zu befriedigen. Andererseits jedoch muß man berücksichtigen, »daß die ›Demokratie‹ als solche trotz und wegen ihrer unvermeidlichen, aber ungewollten Förderung der Bürokratisierung Gegnerin der ›Herrschaft‹ der Bürokratie ist und als solche unter Umständen sehr fühlbare Durchbrechungen und Hemmungen der bürokratischen Organisation schafft«[62].

Die moderne Bürokratie hat sich von einer revolutionären Macht der *ratio* in eine Macht der Erhaltung von bestehenden Herrschaftsstrukturen gewandelt, gleichgültig, worauf diese sich gründen. Zunächst war sie Verbündete des modernen Staates im Kampf gegen die »Stände« und gegen die traditionalen Herrschaften, dann ist die Bürokratie selbst zu einem Stand geworden, Träger von Sonderinteressen innerhalb einer Gesellschaft, in der die Stände auf neuer Grundlage wieder erstarkten – was Weber nur erahnen konnte. Ihr Beharrungsvermögen setzte sie in die Lage, sich mit den verschiedensten Herrschaftsformen zu verbinden, auch mit denen, die ihr gedanklich am fernsten standen – sogar mit der charismatischen Herrschaft in ihrer herrschaftsfremden Umdeutung. In der plebiszitären Demokratie ist der Herrschaftsträger, der »*frei gewählte Führer*« auf demokratischer Grundlage, »der sich als Vertrauensmann der *Massen* legitimiert fühlt und als solcher anerkannt ist«[63], in der Tat auch seinerseits gezwungen, sich eines bürokratischen Stabs zu bedienen, trotz der Tendenz, ihn durch Wahlbeamte zu ersetzen. Kein politisches Massengebilde kann heute ohne eine bürokratische Verwaltung bestehen; und diese stellt sich jeder Herrschaftsform zur Verfügung.

Die Webersche Theorie der Politik führt so zur Anerkennung des nicht nur unentbehrlichen, sondern unvermeidlichen Charakters der Bürokratie: »Eine einmal voll durchgeführte Bürokratie gehört zu den am schwersten zu zertrümmernden sozialen Gebilden«[64]. Wie Weber auf einigen Seiten von »Parlament und Regierung« unterstrichen hat, ist die bürokratische Organisation zum »Gehäuse« geworden, welches die Existenz des modernen Menschen umschließt, d. h., sie ist sein »unentrinnbares Schicksal« geworden[65]. Nicht das Fortschreiten der Rationalität und auch nicht die Rückkehr von der formalen zur materialen Rationalität, sondern vielmehr die Irreversibilität des Bürokratisierungsprozesses kennzeichnet den Horizont der zeitgenössischen Politik. Bezogen auf diesen Prozeß tritt auch der Unterschied zwischen den verschiedenen Herrschaftstypen in den Hintergrund, der der Leitfaden der Analyse der geschichtlich aufeinanderfolgenden politischen Gebilde gewesen war; denn die »leblose Maschine« herrscht über die »Legitimitätsgründe« und den Glauben an sie.

Anmerkungen

1 Der Brief ist von *Wolfgang Schluchter*, Die Entwicklung des okzidentalen Rationalismus, Tübingen 1979, S. 123, zitiert.

2 Über einige Kategorien der verstehenden Soziologie, in: WL, S. 427-74.

3 Siehe *Wolfgang Mommsen*, Neue Max-Weber-Literatur, in: Historische Zeitschrift, 211 (1970), S. 616-30, und Soziologische Geschichte und historische Soziologie, im Band Max Weber. Gesellschaft, Politik und Geschichte, Frankfurt a. M. 1974, S. 275-76, Anm. 58, und weiter *Schluchter*, S. 122, Anm. 1.

4 WuG, II, S. 514.

5 WuG, II, S. 541-42.

6 WL, S. 475-88.

7 Von *Treitschke* siehe vor allem die Politik. Vorlesungen gehalten an der Universität zu Berlin (hrsg. von *Max Cornicelius*), Leipzig 1897, insbesondere die Einleitung und Buch 1, das vom Wesen des Staates handelt. Wir möchten an die Definition der Politik und ihrer Aufgabe

erinnern, die sich im Band 1, S. 2 findet: »Die Aufgabe der Politik ist eine dreifache: Sie soll zunächst aus der Betrachtung der wirklichen Staatenwelt die Grundbegriffe des Staates zu erkennen suchen, sie soll dann historisch betrachten, was die Völker im politischen Leben gewollt, geschaffen und erreicht und warum sie es erreicht haben; hierdurch wird ihr drittens auch gelingen einige historische Gesetze zu finden und moralische Imperative aufzustellen«. So verstanden ist die Politik für Treitschke »angewandte Geschichte«.

8 Der Nationalstaat und die Volkswirtschaftspolitik, in: GPS, S. 1-25. Über diesen Aufsatz und über die Entwicklung des politischen Denkens Webers im allgemeinen ist das Buch von *Wolfgang Mommsen*, Max Weber und die deutsche Politik 1890-1920, 2. Aufl. Tübingen 1974, immer noch grundlegend. Vgl. außerdem *Jacob P. Mayer*, Max Weber and German Politics, 2. Aufl. London 1956; *Karl Loewenstein*, Max Webers staatspolitische Auffassungen in der Sicht unserer Zeit, Frankfurt a. M.–Bonn 1965; *Wolfgang Schluchter*, Wertfreiheit und Verantwortungsethik. Zum Verhältnis von Wissenschaft und Politik bei Max Weber, Tübingen 1971.

9 WuG, 1, S. 29.

10 Ebd.

11 Ebd.

12 WuG, 1, S. 124.

13 Ebd.

14 Ebd.

15 WuG, 1, S. 141.

16 WuG, 1, S. 154.

17 WL, S. 475.

18 WuG, 1, S. 122.

19 WuG, 1, S. 125.

20 WuG, 1, S. 130.

21 WuG, 1, S. 140-41.

22 Eine ausführliche Analyse der Weberschen Theorie der Herrschaftsformen und der gegenseitigen Verhältnisse zwischen diesen Typen bietet *Schluchter*, Die Entwicklung des okzidentalen Rationalismus, Kap. 5. Vgl. dazu auch *Norberto Bobbio*, La teoria dello stato e del potere, in *Pietro Rossi* (Hrsg.), Max Weber e l'analisi del mondo moderno, Torino 1981, S. 215-46.

23 WuG, 1, S. 30.

24 Ebd.

25 Wirtschaftsgeschichte, Berlin 1924, S. 289.

26 WuG, 1, S. 126.

27 WuG, 1, S. 126-27.

28 WuG, 1, S. 128.

29 Ebd.

30 WuG, I, S. 129.

31 WuG, II, S. 578.

32 WuG, II, S. 578-79.

33 WuG, I, S. 141.

34 Ebd.

35 Siehe zunächst die Vorbemerkung zu den Gesammelten Aufsätzen zur Religionssoziologie, I, S. 1-2, und darüber hinaus den Aufsatz »Wissenschaft als Beruf«, in: WL, S. 582-613.

36 Siehe WuG, zweiter Teil, Kap. 8, § 2, im Band II, S. 516-19.

37 Siehe WuG, erster Teil, Kap. 3, § 18, im Band I, S. 282-85.

38 WuG, I, S. 28.

39 Ebd.

40 Ebd.

41 WuG, I, S. 29.

42 WuG, I, S. 30.

43 Ebd.

44 WuG, II, S. 542.

45 WuG, I, S. 122.

46 WuG, II, S. 544.

47 Ebd.

48 WuG, II, S. 549.

49 WuG, I, S. 123.

50 WuG, II, S. 749.

51 WuG, I, S. 128.

52 WuG, I, S. 59.

53 WuG, I, S. 129

54 Ebd.

55 Ebd.

56 WuG, II, S. 561-62.

57 WuG, I, S. 128.

58 WuG, I, S. 130.

59 WuG, II, S. 572.

60 WuG, II, S. 577.

61 WuG, II, S. 559.

62 WuG, II, S. 572.

63 WuG, I, S. 156. Vgl. dazu *Wolfgang Mommsen*, Zum Begriff der »plebiszitären Führerdemokratie«, in: »Kölner Zeitschrift für Soziologie und Sozialpsychologie«, 15 (1963), S. 295-322, später in den Band Max Weber. Gesellschaft, Politik und Geschichte, S. 44-71 aufgenommen.

64 WuG, II, S. 569.

65 GPS, S. 332-33.

Die Rationalisierung des Rechts und ihre Beziehung zur Wirtschaft

I

Zu Beginn des 4. Kapitels der »Wirtschaftsgeschichte«, das der »Entstehung des modernen Kapitalismus« gewidmet ist, nennt Weber als eine der Voraussetzungen der der modernen Welt eigentümlichen kapitalistischen Wirtschaft das *rationale*, d. h. berechenbare *Recht*« und beobachtet, daß »der moderne kapitalistische Wirtschaftsbetrieb... sich, wenn er rational wirtschaften soll, darauf verlassen können (muß), daß berechenbar judiziert und verwaltet wird«, was »weder in der Zeit der hellenischen Polis, noch in den Patrimonialstaaten Asiens, noch in den abendländischen bis zu den Stuarts... gewährleistet« war[1]. Diese Voraussetzung – die in der »völligen Berechenbarkeit des Funktionierens der Verwaltungs- und Rechtsordnung und verläßlichen *rein formalen* Garantie aller Vereinbarungen durch die politische Gewalt« eine präzise Entsprechung findet, einer Berechenbarkeit, die in »Wirtschaft und Gesellschaft« unter den Bedingungen der formalen Rationalität der Kapitalrechnung[2] aufgezählt wird – zeigt die Verbindung, die Weber zwischen modernem Kapitalismus, modernem Staat und formal-rationalem Recht herstellt; wobei dieses Recht als ein Element und gleichzeitig als ein Erzeugnis der dem modernen Okzident eigenen politischen Entwicklung betrachtet wird. In einer Gegenüberstellung des modernen rationalen Staats und der politischen Organisation Chinas behauptet Weber in der »Wirtschaftsgeschichte«, daß nur im rationalen Staat »der moderne Kapitalismus gedeihen kann«; er sieht die Gründe dafür in einem Fachbeamtentum wie in einem rationalen Recht, genauer, in einem formal orientierten rationalen Recht[3]. Eben dieses Recht, das sich dank der Rezeption des in der byzantinischen Zeit systematisierten römischen Rechts entwickelt hatte, besitzt als entscheidendes Kennzeichen, »berechenbar«, d. h. in seiner Anwendung voraussehbar, zu sein und so den Bedürfnissen des modernen Kapitalismus zu entsprechen. »Was er braucht, ist ein Recht, das sich ähnlich berechnen läßt wie eine

Maschine« und in dem »rituell-religiöse und magische Gesichtspunkte... keine Rolle spielen« dürfen[4]. Die Schaffung des formalen Rechts von seiten des modernen Staats durch einen besonderen Juristenstand ist somit für die moderne kapitalistische Wirtschaft zumindest eine begünstigende Bedingung.

In den Augen Webers ist jedoch die Beziehung zwischen modernem Kapitalismus und formal-rationalem Recht weit davon entfernt, eine notwendige Beziehung zu sein. In der »Wirtschaftsgeschichte« klärt er nämlich sogleich, daß »das Bündnis zwischen Staat und formaler Jurisprudenz indirekt dem Kapitalismus zugute kam«[5]; *indirekt* also, und nicht direkt und automatisch. Die Analyse dieser Beziehung bildet den Leitfaden des Kapitels über die »Rechtssoziologie« in »Wirtschaft und Gesellschaft«, dessen Niederschrift bekanntlich auf die Jahre zwischen 1911 und 1913 zurückgeht[6]. Die Entwicklung des Marktes erfordert nicht nur einen gewissen Grad von Vertragsfreiheit, sondern auch die vom Staat gebotene rechtliche Garantie der durch bestimmte Verfahren vorgenommenen Geschäfte: »Jene durch formale Justiz gewährte maximale Freiheit der Interessenten in der Vertretung ihrer formal legalen Interessen muß schon infolge der Ungleichheit der ökonomischen Machtverteilung, welche durch sie legalisiert wird, immer wieder den Erfolg haben, daß materiale Postulate der religiösen Ethik oder auch der politischen Räson verletzt erscheinen«[7]. Das gilt auch und besonders stark für das formal-rationale Recht, das der moderne Staat geschaffen hat, und für sein Verhältnis zur kapitalistischen Wirtschaft. »Für die Gütermarktsinteressenten bedeutete die Rationalisierung und Systematisierung des Rechts... zunehmende Berechenbarkeit des Funktionierens der Rechtspflege – eine der wichtigsten Vorbedingungen für ökonomische Dauerbetriebe, speziell solche kapitalistischer Art, welche ja der juristischen ›Verkehrssicherheit‹ bedürfen« und die deshalb das »Bedürfnis nach rein *formaler* Eindeutigkeit der Rechtsgarantie« haben[8]. Daraus leitet Weber jedoch weder ab, daß das formal-rationale Recht eine »Folge« der modernen kapitalistischen Entwicklung sei, noch, daß es eine unerläßliche Bedingung für diese darstelle. Im Gegenteil, er bemerkt, daß in der modernen Rechtsentwicklung »ökonomische Bedingungen... sehr stark mitgespielt, aber niemals allein ausschlaggebend« waren[9]; in diesem Sinne unterstreicht er auch die Vereinbarkeit der kapitalistischen Wirtschaft mit untereinander verschiedenen Formen des Rechts und der juristischen Ausarbeitung.

Weber löst sich somit konkret – und nicht nur in seinen methodologischen Formulierungen – von einer Geschichtsinterpretation, die sich auf das Verhältnis Basis-Überbau gründet, und findet die Grundbedingungen der modernen Rechtsentwicklung nicht in der wirtschaftlichen Sphäre, sondern außerhalb derselben. In dieser Ansicht wird er bestärkt von der allgemeinen Betrachtung, daß »die rationalen rechtstechnischen Verkehrsschemata, welchen das Recht seine Garantie gewähren soll, ... vielmehr erst einmal ›erfunden‹ werden (müssen), um in den Dienst aktueller ökonomischer Interessen treten zu können«, und daß »ökonomische Situationen ... neue Rechtsformen nicht einfach automatisch aus sich (gebären), sondern ... nur eine Chance dafür (enthalten), daß eine rechtstechnische Erfindung, wenn sie gemacht wird, auch Verbreitung finde«[10]. Auf die Beziehung zwischen modernem Kapitalismus und rational-formalem Recht angewandt, bedeutet dies, daß die eigentümlichen Rechtsinstitute des rational-formalen Rechts sich zwar parallel, aber dafür weitgehend unabhängig vom Entstehen der kapitalistischen Wirtschaft gebildet haben und daß sie erst in der Folgezeit von dieser benutzt wurden, weil sie ihren Interessen entsprachen. Die Bedingungen der modernen Rechtsentwicklung sind einerseits innere Bedingungen der Rechtssphäre, andererseits politische Bedingungen. »Wir werden sehen, daß ein Recht in verschiedener Art, und keineswegs notwendig in der Richtung der Entfaltung seiner ›juristischen‹ Qualitäten, rationalisiert werden kann. Die Richtung, in welcher diese formalen Qualitäten sich entwickeln, ist aber bedingt direkt durch sozusagen ›innerjuristische‹ Verhältnisse: die Eigenart der Personenkreise, welche auf die Art der Rechtsgestaltung *berufsmäßig* Einfluß zu nehmen in der Lage sind«[11].

Die erste Serie der Bedingungen für die Entstehung des formal-rationalen Rechts kann daher in den Eigenschaften des Juristenstandes gefunden werden, der sich im Laufe des Mittelalters entwickelt hat, sowie im Typus seiner juristischen Bildung. Die zweite Serie von Bedingungen kann im politischen Bereich ausgemacht werden, genauer in den Machtinteressen des absoluten Staates und seiner Bürokratie. Eben die Forderung, die »Vorherrschaft *ständischer* Privilegien und des ständischen Charakters der

Rechtspflege und der Verwaltung überhaupt« zu beseitigen, be-
wegte den okzidentalen Fürsten dazu, zu Beginn der Neuzeit die
»steigende Herrschaft formaler Rechtsgleichheit und objektiver
formaler Normen« zu fördern und so das »Reglement« anstelle
des »Privilegs« zu setzen[12]. So kommt Weber zu der Schlußfolgerung, daß »ein Bündnis von fürstlichen und von Interessen bürgerlicher Schichten .. daher zu den wichtigsten treibenden Kräften formaler Rechtsrationalisierung« gehörte[13]; dieses Bündnis
gab dem Kodifizierungsprozeß starke Impulse. Die Beziehung
zwischen dem modernen Kapitalismus und dem formal-rationalen Recht wird somit durch die Entwicklung des modernen Staats
und durch den besonderen Bürokratisierungsprozeß vermittelt,
deren Träger er ist.
Dem entspricht jedoch auch die Autonomie der kapitalistischen
Wirtschaft gegenüber dem formal-rationalen Recht, wenn sie
auch beide im formal orientierten Rationalisierungsprozeß ihre
Wurzeln hatten, der die moderne Welt kennzeichnet. Zwar hat
die Ausarbeitung abstrakter Rechtsnormen, ein Ergebnis zunächst der Rezeption des römischen Rechts und der Arbeit eines
Juristenstandes mit Universitätsbildung und dann der Kodifizie-
rung, die der absolute Staat vorangetrieben hat, die für die kapitalistische Wirtschaft notwendige Marktfreiheit gesichert; es
stimmt aber auch, daß die kapitalistische Wirtschaft sich ursprünglich in einem Land durchgesetzt hat – in England –, dem
diese Entwicklung fremd geblieben war. Der wesentliche Unterschied zwischen kontinentalem und englischem Recht – mit der
entsprechenden Verschiedenheit zwischen einem Juristenstand
mit Universitätsbildung und einem Stand »praktischer« Juristen,
von Rechtsanwälten und Richtern, auf den sich das *common law*
gründet – hindert uns daran, im formal-rationalen Recht die unerläßliche Bedingung für die Entstehung des modernen Kapitalismus zu sehen. Im Gegenteil, dieser Unterschied läßt eine prinzi-
pielle Vereinbarkeit des modernen Kapitalismus mit zwei Richtungen der Rechtsentwicklung zu, von denen nur eine mit der
Ausarbeitung des formal-rationalen Rechts zusammenfällt. Das
ist die Folgerung, zu der Weber am Ende des Kapitels über die
»Rechtssoziologie« in »Wirtschaft und Gesellschaft« kommt:
»Als Resultat dieser Verschiedenheit der geschichtlichen Konstel-
lationen aber ... steht die Tatsache vor uns, daß der moderne
Kapitalismus gleichmäßig gedeiht und auch ökonomisch wesens-

gleiche Züge aufweist nicht nur unter Rechtsordnungen, welche, juristisch angesehen, untereinander höchst ungleichartige Normen und Rechtsinstitute besitzen... sondern welche auch in ihren letzten formalen Strukturprinzipien soweit als möglich auseinandergehen«[14]. Das bedeutet, anders ausgedrückt, daß »die im Wesen gleichartige kapitalistische Entwicklung diese außerordentlich starken Gegensätze der Eigenart des Rechts nicht auszugleichen« vermochte, nämlich die Gegensätze des kontinentalen und des englischen Rechts, und daß die Entwicklung des Kapitalismus auch nicht imstande war, eine Angleichung des letzteren an das erstere zu betreiben, oder daß dazu kein Bedürfnis bestand[15].

In der modernen okzidentalen Welt stellen sich somit kapitalistische Wirtschaft und formal-rationales Recht als untereinander zwar verbundene Erscheinungen (und als Entwicklungsprozesse) dar, die jedoch relativ unabhängig voneinander sind. Einerseits »liegt also im Kapitalismus als solchem kein entscheidendes Motiv der Begünstigung derjenigen Form der Rationalisierung des Rechts, welche seit der romanistischen Universitätsbildung des Mittelalters dem kontinentalen Okzident spezifisch geblieben ist«[16]; diese kann nur auf der Grundlage von Bedingungen erklärt werden, die nicht zur wirtschaftlichen Sphäre gehören. Andererseits ist das formal-rationale Recht, wenn es auch dem modernen Kapitalismus und seinen Instituten eine rechtliche Garantie geboten hat, nicht die einzige Rechtsform, die mit dem Kapitalismus zusammen bestehen kann. Beide sind spezifische Produkte des Okzidents und der Rationalisierungsform, die er verwirklicht hat; ihre Beziehung ist jedoch sehr viel komplexer als die von der materialistischen Geschichtsauffassung behauptete, welche im Recht eine bloße »Widerspiegelung« von wirtschaftlichen Bedingungen sieht oder, wie in Stammlers Versuch einer »Überwindung« des historischen Materialismus, in der Wirtschaft eine bloße »Widerspiegelung« des Rechts[17].

II

Auch die Analyse des Rechts – analog zu Untersuchungen Webers in anderen Studienbereichen – hat daher ihren Ausgangspunkt im Problem der Eigenart des modernen Kapitalismus und der anderen von der okzidentalen Kultur erzeugten Strukturen: ein Problem, das im Aufsatz »Die protestantische Ethik und der ›Geist‹ des Kapitalismus« noch auf ein besonderes Element der modernen Welt begrenzt war und das sich in der Folgezeit auf die moderne Welt insgesamt erweitert hat. Das formal-rationale Recht ist für Weber eine ausschließlich dem Okzident vorbehaltene Erscheinung, die in anderen Gesellschaften und anderen Geschichtsepochen nichts Entsprechendes hat, ebenso wie der moderne Staat mit seiner bürokratischen Organisation, die an abstrakte Normen gebunden sind. Dieser Gesichtspunkt wird auf einer sehr bedeutungsvollen Seite von »Wirtschaft und Gesellschaft« formuliert, die wir ganz wiedergeben wollen. »Nur der Okzident kannte die voll entwickelte dinggenossenschaftliche Justiz und die ständische Stereotypierung des Patrimonialismus, nur er auch das Aufwachsen der rationalen Wirtschaft, deren Träger sich zunächst zum Sturz der ständischen Gewalten mit der Fürstenmacht verbündeten, dann aber revolutionär gegen sie kehrten; nur der Okzident kannte daher auch das ›Naturrecht‹; nur er kennt die völlige Beseitigung der Personalität des Rechts und des Satzes ›Willkür bricht Landrecht‹; nur er hat ein Gebilde von der Eigenart des römischen Rechts entstehen sehen und einen Vorgang wie dessen Rezeption erlebt... Daher ist auch die Stufe des juristischen Fach*bildungs*rechts... in vollem Umfang nur im Okzident erreicht worden«[18]. Der gleiche Gesichtspunkt ist von Weber nicht nur in den Vorlesungen über die »Wirtschaftsgeschichte«, sondern auch in der »Vorbemerkung« zu den »Gesammelten Aufsätzen zur Religionssoziologie« wieder aufgenommen worden, die sein letzter, kurz vor seinem Tode geschriebener Text ist.

Ein adäquates Verständnis des formal-rationalen Rechts und seiner geschichtlichen Besonderheit kann jedoch nur erreicht werden, wenn es in einem vergleichenden Rahmen betrachtet wird, d. h., wenn es mit Bezug auf den Rationalisierungsprozeß gesehen wird, der sich in allen Sphären des Lebens und nicht nur in der Rechtssphäre zeigt. Der Okzident ist zwar der ausschließliche Boden für das formal-rationale Recht, der Rationalisierungsprozeß hat jedoch auch anderswo verschiedene Formen und Richtungen gefunden. Ja, er beginnt mit der Loslösung von der magischen Weltanschauung und den Bindungen der Sippe; daraus entstehen dann die Erlösungsreligionen. Mit ihrer Ablehnung der

Magie wollen diese Religionen in systematischer Form eine Weltanschauung mit Heilsversprechen ausarbeiten, die sich vor allem
an die bürgerlichen und kleinbürgerlichen Schichten richten;
d.h., sie wollen ein »heiliges Wissen« einsetzen. Ähnlich stellt
sich auch der Rationalisierungsprozeß des Rechts als eine Verallgemeinerung und Systematisierung der Rechtsnormen dar: als
Verallgemeinerung im Sinne einer »Reduktion der für die Entscheidung des Einzelfalls maßgebenden Gründe auf ein oder
mehrere ›Prinzipien‹... normalerweise bedingt durch eine vor-
hergehende oder gleichzeitige Analyse des Tatbestandes auf diejenigen letzten Bestandteile hin, welche für die rechtliche Beurtei-
lung in Betracht kommen«, als Systematisierung im Sinne einer
»Inbeziehungsetzung aller durch Analyse gewonnenen Rechts-
sätze derart, daß sie untereinander ein logisch klares, in sich logisch widerspruchsloses und, vor allem,... lückenloses System
von Regeln bilden«[19]. Innerhalb dieses Prozesses kann sich jedoch die Rechtsentwicklung material oder formal orientieren;
auch für das Recht nimmt die Unterscheidung zwischen diesen
beiden Formen der Rationalität entscheidende Bedeutung an.
Weber bestimmt die Kennzeichen des Rechts – sowohl im Hinblick auf die Rechtsschöpfung als auch im Hinblick auf die
Rechtsfindung – auf der Grundlage von zwei Gegensatzpaaren:
dem zwischen Rationalität und Irrationalität und dem zwischen
»formal« und »material«. In »Wirtschaft und Gesellschaft«
schreibt er, daß »Rechtsschöpfung und Rechtsfindung... entweder rational oder irrational sein« können[20], sie können es jedoch
in zweifacher Hinsicht sein, nämlich »in formeller oder materiel-
ler Hinsicht«[21]. »Irrational sind sie formell dann, wenn für die
Ordnung von Rechtsschöpfung und Rechtsfindungsproblemen
andere als verstandesmäßig zu kontrollierende Mittel angewendet
werden, z. B. die Einholung von Orakeln oder deren Surrogaten.
Materiell sind sie irrational insoweit, als ganz konkrete Wertun-
gen des Einzelfalls, seien sie ethische oder gefühlsmäßige oder
politische, für die Entscheidung maßgebend sind«[22]. Auf der anderen Seite, auf der Seite der Rationalität, ist ein Recht »›formal‹... insoweit, als ausschließlich eindeutige generelle Tat-
bestandsmerkmale materiell-rechtlich und prozessual beachtet
werden«, sei es, daß diese »sinnlich anschaulichen Charakter besitzen«, also im Aussprechen bestimmter Formeln oder in der
Durchführung gewisser Handlungen bestehen, sei es, daß die

rechtlich relevanten Merkmale »durch logische Sinndeutung er-
schlossen« werden »und danach feste Rechtsbegriffe in Gestalt
streng abstrakter Regeln gebildet und angewendet werden«; die
materiale Rationalität bringt dagegen mit sich, daß »Normen anderer qualitativer Dignität als logische Generalisierungen von abstrakten Sinndeutungen auf die Entscheidung von Rechtsproble-
men Einfluß haben sollen: ethische Imperative oder utilitarische
oder andere Zweckmäßigkeitsregeln oder politische Maximen,
welche sowohl den Formalismus des äußeren Merkmals wie den-
jenigen der logischen Abstraktion durchbrechen«[23]. Die formale
Rationalität des Rechts fällt daher zusammen mit dem Rückgriff
auf abstrakte Regeln, aus denen man durch ein Verfahren logischer Interpretation die Entscheidung im Einzelfall ableiten
kann; die materiale Rationalität bringt dagegen das Zurückgreifen
auf Normen außerrechtlicher Art mit sich. Folglich besitzt das
formal-rationale Recht immer einen hohen Grad von »Berechenbarkeit«, während das material-rationale Recht in seiner Anwendung weniger vorhersehbar ist, insofern als in die Interpretation
heterogene Prinzipien eingreifen, welche die Entscheidung bedingen.
Die Unterscheidung zwischen formal-rationalem und material-
rationalem Recht (und die entsprechende Unterscheidung zwischen zwei Typen von irrationalem Recht) resultiert aus der Anwendung von zwei verschiedenen Rationalitätsformen auf die
Rechtssphäre, die Weber zu Beginn von »Wirtschaft und Gesellschaft« entsprechend der Unterscheidung zwischen zweckrationalem und wertrationalem Handeln bestimmt. In dieser Hinsicht
hat diese Unterscheidung die besonderen Kennzeichen sowohl
der Rechtsschöpfung als auch der Rechtsfindung zum Gegenstand, insofern als diese letztlich auf eine verschiedene Orientierung des Handelns zurückgeführt werden können. Es erscheint
daher legitim, die beiden Gegensatzpaare zu benutzen – wie es
Wolfgang Schluchter getan hat[24] –, um das material-irrationale
Recht mit dem »traditionellen« Recht, das formal-irrationale mit
dem »offenbarten« Recht, das material-rationale mit dem auf der
Grundlage von außerrechtlichen Entscheidungsprinzipien »abge-
leiteten« Recht und schließlich das formal-rationale mit dem »gesatzten« Recht zu identifizieren. Diese vier Rechtsformen bilden
eine logische Folge, die im Bereich des irrationalen Rechts die
Priorität des formalen über das materiale und im Bereich des

rationalen Rechts die umgekehrte Priorität des material orientierten Rechts über das formal orientierte mit sich bringt. So entsteht
eine Typologie der Rechtsformen, die auf der Basis eines steigen-
den Rationalitätsgrades angelegt ist und die somit das formal-
rationale Recht an ihrer Spitze hat; und dies dank eines Verfahrens, das – schon vom Aufsatz »Über einige Kategorien der
verstehenden Soziologie«[25] an – durch den höheren Grad der
Verständlichkeit des zweckrationalen Verhaltens im Vergleich
zu anderen Typen des sozialen Handelns gerechtfertigt wird.

III

Weber hat sich jedoch nicht darauf beschränkt, eine Typologie der
Formen des Rechts zu geben, die es ermöglicht, die Eigentümlichkeit des vom Okzident hervorgebrachten formal-rationalen
Rechts anzuerkennen und es in einer vergleichenden Perspektive
zu betrachten. Eben auf der Grundlage der vier oben genannten
»Idealtypen« hat er die Rechtsentwicklung als eine fortschreitende Rationalisierung gekennzeichnet, wobei er manchmal –
wenn auch nicht immer deutlich – Momente dieser Entwicklung
aus ihnen gemacht hat. Das primitive Recht ist in seinen Beweis-
mitteln wie auch im Inhalt des Urteils irrational; seine Beweismit-
tel bestehen im magischen Schwur, in der Bürgschaft oder im
Gottesurteil, während das Urteil auf der Grundlage von Orakeln
und jedenfalls ohne jeglichen Bezug auf generelle Normen gefällt
wird. Es ist einerseits durch die Bindung an magische Vorstellungen, andererseits durch die Struktur der Sippe und ihre besondere
Form von Autorität, nämlich die patriarchale Autorität des Oberhauptes oder der Ältesten, gekennzeichnet. Die ursprüngliche
Form des Verbrechens besteht darin, daß »eine magische, z. B.
eine Tabunorm verletzt wurde«[26]; allgemeiner gesagt, das gericht-
liche Verfahren ist »seinem Ursprung nach... durch magische
Vorstellungen bedingt«[27]. Auf diese Weise bringt der Rationalisierungsprozeß des Rechts anfänglich eine Loslösung von der
Magie mit sich. Er bringt jedoch auch die Auflösung der Sippe
mit sich, mit ihrem System einer häuslichen Herrschaft innerhalb
der Sippe, dem eine Beilegung der Streitigkeiten zwischen den
Sippen mittels Schiedsspruchs entspricht. »Der urwüchsige Zustand, sahen wir schon oben, war der: daß ein ›Rechtsgang‹, ent-

sprechend unserm ›Prozeß‹, überhaupt nur in Gestalt eines Süh-
neverfahrens zwischen *verschiedenen* Verbänden (Sippen) und ihren Zugehörigen stattfand. Innerhalb der Verbände, zwischen
den Verbandsgenossen, herrschte patriarchale Streitschlichtung.
Der Dualismus des Rechts der Verbände... und der für die in-
terne Streitschlichtung zwischen Verbandsgenossen geltenden
Normen steht also am Anfang aller Rechtsgeschichte«[28]. Der Prozeß der Rationalisierung des Rechts geht von der Einschränkung
der Macht des Familienoberhauptes aus, d. h. von einem Eingriff
von außen (von religiösen Normen oder der politischen Gewalt)
in die Beziehungen zwischen den Mitgliedern der Sippe; gleichzeitig entsteht er durch die Ablösung des Schiedsspruchs durch
ein anderes System der Beilegung von Streitigkeiten, das von
einer fremden und über den Sippen stehenden Herrschaft organisiert wird.

Magie und Sippe stellen somit den Ausgangspunkt des Weberschen Bildes der Rechtsentwicklung dar, in offener Polemik –
wieder in der »Wirtschaftsgeschichte«[29] – gegen die Theorie eines
»primitiven Kommunismus«, welcher der Organisation der Sippe
vorausgeht. Wie sich der Rationalisierungsprozeß der religiösen
Sphäre durch die Entstehung der Erlösungsreligionen im Gegensatz zur Magie vollzieht, so geht der Rationalisierungsprozeß des
Rechts parallel zum Zurückweichen der Magie und zur Auflösung der Sippe. Die einzige Weltreligion, die keine Heilsperspek-
tiven, weder im Diesseits noch im Jenseits, bietet, weil sie sich auf
die »Anpassung« an die Welt gründet, nämlich der Konfuzianismus, ist bezeichnenderweise mit einem traditionalen, noch von
magischen Vorstellungen durchdrungenen Recht verbunden und
mit einer gesellschaftlichen Struktur, in der die Sippe eine entscheidende Bedeutung beibehält[30]. Dagegen fördern die Erlösungsreligionen auch die Entstehung eines neuen Rechts sowie
einer rationalen (wenn auch nicht im formalen Sinne) Rechtslehre; sie tun dies, indem sie den Glauben an die Möglichkeit
einer magischen Beeinflussung der Naturerscheinungen untergra-
ben und neue Bande der Brüderlichkeit schaffen. Mit den Erlösungsreligionen setzt sich die erste Form einer scholastischen
Lehre des Rechts durch, meistens in »*Priesterschulen* oder in an
Priesterschulen angeschlossenen Rechtsschulen« gelehrt[31], und
diese Lehre setzt ein gewisses Maß nicht nur der Fixierung, sondern auch der Systematisierung des Rechts voraus. In der anfäng-

lichen Phase der Rechtsentwicklung sind der Rationalisierungsprozeß der religiösen Sphäre und der Rationalisierungsprozeß des
Rechts also meistens parallele und untereinander verbundene Erscheinungen.

Aber der Rationalisierungsprozeß des Rechts – und darin liegt
vielleicht der wesentliche Unterschied im Vergleich zur Rationalisierung, die auch die religiöse Sphäre ergreift – erfolgt nicht in
einer einzigen Richtung; er vollzieht sich in zwei Richtungen, die
Weber aufgrund des Gegensatzes zwischen formaler und materialer Rationalität bestimmt. In verschiedenen geschichtlichen Bereichen, unter verschiedenen Bedingungen kann die Rationalisierung des Rechts im Sinne der einen oder der anderen Form der
Rationalität erfolgen; das gilt auch – wie wir gesehen haben – für
den modernen Okzident, wo neben dem auf dem Kontinent siegreichen formal-rationalen Recht das englische Gewohnheitsrecht
weiterbesteht. Formale Rationalität und materiale Rationalität
stellen somit in bezug auf das Recht zwei Entwicklungsmodelle
dar, die beide mit der modernen kapitalistischen Wirtschaft
vereinbar sind, und nicht zwei aufeinander folgende Phasen eines einzigen Rationalisierungsprozesses der Rechtssphäre. Das
kommt auch da klar zum Vorschein, wo Weber, liest man ihn
oberflächlich, eine entwicklungsgeschichtliche Perspektive anzunehmen scheint, d. h. da, wo er beobachtet, daß »die formalen
Qualitäten des Rechts... sich dabei aus einer Kombination von
magisch bedingtem Formalismus und offenbarungsmäßig bedingter Irrationalität im primitiven Rechtsgang (entwickeln), eventuell über den Umweg theokratisch oder patrimonial bedingter materialer und unformaler Zweckrationalität, zu zunehmend fach-
mäßig juristischer, also logischer Rationalität und Systematik und
damit... zu einer zunehmend logischen Sublimierung und de-
duktiven Strenge des Rechts und einer zunehmend rationalen
Technik des Rechtsgangs«[32].

Die Abfolge der hier dargestellten Momente zeichnet keineswegs
die Entwicklung des Rechts im allgemeinen aus, sondern seinen
Rationalisierungsprozeß im formalen Sinne, in dessen Bereich
eine Phase »theokratisch oder patrimonial bedingter materialer
und unformaler Zweckrationalität« (um Webers Worte wieder
aufzunehmen) nur Übergangscharakter haben kann. Neben diesem hat es jedoch unter anderen Bedingungen einen anderen Rationalisierungsprozeß gegeben, der die materiale Rationalität der

formalen vorgezogen hat. Nicht zufällig fühlt Weber sich ver-
pflichtet, genauer auszuführen, daß »die hier theoretisch konstruierten Rationalitätsstufen in der historischen Realität weder überall gerade in der Reihenfolge des Rationalitätsgrades aufeinander
gefolgt, noch auch nur überall, selbst im Okzident, alle vorhanden gewesen sind oder auch nur heute sind«; und er fügt hinzu,
daß »ferner die Gründe für die Art und den Grad der Rationalisierung des Rechts historisch... völlig verschieden geartet waren«[33]. Nicht einmal im Okzident, dem einzigen Gebiet der Verwirklichung eines formal-rationalen Rechts, bildet dieses eine
Phase oder ein »Entwicklungsstadium«, das auf das Gewohnheitsrecht folgt, welches dagegen vom materiellen Gesichtspunkt
aus rational ist; und es ist auch nicht das notwendige Ergebnis des
Rationalisierungsprozesses, insofern als »die moderne soziale
Entwicklung... auch sonst allgemeine Motive (zeitigt), welche
den formalen Rechtsrationalismus abschwächen«[34], statt ihn zu
fördern und zu stärken.

Die Entwicklung des Rechts vollzieht sich unter dem Vorzeichen
eines zweifachen Rationalisierungsprozesses, als formale und als
materiale Rationalisierung; es bleibt aber das Problem bestehen,
seine Bedingungen zu bestimmen, d. h., festzustellen, wie die
Formen der Rechtsschöpfung aussehen, wenn das Recht sich einmal vom primitiven, an magische Auffassungen und an die Struktur der Sippe gebundenen Formalismus gelöst hat. Die Dialektik
zwischen überlieferten Rechtsnormen und Rechtsinstituten und
der Einführung von neuen Normen und Instituten, zwischen
Tradition und »Schöpfung« des Rechts, steht im Mittelpunkt der
Analyse, die Weber vom Rationalisierungsprozeß der Rechtssphäre durchführt. Und sie zeigt uns die Träger der Erneuerung
in drei verschiedenen Gestalten, nämlich in den Rechtspropheten,
in den Rechtshonoratioren und in den Fachjuristen. »Die allgemeine Entwicklung des Rechts und des Rechtsgangs führt... von
der charismatischen Rechtsoffenbarung durch ›Rechts*propheten*‹
zur empirischen Rechtsschöpfung und Rechtsfindung durch
Rechts*honoratioren* (Kautelar- und Präjudizienrechtsschöpfung),
weiter zur Rechtsoktroyierung durch weltliches imperium und
theokratische Gewalten und endlich zur systematischen Rechtssatzung und zur fachmäßigen, auf Grund literarischer und formal
logischer Schulung sich vollziehenden ›Rechtspflege‹ durch
Rechts*gebildete*«[35]. Rechtspropheten, Rechtshonoratioren und

Fachjuristen bestimmen so in Webers Augen verschiedene Arten der Erneuerung des Rechts, jener Erneuerung, die das traditionale Recht in eine Krise stürzt.

Die drei Formen der Rechtsschöpfung und die ihnen entsprechenden Gestalten stehen in enger Verbindung mit der Unterscheidung zwischen traditionaler, charismatischer und rationaler Herrschaft, die bekanntlich den Bezugsrahmen der Weberschen politischen Soziologie bildet. Wenn wir die traditionale Herrschaft beiseite lassen, der eben das überlieferte Recht entspricht, so kann man eine Entsprechung zwischen der charismatischen Herrschaft, die »auf der außeralltäglichen Hingabe an die Heiligkeit oder die Heldenkraft oder die Vorbildlichkeit einer Person und der durch sie offenbarten oder geschaffenen Ordnungen« ruht[36], und der Rechtsschöpfung durch Rechtspropheten herstellen, ebenso wie zwischen der rationalen Herrschaft, die »auf dem Glauben an die Legalität gesatzter Ordnungen und des Anweisungsrechts der durch sie zur Ausübung der Herrschaft Berufenen« ruht[37], und der Rechtsschöpfung durch Rechtshonoratioren oder Fachjuristen. Wenn wir diese Beziehung noch weiter vertiefen wollen, so können wir sagen, daß die Unterscheidung zwischen materialer und formaler Rationalität eine wenn auch nur annähernde Entsprechung im jeweiligen Werk der Rechtshonoratioren und der Fachjuristen zu finden scheint. Nicht zufällig setzt die rationale Herrschaft ein »zweckrational oder wertrational *gesatztes* Recht«[38] voraus und kann daher ein im materialen Sinne oder im formalen Sinne orientiertes rationales Recht haben; ihr »reinster Typus« ist jedoch immer der, welcher den höchsten Grad von Abstraktion in der Formulierung der Regeln und von Unpersönlichkeit in ihrer Anwendung verwirklicht, d. h. Herrschaft »mittelst *bureaukratischen Verwaltungsstabs*«[39]. Und die so aufgefaßte bürokratische Verwaltung ist der Kern des modernen okzidentalen Staates, d. h. einer staatlichen Organisation, die sich im Sinne der formalen Rationalität und nicht in dem der materialen entwickelt hat. Die Rechtsschöpfung durch Rechtshonoratioren entspricht daher allgemein einem Kriterium materialer Rationalität, während ein Stand von Fachjuristen mit Fachbildung eher dazu neigt, das Recht und seine Verwaltung im formalrationalen Sinne umzuformen.

Wir finden also auch in der Rechtssphäre nicht nur eine einzige »revolutionäre Macht«, nämlich das Charisma, sondern zwei, die zu verschiedener Zeit und in verschiedenen Zusammenhängen wirken. Das Charisma ist zwar »*die* große revolutionäre Macht«, dies ist es jedoch in »traditional gebundenen Epochen«, was natürlich nicht ausschließt, daß es auch in Zukunft wieder ersteht; aber die Rationalität ist eine »ebenfalls revolutionierende Macht«[40]. Das bedeutet, daß die Schöpfung eines neuen Rechts ursprünglich dem charismatischen Handeln von Rechtspropheten anvertraut ist; »wirklich *bewußt* ›schöpferisch‹, d. h. neues Recht schaffend, haben sich nur Propheten zum geltenden Recht verhalten«[41]. Mit dem Fortschreiten des Rationalisierungsprozesses geht die Erneuerung des Rechts in andere Hände über, nämlich in die der Rechtshonoratioren und der Fachjuristen. Auf diese Weise ändert sich nicht nur der Typus der Rechtsschöpfung, sondern auch der Grad des Bewußtseins von dieser Erneuerungsfunktion; und das, weil gerade den »am meisten ›schöpferischen‹ Rechtspraktikern eigen gewesen (ist), daß sie *subjektiv* sich nur als Mundstück schon – sei es auch eventuell latent – geltender Normen, als deren Interpreten und Anwender, nicht aber als deren ›Schöpfer‹, fühlten«[42]. Auch in der Rechtssphäre hat es demnach eine allmähliche Ersetzung des Charismas durch die Rationalität als Umformungsfaktor gegeben; und das hat zur Folge, daß die Rechtsschöpfung sich nicht mehr als bewußte (und beabsichtigte) Produktion von neuen Normen auf charismatischer Basis darstellte, sondern als Interpretation (und Systematisierung) der Normen entsprechend den Interessen bestimmter sozialer Schichten.

In der Dialektik zwischen Tradition und Erneuerung ändert sich im Laufe des Rationalisierungsprozesses der zweite Terminus – wobei unwichtig ist, ob dieser Prozeß im formalen oder materialen Sinne orientiert ist. Wenn »in vorrationalistischen Epochen... Tradition und Charisma nahezu die Gesamtheit der Orientierungsrichtungen des Handelns unter sich« aufteilen[43], so erfolgt später die Rechtsschöpfung in der Form der Produktion eines rationalen Rechts. Parallel zu dieser Umformung läuft auch eine wachsende *Spezialisierung* des Rechts. Die Rechtspropheten sind Propheten tout court und an erster Stelle religiöse Propheten, die ein neues Recht kraft ihres persönlichen Charismas einsetzen: Dies ist der Fall – sicher nicht nur, aber immerhin exemplarisch – bei den jüdischen Propheten, mit denen Weber sich ausführlich im dritten Teil der »Wirtschaftsethik der Weltreligionen« beschäftigt⁴⁴. Im Falle der Rechtshonoratioren und der Fachjuristen haben wir es mit Fachleuten zu tun, mit Gestalten, die eine vorwiegend oder ausschließlich rechtliche Funktion ausüben und die für diese Aufgabe qualifiziert sind aufgrund der praktischen Anforderungen des Zunftlebens oder der politischen und verwaltungsmäßigen Bedürfnisse des modernen Staates. Die Propheten rufen neue Rechtsnormen aus und geben ihnen eine religiöse Bedeutung und Rechtfertigung. Im Fall der Rechtshonoratioren handelt es sich dagegen vor allem (wenn auch nicht ausschließlich) um eine Beziehung zu den wirtschaftlichen Interessen der Zünfte, an erster Stelle ihrer eigenen Zunft; im Falle der Fachjuristen handelt es sich, zumindest zu Beginn der Neuzeit, um das Verhältnis zu den Interessen des Fürsten und der Staatsverwaltung. Die Erweiterung des »imperium« hat zur Folge, daß »Rechtsschöpfung und Rechtsfindung... die Tendenz (zeigen), rationaler gestaltet zu werden«⁴⁵, und so die Spezialisierung des Rechts in bezug auf die anderen Lebenssphären gefördert wird.

Diese Änderung in der Art der Rechtsschöpfung ist von Weber, wenn auch beiläufig, durch die Bemerkung definiert worden, daß die »zunehmende Rationalisierung der Rechts*technik* eine Parallelerscheinung der Irrationalisierung des Religiösen« darstellt⁴⁶. Bekanntlich ist die Religion für Weber an und für sich keineswegs etwas Irrationales; im Gegenteil, die Erlösungsreligionen sind eine treibende Kraft der Rationalisierung und bleiben es bis zu dem Augenblick, in dem die anderen Lebenssphären mit ihrer Forderung nach Selbständigkeit die Religion in den Bereich der Irrationalität drängen. Der Rationalisierungsprozeß des Rechts vollzieht sich daher, zumindest in einer ersten Phase, in enger Beziehung, wenn nicht sogar parallel zum Rationalisierungsprozeß innerhalb der religiösen Sphäre. Wenn aber das Recht vor allem ein Phänomen technischer Ausarbeitung wird, wenn die Rechtsschöpfung den Rechtshonoratioren oder den Fachjuristen anvertraut wird und zu einer Interpretation auf der Grundlage von allgemeinen Prinzipien wird, dann gehen Recht und Religion unvermeidlich getrennte Wege. Das »heilige Recht« selbst, das durch eine charismatische Schöpfung entstanden ist, hat übrigens einen Traditionalisierungsprozeß durchgemacht und ist so zum Hindernis auf dem Wege der Rechtsrationalität geworden. Weder die Rechtshonoratioren noch die Fachjuristen können sich in ihrer Interpretation (und Systematisierung) des Rechts weiterhin auf ethisch-religiöse Normen beziehen; und dies um so weniger, sobald der Staat die ausschließliche Quelle des Rechts oder auch nur die Hauptquelle wird. Das Recht löst sich so von jeder Beziehung zur Religion, indem es sich in den Dienst wirtschaftlicher Interessen stellt und diesen die Garantie bietet, die sie benötigen.

IV

Im Laufe des Rationalisierungsprozesses hat sich somit das Recht dem engen Verhältnis zur Religion entzogen, das es bei der Schaffung von Normen durch die Rechtspropheten gekennzeichnet hat; und dieses Verhältnis ist durch das zur politischen Sphäre ersetzt worden, das die verschiedensten Formen angenommen hat. Während das »offenbarte«, d. h. material-rationale Recht seinen Legitimitätsgrund im Glauben an den heiligen Charakter der Normen findet, welche die traditionalen ablösen, erscheint das rationale Recht – sei es formal oder material – eher durch die Verbindung mit bestimmten politischen Strukturen gekennzeichnet, in deren Bereich eben sowohl die Rechtshonoratioren als auch die Fachjuristen wirken. Parallel zu dieser Wandlung geht – wie wir gesehen haben – eine wachsende Selbständigkeit des Rechts, die sich auf eine fachliche Technik gründet. Wie in den anderen Lebenssphären fällt auch im Recht die Loslösung von der Religion mit der Eroberung einer eigenen Spezifität zusammen.

In diesem Rahmen ändern sich die Beziehungen zwischen Wirtschaft und Recht. Das traditionale Recht spiegelt die Ordnung der Sippe wider und sanktioniert sie; es entspricht der zweifachen Forderung, die patriarchale Autorität des Oberhauptes oder der Ältesten zu garantieren und die Beilegung von Streitigkeiten zwischen verschiedenen Sippen durch Schiedsspruch zu sichern. Im Gegensatz dazu hat das von den Rechtspropheten und damit auf charismatischer Basis geschaffene Recht wenn schon nicht einen ausdrücklich wirtschaftlichen Inhalt, so doch wirtschaftliche Folgen, die beabsichtigt oder auch nicht beabsichtigt sein können. Das »heilige Recht« als solches steht den wirtschaftlichen Beziehungen gleichgültig gegenüber oder will sie unter die Kontrolle der religiösen Normen stellen; dagegen begünstigt die Umformung einer Religion in eine kirchliche Institution, die von der politischen Gewalt mehr oder weniger unabhängig ist, die Tendenz zur Anhäufung eines kircheneigenen Vermögens und zur Besteuerung ihrer Mitglieder. Allgemeiner gesagt, jedes auf charismatischer Grundlage entstandene Recht wird mit der fortschreitenden Veralltäglichung des Charismas dazu tendieren, wirtschaftliche Privilegien für das »Gefolge« des charismatischen Führers zu schaffen, und rechtfertigt auf diese Weise die Vergabe von Grund- oder anderen Renten an den so entstandenen Verwaltungsstab. Das »offenbarte« Recht ist zwar frei von wirtschaftlichen Absichten, erscheint aber nichtsdestoweniger mit wirtschaftlicher Bedeutung behaftet. Gerade das Beispiel des antiken Judentums mit seinem Dualismus zwischen einer für die Gemeinschaft geltenden »Binnenmoral«, die sich auf die Brüderlichkeitsethik gründet, und einer »Außenmoral«, an die man sich in den Beziehungen zu den Fremden hält, ist der augenscheinlichste Beweis der wirtschaftlichen Folgen eines Rechts, das auf der Grundlage einer religiösen Offenbarung entstanden ist und das eine Schöpfung von Rechtspropheten war. In welcher Weise sich diese Beziehung darstellt, ist ein Problem, auf das keine allgemeine Antwort gegeben werden kann, sondern das Fall für Fall einer besonderen Untersuchung bedarf. Werner Sombart sah in der starken Beteiligung von Juden am Handel während des Mittelalters und zu Beginn der Neuzeit einen Beweis für ihren entscheidenden Beitrag zur Entstehung der kapitalistischen Wirtschaft; Weber dagegen behauptet, daß dieses Recht dem modernen Kapitalismus in seiner besonderen Bedeutung als »wirtschaftlicher Rationalismus« im wesentlichen fremd ist[47].

Eine ähnliche Vielseitigkeit der wirtschaftlichen Funktion des Rechts kann man a fortiori im material orientierten rationalen Recht bemerken. Dieses kann mit untereinander sehr verschiedenen politischen Strukturen zusammen bestehen, vom patrimonialen Fürstentum bis zur mittelalterlichen Stadt, die auf der Basis der Zünfte organisiert war, vom »Wohlfahrtsstaat« bis zu einem auf sozialistische Prinzipien gegründeten Staat. Es kann auch mit verschiedenen Wirtschaftsformen zusammen bestehen, von den nicht-kapitalistischen Formen bis zu den verschiedenen Typen des Spekulations- oder Beutekapitalismus, mit Typen, die an die Ausbeutung kolonialer oder steuerlicher Reichtümer gebunden oder auf staatliche Lieferungen gegründet sind, bis hin zum modernen Kapitalismus. Das material-rationale Recht kann jeweils diesen Wirtschaftsformen die zeitliche Garantie bieten, die sie benötigen; es kann dies tun, eben weil es sich in den Dienst verschiedener Interessen stellen kann, da es durch den Rückgriff auf Prinzipien gekennzeichnet ist, die sehr verschieden sein können und deren einzige gemeinsame Eigenschaft die ist, außerrechtlich zu sein. Seine Vielseitigkeit geht im Falle des in England sich behauptenden Gewohnheitsrechtes so weit, daß es sich mit dem modernen Kapitalismus vermählt, d.h. mit einer Wirtschaftsform, die formal-rational und nicht material-rational orientiert ist. Das einzige Recht, das in den wirtschaftlichen Beziehungen nicht vielseitig, sondern vielmehr eindeutig an den spezifisch modernen Kapitalismus gebunden ist, ist eben das formal-rationale Recht. Obwohl es in einer über Jahrhunderte dauernden Entwicklung entstanden ist, die im während der justinianischen Zeit vollendeten Systematisierungswerk und in seiner Rezeption im Laufe des Mittelalters wurzelte, konnte sich das formal-rationale Recht nur im modernen Staat behaupten, und seine wirtschaftliche Funktion entspricht den Bedürfnissen des modernen Kapitalismus.

An diesem Punkt tritt die unterschiedliche Beziehung des material-rationalen und des formal-rationalen Rechts zur modernen kapitalistischen Wirtschaft klar zu Tage. Was diese braucht, ist einerseits die Vertragsfreiheit, andererseits eine rechtliche Garantie der von den wirtschaftlich Handelnden geschlossenen Verträge. Diesem Zweck können beide Typen des rationalen Rechts auf verschiedene Art dienen. Beide sind imstande, die »Markterweiterung« und die »Bürokratisierung des Organhandelns der Einverständnisgemeinschaften« zu fördern, indem sie die »auf Eigenmacht oder verliehenem Privileg von monopolistisch abgegrenzten Personenverbänden ruhende, durchweg *individuelle* Entstehung gewillkürten Rechts: – die Autonomie der dem Schwerpunkt nach ständischen Einungen –« ersetzen[48]. Beide machen den Übergang von der Zunft, die dazu neigt, sich das Recht zum Absatz bestimmter Produkte anzueignen, zum Verband im rechtlichen Sinne möglich, welcher die »formal unantastbare(n), vererbliche(n) und meist frei veräußerlichen Mitgliedschaftsrechte« garantiert sowie eine »bürokratische Verwaltung und (eine)... durch Debatten und Abstimmung nach Kapitalanteilen mitwirkende Mitgliederversammlung«[49]. Zwischen dem material-rationalen und dem formal-rationalen Recht besteht jedoch ein wesentlicher Unterschied; vom ersteren konnte nur ein besonderer Typus, eben das englische Gewohnheitsrecht, mit dem modernen Kapitalismus zusammen bestehen, während das formal-rationale Recht wesenhaft an ihn gebunden ist. Ein material orientiertes rationales Recht kann sich mit den verschiedensten Formen der kapitalistischen und nichtkapitalistischen Wirtschaft verbinden und hat dies in der Geschichte getan, während das formal-rationale Recht nur mit dem dem modernen Okzident eigenen Kapitalismus vereinbar ist, d. h. mit einem Kapitalismus, der »an Marktchancen orientiert (ist), also [an] wirtschaftlichen Chancen im engeren Sinne des Wortes«[50].

Keine entwicklungsgeschichtliche Abfolge, sondern eine grundlegende Asymmetrie unterscheidet die beiden Richtungen des Rationalisierungsprozesses des Rechts in ihren Beziehungen zum modernen Kapitalismus und allgemeiner zur Wirtschaft. Die Rationalisierung im materialen Sinn ist eine *allgemein verbreitete* Erscheinung, die vielfältige Formen entsprechend den verschiedensten Interessen annehmen kann; sie ist nicht nur mit unterschiedlichen politischen Strukturen, sondern auch mit unterschiedlichen Typen der wirtschaftlichen Organisation vereinbar. Die Rationalisierung im formalen Sinne ist dagegen eine *spezifische* Erscheinung des modernen Okzidents und ist nicht nur (direkt) mit dem modernen rationalen Staat und mit den Erfordernissen seiner bürokratischen Verwaltung verbunden, sondern auch (indirekt) mit einem auf die rationale Kapitalrechnung und auf das systematische Erwerbsstreben gegründeten Kapitalismus. In anderen Worten, das formal-rationale Recht ist das Erzeugnis der gleichen Entwicklung, die sowohl den modernen Staat als auch den modernen Kapitalismus hervorgebracht hat; und darin besteht – jenseits von oberflächlichen Formeln – ihre tiefgreifende Solidarität.

Anmerkungen

1 Wirtschaftsgeschichte, S. 240.
2 WuG, I, S. 94.
3 Wirtschaftsgeschichte, S. 290.
4 Wirtschaftsgeschichte, S. 293.
5 Ebd.

6 Der Originaltext der Rechtssoziologie wurde zum ersten Mal von J. Winckelmann 1960 bei Luchterhand herausgegeben und danach in die Ausgaben von »Wirtschaft und Gesellschaft« von 1967 an aufgenommen. Zur Weberschen Soziologie des Rechts im allgemeinen ist die Einleitung von M. Rheinstein zur englischen Übersetzung mit dem Titel »Max Weber on Law in Economy and Society« (hrsg. von E. Shils und M. Rheinstein), Cambridge (Mass.) 1954 zu beachten.

7 WuG, II, S. 470.

8 WuG, II, S. 505.

9 Ebd.

10 WuG, II, S. 411-12.

11 WuG, II, S. 455-56.

12 WuG, II, S. 487.

13 Ebd.

14 WuG, II, S. 509.

15 WuG, II, S. 511.

16 Ebd.

17 Es handelt sich um den Aufsatz »R. Stammlers ›Überwindung‹ der materialistischen Geschichtsauffassung«, 1907 im »Archiv für Sozialwissenschaft und Sozialpolitik« erschienen und dann in WL, S. 291-359 aufgenommen. – Was die Bedeutung dieses Aufsatzes für Webers Rechtssoziologie angeht, vgl. K. Engisch, Max Weber als Rechtsphilosoph und Rechtssoziologe, in: Max Weber, Gedächtnisschrift der Ludwig-Maximilians-Universität München zur 100. Wiederkehr seines Geburtstags 1964 (hrsg. von K. Engisch, B. Pfister, J. Winckelmann), Berlin 1966, S. 67-88.

18 WuG, II, S. 505.

19 WuG, II, S. 395-96.

20 WuG, II, S. 396.

21 Ebd.

22 Ebd.

23 WuG, II, S. 396-97.

24 W. Schluchter, Die Entwicklung des okzidentalen Rationalismus, Tübingen 1979, S. 129-31.

25 Vgl. WL, S. 429.

26 WuG, II, S. 392.

27 WuG, II, S. 469.

28 WuG, II, S. 417.

29 Wirtschaftsgeschichte, S. 36-38.

30 Siehe RS I, S. 373-95.

31 WuG, II, S. 459.

32 WuG, II, S. 504-5.

33 WuG, II, S. 505.

34 WuG, II, S. 511. – Was die inneren Elemente des Rechts angeht, so

deutet Weber auf die »materialen« Überlegungen in der nicht technischen Entscheidung hin, die dem Schwurgericht anvertraut ist. Was dagegen die äußeren Elemente angeht, so unterstreicht er die Tendenz zu einer Rückkehr zur materialen Rationalität des Rechts, deren Träger die »sozialistischen Theorien der ausschließlichen Legitimität des Erwerbs durch die eigene Arbeit« sind, die auch »das Prinzip der vertraglichen Freiheit und der grundsätzlichen Legitimität aller durch Vertrag erworbenen Rechte« zurückweisen (WuG, II, S. 499-500).

35 WuG, II, S. 504.
36 WuG, I, S. 124.
37 Ebd.
38 WuG, I, S. 125.
39 WuG, I, S. 126.
40 WuG, I, S. 142.
41 WuG, II, S. 512.
42 Ebd.
43 WuG, I, S. 142.
44 Vgl. RS, III, S. 281-400.
45 WuG, II, S. 453.
46 WuG, II, S. 509.
47 Zur Kritik an der These Sombarts vgl. vor allem den Aufsatz »Die protestantische Ethik und der ›Geist‹ des Kapitalismus«, in RS, I, S. 17-206. Die Werke Sombarts, auf die sich Weber bezieht, sind vor allem »Der moderne Kapitalismus«, München und Leipzig 1902, und »Die Juden und das Wirtschaftsleben«, Leipzig 1911.
48 WuG, II, S. 419.
49 WuG, II, S. 432.
50 Wirtschaftsgeschichte, S. 286.

Der moderne Staat
und seine Rationalität:
Weber und Hegel

I

Einer der Grundsätze der politischen Soziologie Webers ist die Behauptung, daß der moderne Staat rational sei. Und diese ist eng mit der These von der Eigenart des modernen okzidentalen Staates als politischen Gebildes verbunden, einer These, die wir nicht nur in »Wirtschaft und Gesellschaft«, sondern – vielleicht noch deutlicher – in den posthum veröffentlichten Vorlesungen über die »Wirtschaftsgeschichte« dargelegt finden: »Staat im Sinne des *rationalen* Staates hat es nur im Okzident gegeben«[1]. Es ist nun freilich nicht so, daß Weber das Bestehen anderer Formen politischer Organisation mit staatlichem Charakter außerhalb des nach-mittelalterlichen Europas nicht anerkennte; aber er stellt eine ausdrückliche Äquivalenz zwischen modernem Staat und rationalem Staat her. Die anderen Staatsformen haben alle eine patriarchale oder patrimoniale oder auch charismatische Grundlage gehabt; ihr Verwaltungsstab wurde von Hausbeamten oder von Personen gebildet, die durch ein persönliches Vertrauensverhältnis oder durch Lehnsbande an den Herrn gebunden waren, oder aber von einer persönlichen Gefolgschaft: Immer fehlt in diesen anderen Formen jene Objektivität der Verwaltungs- und Rechtsordnung, die dem modernen Staat eigen ist und in der seine Rationalität besteht. Der moderne Staat hat sich in der Tat durch den Kampf gegen die »Stände« durchgesetzt und hat das Monopol der legitimen Gewalt für sich erfolgreich beansprucht, indem er den Widerstand der ihm feindlichen sozialen Gruppen brach. In diesem Sinne vor allem – wenn auch nicht ausschließlich auf den modernen Staat bezogen – muß man die allgemeine Definition des Staates verstehen, die Weber im ersten Teil von »Wirtschaft und Gesellschaft« formuliert, als »ein politischer *Anstaltsbetrieb* ..., wenn und insoweit sein Verwaltungsstab erfolgreich das *Monopol legitimen* physischen Zwangs für die Durchführung der Ordnungen in Anspruch nimmt«[2]. Sobald Weber von dieser

allgemeinen Definition des Staates als »Verwaltungsstab« mit
dem Monopol der legitimen Gewalt zu einer spezifischen Definition des modernen Staates als bürokratische Verwaltung und als
»Legalität« übergeht, taucht sofort auch seine ihm wesenhafte
Rationalität, seine Rationalität in *formalem Sinne* auf – um uns
auf die Klassifizierung der Typen des sozialen Handelns zu beziehen, wie sie im ersten Kapitel des Werkes über die »Soziologischen Grundbegriffe« enthalten ist[3].
Wenn man sich fragt, worin die Rationalität des modernen Staates
besteht und worauf die Webersche Äquivalenz zwischen modernem Staat und rationalem Staat beruht, so muß die Antwort
einerseits im *Typus* der von ihm ausgeübten Herrschaft und andererseits in der *Grundlage* gesucht werden, auf der diese beruht.
Die Theorie des Staates gehört zu einer Theorie der Herrschaftsformen; im Gegensatz etwa zu der von Heinrich von Treitschke
ausgearbeiteten Systematisierung der politischen Wissenschaft ist
der Schlüsselbegriff der Weberschen politischen Soziologie die
Herrschaft und nicht der Staat[4]. Die verschiedenen Formen der
politischen Organisation müssen auf einen der drei »reinen« Typen der legitimen Herrschaft (oder auf Kombinationen von diesen) zurückgeführt werden; das gilt auch für jene Organisation,
die das Monopol des legitimen physischen Zwangs beansprucht,
d. h. für den Staat. Nun besteht eine Eigentümlichkeit des modernen Staates darin, »auf dem Glauben an die Legalität gesatzter
Ordnungen und des Anweisungsrechts der durch sie zur Ausübung der Herrschaft Berufenen« zu beruhen[5]; d. h., er ist die
geschichtliche Verwirklichung der rationalen Herrschaft oder,
wie sie Weber auch nennt, der »legalen Herrschaft« als »spezifisch *moderne* Form der Verwaltung«[6]. Und die Voraussetzung,
auf die sich dieser Herrschaftstypus gründet, ist eben die rationale
Satzung des Rechtes im Machtbereich des Verbandes. Dies meint
ein Recht, das in der Form eines »Kosmos abstrakter … *Regeln*«
organisiert ist, eine Rechtspflege, die in der »Anwendung dieser
Regeln auf den Einzelfall« besteht, eine Verwaltung, die für »die
rationale Pflege von, durch Verbandsordnungen vorgesehenen,
Interessen« sorgt, den *unpersönlichen* Charakter der Ordnung
und die Unterordnung auch des Herrn oder der Herren unter
diese, den ausschließlichen Gehorsam gegen das Recht und nicht
gegen willkürliche Befehle und schließlich das Prinzip der »sachlichen *Zuständigkeit*«, welche die Grenzen der Wirksamkeit der

Ordnung festsetzt[7]. Es sind dieselben Voraussetzungen, die Weber schon in dem allerdings erst 1922 posthum veröffentlichten Aufsatz »Die drei Typen der legitimen Herrschaft« darlegt; er beobachtet, daß in der legalen Herrschaft »... nicht der Person« gehorcht wird »kraft deren Eigenrecht, sondern der gesatzten *Regel*, die dafür maßgebend ist, wem und inwieweit ihr zu gehorchen ist«. Diese Regel ist »eine *formal abstrakte Norm*«[8]. Wenn aber dies der dem modernen Staat eigene Herrschaftstypus ist, so liegt sein Legitimitätsgrund eindeutig in jener besonderen Form, die Weber mit dem Ausdruck »Legalität« bezeichnet, eine Legitimität, aufgrund deren »der legal gesatzten sachlichen *unpersönlichen Ordnung* und dem durch sie bestimmten *Vorgesetzten*« gehorcht wird anstatt »der *Person* des ... Herrn«, wie im Falle der traditionalen Herrschaft in ihren zahlreichen Arten, oder dem politisch-religiösen Führer »kraft persönlichen Vertrauens in Offenbarung, Heldentum oder Vorbildlichkeit«, wie im Falle der charismatischen Herrschaft[9]. Für den modernen Staat stammt daher die Rechtfertigung des Anspruches auf Gehorsam seinen Befehlen gegenüber aus der Legalität, d. h. aus einer Ordnung, die – als einzige in der Geschichte der Menschheit – unpersönlich ist. Die Identifizierung des modernen Staates mit dem »rationalen« oder »legalen« Herrschaftstypus ermöglicht es Weber, die bürokratische Verwaltung von anderen Typen der Verwaltung zu unterscheiden, die man in anderen Formen politischer Organisation finden kann. Verwaltung und Bürokratie fallen nicht zusammen; oder besser gesagt, es gibt eine spezifisch moderne Bürokratie, die z. B. nicht mit der des alten Chinas gleichgestellt werden kann, für die eine literarische und keine »Amts«kompetenz verlangt wird und in der die Herrschaftsausübung nicht vom Besitz magischer Kräfte und somit von einer charismatischen Grundlage getrennt ist. Für den »modernen Typus« des Staates ist eine »Verwaltungs- und Rechtsordnung« wesentlich, die als kontinuierlicher *Betrieb* handelt[10]. Auch im 1918 veröffentlichten »Parlament und Regierung im neugeordneten Deutschland« beobachtet Weber, daß »gesellschaftswissenschaftlich angesehen ... der moderne Staat ein ›Betrieb‹ ist, ebenso wie eine Fabrik«, und daß »das ... gerade das an ihm historisch Spezifische« ist[11]. Aus dieser Qualifizierung stammen die besonderen Eigenschaften der modernen Bürokratie, wie sie in »Wirtschaft und Gesellschaft« definiert werden: »ein kontinuierlicher regelgebundener Betrieb von

Amtsgeschäften« innerhalb eines bestimmten Zuständigkeitsbereichs, »das Prinzip der *Amtshierarchie*«, ein Beamtenstand mit Fachschulung, die »volle Trennung des Verwaltungsstabs von den Verwaltungs- und Beschaffungsmitteln«, das Fehlen jeglicher Form von »Appropriation« der Amtsstelle an den Inhaber, »das Prinzip der *Aktenmäßigkeit*« und das Vorwiegen der schriftlichen Disposition über die mündliche Erörterung, der berufsmäßige Charakter des Beamtenstands[12].

Der dem modernen Staat zugeschriebene und mehrmals bestätigte »Betriebs«-charakter bildet die Grundlage seines Parallelismus mit der modernen kapitalistischen Wirtschaft. Übrigens ist die Bürokratie alles andere als eine ausschließliche Institution des politischen Bereichs. Sie findet sich auch in ähnlicher Form im kapitalistischen Privatbetrieb. Die Entwicklung des Staates wie auch die des modernen Kapitalismus bringt eine ständige Ausdehnung der Verwaltungsaufgaben mit sich, und sei es auch nur aufgrund der fortschreitenden Spezialisierung, die beide verlangen; sowohl auf politischem als auch auf wirtschaftlichem Gebiet vollzieht sich ein Prozeß der »*Konzentration der sachlichen Betriebsmittel* in der Hand des Herrn«[13], sei dieser nun die monokratische Spitze der nationalen Monarchie oder der kapitalistische Unternehmer; und diesem Prozeß entspricht die »Bürokratisierung der Verwaltung«, d. h. die Durchsetzung einer Verwaltung, die durch »Wirtschaftlichkeit« charakterisiert ist, welche den anderen Formen der Verwaltung fehlt[14]. Aber zwischen der politischen Bürokratie des modernen Staates und der wirtschaftlichen Bürokratie des kapitalistischen Betriebs besteht nicht nur ein Parallelismus; es gibt vielmehr eine tiefere Beziehung, eine unlösbare Verbindung zwischen ihnen. Die »Orientierung an Rentabilitätschancen des kontinuierlichen *Markt*erwerbs und -absatzes ... oder an Chancen der Rentabilität in kontinuierlichen Güter-*Beschaffungs*betrieben mit Kapitalrechnung«[15], welche die typische Ausrichtung des modernen Kapitalismus darstellt, ist unvorstellbar ohne den Schutz eines rational organisierten Betriebs und der Marktfreiheit von seiten einer Rechtsordnung, welche die »völlige Berechenbarkeit der technischen Beschaffungsbedingungen« ermöglicht, mit der daraus folgenden Sicherheit einer »*rein formalen* Garantie aller Vereinbarungen durch die politische Gewalt«[16]. Der moderne Staat ist weit davon entfernt, dem Funktionieren der Wirtschaft gegenüber gleichgültig zu bleiben; er hat von Anfang an in sie eingegriffen, um die Entwicklung des kapitalistischen Betriebs zu ermöglichen und ihn vor äußeren Einflüssen zu schützen; zugleich hat er sich dem kapitalistischen Betrieb angeglichen, indem er wirtschaftliche Ziele kapitalistischer Art verfolgte. Ein typisches Beispiel dafür ist der Merkantilismus, der »die Übertragung des kapitalistischen Erwerbsbetriebes auf die Politik« insofern bedeutet, als er sowohl die »Steigerung der fürstlichen Einkünfte« als auch »die Steigerung der Steuerkraft der Bevölkerung« bewirkt[17]. Der moderne Staat und der moderne Kapitalismus schaffen formale Rationalität und somit »Berechenbarkeit«, die es dem Bürger ermöglicht, das Funktionieren der Rechtsordnung vorauszusehen, und die es dem Unternehmer ermöglicht, sich aufgrund der marktbedingten Möglichkeiten zu verhalten. Wie der moderne Staat »nach rational gesatztem Recht und rational erdachten Reglements« judiziert und verwaltet, so ruht »der moderne kapitalistische Betrieb ... innerlich vor allem auf der *Kalkulation*«[18]. Und in der Tat: »er braucht für seine Existenz eine Justiz und Verwaltung, deren Funktionieren wenigstens im Prinzip ebenso an festen generellen Normen *rational kalkuliert* werden kann, wie man die voraussichtliche Leistung einer *Maschine* kalkuliert«[19]. Insofern, als er diese Möglichkeit der rationalen Kalkulation garantiert, ist der moderne Staat also eine unerläßliche Bedingung für die Entwicklung der modernen kapitalistischen Wirtschaft.

Wenn der Bürokratisierungsprozeß das gemeinsame Element der beiden Termini und die Grundlage ihrer Bindung bildet, so liegt das einerseits an der *technischen* Überlegenheit der bürokratischen Verwaltung im Vergleich zu jeder anderen Verwaltungsart, andererseits an ihrer revolutionären Tragweite. Die bürokratische Verwaltung ist nicht nur allgemein anwendbar, sondern ist »rein technisch zum Höchstmaß der Leistung vervollkommenbar« und ist daher die »formal *rationalste* Form der Herrschaftsausübung«[20]; analog ist sie die rationalste Verwaltungsform des Wirtschaftsbetriebs, diejenige, die kontinuierliche Einkünfte auf der Grundlage der »rationalen Kapitalrechnung« ermöglicht[21]. Die spezifische Ausbildung, die sie von ihren Beamten verlangt (und die, um ein Weber geläufiges Beispiel zu nennen, von der literarischen Bildung der konfuzianischen Mandarine radikal verschieden ist), garantiert einen Rationalitätsgrad, den kein anderer Verwaltungsstab zu bieten imstande ist; ja, sie garantiert das

»Höchstmaß von formaler Rationalität«[22] auf allen Gebieten, nicht nur im wirtschaftlichen Bereich. Die Äquivalenz zwischen modernem Staat und rationalem Staat schließt daher ein Urteil technischer Überlegenheit ein, ähnlich jenem, das man in bezug auf den modernen kapitalistischen Betrieb formulieren kann. Aber diese technische Überlegenheit hat sich geschichtlich durch eine Revolution verwirklicht, d. h. durch die Ausschaltung der traditionalen Formen politischer Organisation, an erster Stelle derjenigen der Herrschaft der »Stände«, die ihrer Privilegien und ihrer Pfründen beraubt wurden. Wenn Weber bemerkt, daß »die bürokratische Struktur .. überall spätes Entwicklungsprodukt« gewesen sei[23], so zeigt er daran die revolutionäre Macht der *ratio*, d. h. der formalen Rationalität, die das Charisma ersetzt hat. »Ihre Entstehung und Ausbreitung hat daher überall ... ›revolutionär‹ gewirkt, wie dies der Vormarsch des *Rationalismus* überhaupt auf allen Gebieten zu tun pflegt«, indem sie »Strukturformen der Herrschaft« vernichtete, »welche einen, in diesem speziellen Sinn, rationalen Charakter nicht hatten«[24]. Wie es dem modernen Kapitalismus im modernen Okzident gelungen ist, die nichtkapitalistischen Wirtschaftsformen oder die auf Spekulation oder auf Beute ausgerichteten Formen des Kapitalismus abzulösen, wie das wissenschaftliche Wissen das religiöse Wissen, Erbgut eines Priesterstandes, ersetzt hat, so haben der moderne Staat und seine bürokratische Verwaltung über die anderen Formen politischer Organisation gesiegt. Beide gehören so zu jenem Rationalisierungsprozeß in formalem Sinne, der die moderne Geschichte des Okzidents kennzeichnet[25].

II

Indem Weber dem modernen Staat rationalen Charakter zuschrieb, nahm er nach einem Jahrhundert – wenn auch, wie wir sehen werden, in sehr verschiedenen Ausdrücken – ein Prinzip wieder auf, das Hegel den »Grundlinien der Philosophie des Rechts« zugrunde gelegt hatte und mit dem er dann in den »Vorlesungen über die Philosophie der Weltgeschichte« die aufeinander folgenden Epochen der »Weltgeschichte« beschrieb. Für Hegel besteht die Aufgabe der Philosophie des Rechts darin, »den *Staat als ein in sich Vernünftiges zu begreifen* und *darzustellen*«[26];

den Staat, heißt das, in seiner geschichtlichen Wirklichkeit, nicht als eine ideale Konstruktion, nicht als ein Seinsollendes. Und wenn bei Weber die Rationalität des modernen Staates durch die Objektivität der Verwaltungs- und Rechtsordnung garantiert wird, d. h. durch einen Verwaltungsstab des bürokratischen Typus und durch ein »berechenbares« Recht, so ruht bei Hegel die Rationalität des Staates letztlich auf seiner »Verfassung«, d. h. auf einem Organisationsprinzip, dank dessen sich der Übergang von der bürgerlichen Gesellschaft – Moment der Trennung und Ort des Auftretens der besonderen Bedürfnisse der verschiedenen »Stände« – zum Staat als »sich auf sich beziehender Organismus« vollzieht[27]. Der Geist zeigt seine »objektive Allgemeinheit, als die Macht des Vernünftigen in der Notwendigkeit«, in den *Institutionen*[28]; und »diese Institutionen machen die *Verfassung*, d. i. die entwickelte und verwirklichte Vernünftigkeit, *im Besonderen* aus«. Sie »sind darum die feste Basis des Staats sowie des Zutrauens und der Gesinnung der Individuen für denselben und die Grundsäulen der öffentlichen Freiheit, da in ihnen die besondere Freiheit realisiert und vernünftig, damit in ihnen selbst *an sich* die Vereinigung der Freiheit und Notwendigkeit vorhanden ist«[29]. Die Verfassung – die innere rechtliche Struktur des Staates, nicht ein »Pakt« zwischen Souverän und Untertanen oder eine vom Souverän oktroyierte Konstitution[30] – stellt daher für Hegel die Grundlage der Rationalität des Staates dar. In ihren Bereich fällt auch jene »Regierungsgewalt«, der »die Ausführung und Anwendung der fürstlichen Entscheidungen«[31] anheimgestellt ist. Sie sichert einerseits die besonderen Interessen der Stände und Korporationen, die sich in der bürgerlichen Gesellschaft entwickeln, andererseits »die *Festhaltung des allgemeinen Staatsinteresses* und des *Gesetzlichen* in diesen besonderen Rechten und die Zurückführung derselben auf jenes«[32], kraft eines Stabs von Staatsbeamten, d. h., mit den Worten Webers, eines bürokratischen Verwaltungsstabs. Zwar hat bei Hegel dieser Stab eine weit geringere Bedeutung als in der Weberschen Analyse; jedoch ist seine Existenz immer die unerläßliche Bedingung für das Funktionieren der Regierungsgewalt. Bei Hegel überwiegt die Aufmerksamkeit für die Rechtsordnung die für den Verwaltungsstab, während bei Weber die beiden Elemente auf derselben Ebene stehen und untrennbar verbunden sind.

Man hat in jüngster Zeit betont, daß »das, was bei den politischen

Schriftstellern von Hobbes bis Hegel die Idealisierung eines Prozesses ist, der unter ihren Augen abläuft, ... im Weberschen Werk Gegenstand einer historischen objektiven Analyse eines nunmehr vollendeten Prozesses« wird; denn jene Schriftsteller, und Hegel unter ihnen, »befinden sich am Anfang, er jedoch am Ende einer geschichtlichen Entwicklung, die das Schicksal des Okzidents zeichnen sollten«[33]. Aber die Kluft, die Weber von Hegel trennt, kann nicht nur historisch, d. h. durch einen verschiedenen Entwicklungsstand des modernen Staates, bestimmt werden; sie kann auch nicht (wie es übrigens auch Bobbio nicht will) auf eine größere Komplexität der Analyse des ersteren im Vergleich zur politischen Theorie des letzteren beschränkt werden, die etwa daraus resultiert, daß Weber das Ergebnis eines »nunmehr vollendeten Prozesses« vor Augen hat. Die Auffassung des Staates selbst ist verschieden, und das wirkt sich direkt auch auf die Definition seiner Rationalität aus. Für Hegel ist der Staat Selbstzweck, ja er ist der Zweck, auf den die Entwicklung des objektiven Geistes und, genauer, der Sittlichkeit abzielt; als solcher ist der Staat also »das an und für sich *Vernünftige*«[34]. Nur im Staat hat »das Individuum selbst ... Objektivität, Wahrheit und Sittlichkeit«[35]; nur im Staat gibt es die Vereinigung der Sonderinteressen der bürgerlichen Gesellschaft zum allgemeinen Interesse. Die Rationalität des Staates besteht eben in dieser Aufhebung der Partikularität und der gegensätzlichen Interessen, so wie die Rationalität der »Weltgeschichte« in der Aufhebung des Konflikts zwischen den einzelnen Staaten im »absoluten Recht« jenes Volkes (und jenes staatlichen Gebildes) besteht, das zu einer bestimmten Zeit das »*herrschende*« ist, »Träger der gegenwärtigen Entwicklungsstufe des Weltgeistes«[36]. Für Weber dagegen stellt der Staat – sowohl der moderne wie der nichtmoderne – nie einen Selbstzweck dar, und er kann auch nicht in bezug auf einen Zweck definiert werden; was ihn charakterisiert, ist ein Mittel, nämlich die legitime physische Gewaltsamkeit. In »Wirtschaft und Gesellschaft« unterstreicht er, daß »es .. nicht möglich [ist], einen politischen Verband – auch nicht: den ›Staat‹ – durch Angaben des *Zweckes* seines Verbandshandelns zu definieren«; denn »von der Nahrungsfürsorge bis zur Kunstprotektion hat es keinen Zweck gegeben, den politische Verbände *nicht* gelegentlich, von der persönlichen Sicherheitsgarantie bis zur Rechtsprechung keinen, den *alle* politischen Verbände verfolgt hätten«[37]. Man

kann daher einen politischen Verband und somit auch den Staat
»*nur* durch das – unter Umständen zum Selbstzweck gesteigerte –
Mittel definieren, welches nicht ihm allein eigen, aber allerdings
spezifisch und für sein Wesen *unentbehrlich* ist: die Gewaltsamkeit«[38]. Das, was den Staat von den Formen politischer Organisation ohne Staatscharakter unterscheidet, ist nicht der Zweck, für
den dieses Mittel verwendet wird, sondern ein Anspruch auf Aus-
schließlichkeit, d. h., wie wir gesehen haben, das »*Monopol legitimen* physischen Zwanges«[39]. Weber hat sich damit weit entfernt
von der Einstellung seiner Freiburger Antrittsvorlesung vom Mai
1895, »Der Nationalstaat und die Volkswirtschaftspolitik«, in der
noch der erste Terminus – der Nationalstaat und seine »Macht«-
interessen – als Bewertungsmaßstab der Wirtschafts- und Sozialpolitik angenommen wurde[40]. Die These von der Irrelevanz der
Zwecke für die Definition des Staates wird übrigens noch ausdrücklicher auf einer bekannten Seite von »Politik als Beruf« ver-
treten, wo Weber bemerkt, daß »es … fast keine Aufgabe [gibt],
die nicht ein politischer Verband hier und da in die Hand genommen hätte«, und daß es auch keine Aufgabe gibt, die jederzeit und
ausschließlich jenen Verbänden, die man als politische – und
heute als Staaten – bezeichnet oder die geschichtlich die Vorfah-
ren des modernen Staates waren, vorbehalten gewesen wäre; und
er schließt mit der Feststellung, daß »man … vielmehr den modernen Staat soziologisch letztlich nur definieren [kann] aus einem spezifischen *Mittel*, das ihm, wie jedem politischen Verband,
eignet: der physischen Gewaltsamkeit«[41].
Der Staat als Selbstzweck in der Hegelschen Philosophie – die
Irrelevanz der Zwecke für eine soziologische Definition des Staates im allgemeinen und des modernen Staates im besonderen in
der Weberschen Theorie: Dieser erste, grundlegende Unterschied
ist Folge der Tatsache, daß für Hegel der Staat die höchste Verwirklichung der Sittlichkeit ist, während für Weber der moderne
Staat ethisch indifferent ist, d. h., er ist kein Träger ihm eigener
Zwecke und kann noch weniger selbst zum Zweck werden (auch
wenn er in bestimmten Fällen diesen Anspruch erheben kann, wie
eben im Falle des »Nationalstaates«). Die Rationalität des Staates
ist somit für Hegel eine *wesentliche* Rationalität, die mit seiner
Sittlichkeit zusammenfällt oder – genauer – sie in höchstem
Grade verkörpert; die Rationalität des modernen Staates ist für
Weber dagegen rein *formal*, d. h., sie ist Vorhersehbarkeit und

»Berechenbarkeit« des Funktionierens des Verwaltungsstabes und des Rechtssystems. Bezogen auf die Webersche Typologie der Formen des sozialen Handelns könnte man sagen, daß die Hegelsche Definition des Staates nicht auf Zweckrationalität beschränkt ist, sondern Wertrationalität, »materiale Rationalität«, einschließt. Wir finden also bei Hegel und bei Weber zwei ganz heterogene und im Grunde unvereinbare Modelle der Rationalität.

Zu diesem ersten kommt ein zweiter, nicht weniger wichtiger Unterschied: Hegel bietet eine Theorie des Staates, und er unterscheidet erst in zweiter Linie zwischen den verschiedenen historischen Staatsformen, während Weber die besonderen Eigenschaften des modernen Staates herausstellen will. Daraus folgt, daß für Hegel die Rationalität ein Element des Staates als solchen ist, welche geschichtliche Form auch immer er annimmt, und dies gilt unbeschadet der Tatsache, daß die Aufeinanderfolge der Staaten in der Weltgeschichte sich »als Fortgang des sich entwickelnden Selbstbewußtseins des Weltgeistes«[42] und somit als Verwirklichung eines immer höheren Rationalitätsgrades darstellt, vom patriarchalischen Staat des Orients bis zur konstitutionellen Monarchie, die das besondere Erzeugnis der germanischen Welt ist. Der dem Staat zugeschriebene wesenhafte rationale Charakter schließt ein verschiedenes *Maß* an Rationalität im Geschichtsprozeß nicht aus, sondern dieser bringt es hervor, genauer: er bringt ein *Fortschreiten in der Rationalität* hervor. Verglichen damit ist Webers Auffassung ganz anders. Der moderne Staat steht nicht am Endpunkt eines Entwicklungsprozesses, sondern wird *in seinem Unterschied* zu den anderen Formen politischer Organisationen definiert. Auch seine Rationalität ist eine spezifische Rationalität, für die man in anderen historischen Bereichen allenfalls Annäherungen findet. Wie der moderne Kapitalismus ist auch der moderne Staat mit seiner bürokratischen Verwaltung das Ergebnis des dem Okzident eigenen Rationalisierungsprozesses, und sein Entstehen hängt von einer Konstellation von Bedingungen ab, die sich anderswo nicht ergeben haben.

Hegels Staatstheorie stammt aus einer Tradition der modernen politischen Philosophie – und sie endet auch in gewisser Weise mit ihr –, die sich auf das Postulat der zentralen Stellung des Staates (und des Rechts) im sozialen Leben stützt, eine Tradition, die auf Hobbes zurückgeht und die auf dieses Hauptelement der modernen Gesellschaft alle ihre Erscheinungen zurückführen wollte. Der Vorrang des Staates vor der Gesellschaft stellt eine Voraussetzung dar, die Hegel ausdrücklich bejaht, indem er das Verhältnis zwischen bürgerlicher Gesellschaft und Staat dialektisch bestimmt und im Staat die »Überwindung« der Gesellschaft, d. h. die Aufhebung der Besonderheit der Standes- und Korporationsinteressen, sieht. In seiner Untersuchung der bürgerlichen Gesellschaft finden wir eine ständige Ambivalenz: Einerseits erkennt er ihre Selbständigkeit an und beruft sich auf eine Orientierung, die vor allem in der schottischen Kultur des 18. Jahrhunderts ihren Ursprung hat[43]; andererseits unterstreicht er die Überlegenheit des Staates, seinen Charakter als »Selbstzweck« und somit auch als Zweck, auf den die bürgerliche Gesellschaft selbst ausgerichtet ist. Übrigens ist die bürgerliche Gesellschaft »kein selbständiges für sich« und »kann nicht vor dem Staat bestehn«; sie hat einen bestimmten geschichtlichen Ursprung, der »der neuern Zeit angehört«[44]. Es gibt also Staatsformen ohne eine entsprechende bürgerliche Gesellschaft, die sich direkt auf die Organisation der Familie stützen, während eine vom Staat unabhängige bürgerliche Gesellschaft nicht existiert, d. h., es gibt keine bürgerliche Gesellschaft, die den Staat nicht voraussetzte und die ihren Zweck nicht in ihm hätte.

Diese philosophische Tradition ist Weber vollkommen fremd. Zwischen Hegel und ihm steht die für das 19. Jahrhundert typische Entdeckung der industriellen oder kapitalistischen Struktur der modernen Gesellschaft, welche auch die Struktur des Staates und die Art seines Bestehens beeinflußt, eine Entdeckung, die auf die Schriften von Saint-Simon der Jahre unmittelbar nach dem Zusammenbruch des Napoleonischen Reichs zurückgeht und die dann von Comte und – in ganz verschiedener Auslegung – auch von Marx aufgenommen wird. An die Stelle der Priorität des Staates tritt die Priorität der Gesellschaft; der Staat wird ein Element der sozialen Organisation – sowohl der vergangenen als

auch der modernen Gesellschaften –, und er gerät in seiner geschichtlichen Form in Abhängigkeit von jener Organisation, ja er
wird (von Marx und Engels) in der »klassenlosen Gesellschaft«
der Zukunft für ausschaltbar gehalten. Für Saint-Simon muß sich
die neue soziale Organisation auf die Behauptung des »industriellen Systems« und der mit diesem solidarischen »positiven Philosophie« gründen[45]; die Organisation des Staates ist ein zweitrangiges, ja sogar abgeleitetes Element. Ähnlich setzt für Comte das
Entstehen neuer politischer Institutionen die vollständige Einsetzung des neuen Systems, die Ausschaltung der von diesem
geschaffenen Antagonismen, eine lange dauernde moralische
Erneuerung voraus. Für Marx erfordert der Übergang von der
kapitalistisch-bürgerlichen Gesellschaft zur Gesellschaft der Zukunft, in welcher die Klassenunterschiede verschwinden müssen,
viel radikaler die Ausschaltung des Staates als Institution der
Herrschaft und der Kontrolle der herrschenden über die anderen
Klassen. Weber übernimmt die positivistische Auffassung der
modernen Gesellschaft als Industriegesellschaft nicht, und noch
weniger akzeptiert er ihre organizistischen Implikationen; für ihn
wie für Marx ist es nicht die *technische* Organisation der Produktion, sondern die soziale Struktur, die die moderne Welt von
anderen Organisationstypen der Gesellschaft scheidet. Und der
Konflikt, sei es nun in der Form des Marxschen »Klassenkampfs«
oder in einer abgeschwächten Form des Kampfes um die Herrschaft oder die Verfügung über die Wirtschaftsgüter, erscheint
ihm als ein unvermeidliches Element der modernen Wirtschaft
und der modernen Gesellschaft. In der Alternative zwischen einer
Interpretation der modernen Gesellschaft als Industriegesellschaft, die ihre Zwistigkeiten in einer höheren Harmonie beilegen
soll, und einer Interpretation als kapitalistische Gesellschaft, für
die der Konflikt zwischen ihren Klassen oder Gruppen wesentlich ist, steht Weber auf der Seite von Marx, sicher nicht auf der
von Saint-Simon oder Comte.
Wenn man sich dieses allgemeine Bild vor Augen hält, versteht
man ohne weiteres die unterschiedlichen Bedeutungen der Beziehung zwischen bürgerlicher Gesellschaft und Staat in Hegels politischer Philosophie und in Webers Staatstheorie. Diese Beziehung ermöglicht es Hegel, die Rationalität des Staates als solchen
in bezug auf die Formen staatlicher Organisation, d. h. auf die
verschiedenen Typen von »Verfassung«, zu bestimmen. Schon in

den Schlußparagraphen der »Grundlinien der Philosophie des Rechts« wird eine Verbindung zwischen den vier großen »Reichen« der Weltgeschichte und den Regierungsformen hergestellt, die auf der Basis der Klassifizierung Montesquieus definiert sind[46]. Der Ausgangspunkt der orientalischen Welt ist der patriarchalische Staat, von welchem aus eine »in sich ungetrennte, substantielle Weltanschauung [ausgeht], in der die weltliche Regierung Theokratie, der Herrscher auch Hoherpriester oder Gott, Staatsverfassung und Gesetzgebung zugleich Religion, sowie die religiösen und moralischen Gebote oder vielmehr Gebräuche ebenso Staats- und Rechtsgesetze sind«[47]. Das Verhältnis zwischen Familie und Staat wird nicht von der noch abwesenden bürgerlichen Gesellschaft vermittelt, und der Staat identifiziert sich mit der Religion. In der griechischen Welt – jener Welt, die Hegel von den Jugendschriften an idealisiert hatte – zeigt sich die »freie und heitere Sittlichkeit«[48] in der Einheit der Polis, wenn es sich auch um eine durch die Sklaverei eingeschränkte Freiheit handelt; und die ihr entsprechende Regierungsform ist eben die demokratische. In der römischen Welt zerbricht diese unbefangene Einheit und wird von der »unendlichen Zerreißung des sittlichen Lebens in die Extreme *persönlichen* privaten Selbstbewußtseins und *abstrakter Allgemeinheit*« abgelöst; dieses verursacht den Verlust der Individualität der einzelnen Völker »in der Einheit eines Pantheons« und bringt die Gleichheit hervor, die von einem auf Willkür gegründeten Recht garantiert wird[49]. Nicht länger die Demokratie, sondern zuerst die aristokratische Verfassung der republikanischen Zeit, dann der im Wesen willkürliche Despotismus der Kaiserzeit wird ihre spezifische Regierungsform. In der germanischen Welt endlich vollzieht sich »die Versöhnung als der innerhalb des Selbstbewußtseins und der Subjektivität erschienenen objektiven Wahrheit und Freiheit«[50]; diese Versöhnung nimmt die politische Form der konstitutionellen Monarchie an.

Wenn man diese eher summarischen Hinweise mit der viel ausführlicheren Untersuchung verbindet, die Hegel in den »Vorlesungen über die Philosophie der Weltgeschichte« bietet, kann man drei Entwicklungsphasen des Staates in seiner Beziehung zur bürgerlichen Gesellschaft erkennen. Die erste Phase ist die des patriarchalischen Staates, die sich auf die Organisation der Familie stützt und die unausweichlich in den theokratischen Despotis-

mus des chinesischen Reiches oder in andere Formen der Theokratie auf aristokratischer oder monarchistischer Basis mündet
wie in Indien oder Persien; es ist ein Staat ohne bürgerliche Gesellschaft, ohne die Organisation unabhängiger Stände. In einem
solchen Staat kann man nicht einmal von Verfassung sprechen[51],
eben weil die Verfassung das Organisationsprinzip von Ständen
und Korporationen als Trägern von Sonderinteressen ist, die sich
im allgemeinen Interesse aufheben. Die zweite Phase ist die der
Identität zwischen bürgerlicher Gesellschaft und Staat, der »unbefangenen Sittlichkeit«, die prototypisch von der griechischen
Polis dargestellt wird[52]; hier ist das Moment der »Trennung«, des
Gegensatzes zwischen Individuum und Ganzem, des Konfliktes
zwischen den verschiedenen Elementen der Gesellschaft noch
nicht vorhanden, und die Beziehung zwischen dem Bürger und
der Gemeinschaft ist direkt. Die dritte Phase ist die der modernen
Welt, in der die bürgerliche Gesellschaft dem Staat vorausgeht
und in der diesem deshalb die Aufgabe zukommt, die Interessen
dieser Sondersphäre von einem höheren Gesichtspunkt aus, d. h.
in einem Organismus, zu verbinden. In diesen beiden letzten
Phasen besitzt der Staat insofern eine Verfassung, als hier »der
Unterschied von Regierenden und Regierten« besteht[53]; er besitzt
sie in einem engeren, ausschließlich der modernen Welt eigenen
Sinne insofern, als es ihm gelingt, die auseinanderstrebenden Interessen der Stände und Korporationen organisch zu vereinigen,
d. h., ein »organisches Ganzes« zu schaffen und »in ihm ... diese
Gliederungen notwendig wie im Organismus« zu verbinden[54].
Der eigentümliche Charakter des modernen Staates stammt somit aus seiner Vermittlung mit der bürgerlichen Gesellschaft;
und auch seine Rationalität nimmt eine Bedeutung an, die
nicht auf die der früheren Staatsformen zurückgeführt werden
kann.
In der Weberschen Analyse, in der die Auffassung des modernen
Staates sich nicht mit einer Philosophie der Weltgeschichte verbindet, stellt sich das Problem der Beziehung zwischen Staat und
bürgerlicher Gesellschaft überhaupt nicht; und zwar deshalb,
weil der moderne Staat, wie jede andere Staatsform, ein bedeuten-
der – und unter einigen Gesichtspunkten entscheidender – Bestandteil einer komplexen sozialen Struktur wird, nicht aber der
Ort der Aufhebung der Sonderinteressen oder der Versöhnung
der Konflikte zwischen den verschiedenen sozialen Klassen. Zu-

gleich fehlt bei Weber auch eine Auffassung des Staates als »Überbau«, d. h. als eine aus einer gegebenen Ordnung der Produktionsverhältnisse herrührende Erscheinung, welche die Funktion eines Herrschaftsmittels einer Klasse über die anderen erfüllen muß; und es fehlt darüber hinaus auch das typisch Marxsche Problem des Absterbens des Staates, d. h. des Übergangs zu einer Gesellschaft, in der die Abschaffung des Klassenkampfs auch das Verschwinden des Staates mit sich bringt. Die Anerkennung des Vorrangs der Gesellschaft über den Staat drückt sich also nicht, wie bei Marx, in der Behauptung des Vorrangs irgendeines Elements des sozialen Lebens gegenüber der politischen Organisation aus; zwischen ihr und der wirtschaftlichen Organisation bestehen zweifellos Bindungen, aber kein bestimmtes Abhängigkeitsverhältnis. Wo Abhängigkeiten bestehen, sind sie immer geschichtlich bedingt; deshalb erscheint es willkürlich, sie zu einer allgemeinen, für den gesamten Geschichtsprozeß gültigen Behauptung zu erheben. Da der Staat kein Ort der Vermittlung von aus der bürgerlichen Gesellschaft erwachsenden Sonderinteressen ist, da er aber auch kein einfacher »Überbau« des wirtschaftlichen Gefüges der Gesellschaft ist, wird er für Weber ein spezifischer – in seiner Struktur und Funktion veränderlicher – Bestandteil des sozialen Lebens, der in einer Wechselbeziehung zu anderen Bestandteilen steht. Deshalb erscheint die Webersche Analyse auf die Bestimmung einer zweifachen Beziehung ausgerichtet: einer allgemeinen Beziehung, die nur von Fall zu Fall definierbar ist – auf der Grundlage eines bestimmten historischen Zusammenhangs –, zwischen der politischen Organisation und den anderen Aspekten des sozialen Lebens und einer spezifischen Beziehung zwischen modernem Staat und modernem Kapitalismus, wie sie sich in der okzidentalen Welt, und nur hier, ausgeprägt hat.
Bekanntlich hat Weber in »Wirtschaft und Gesellschaft« keine systematische Soziologie des Staates formuliert, obwohl er in seinen letzten Lebensjahren an ihr arbeitete; und der von Winckelmann dem Kapitel über die »Herrschaftssoziologie« hinzugefügte Abschnitt, in dem er Teile aus anderen Schriften zusammenstellte[55], ist eine eher anfechtbare »Montage«. Aber die Bedeutung seiner Betrachtung des modernen Staates bleibt trotzdem klar und wird übrigens durch die Vorlesungen über die »Wirtschaftsgeschichte« bestätigt. Für ihn ist der moderne Staat identisch mit dem rationalen Staat (im formalen Sinne) und stellt eine

spezifische Form politischer Organisation dar, nicht das abschließende Moment einer weltgeschichtlichen Entwicklung des Staates zur höchsten Form der Rationalität; in ihm, und nur in ihm, verwirklicht sich die legale Herrschaft mit ihrem bürokratischen Verwaltungsstab. Zwischen dem modernen Staat und anderen Formen politischer Organisation besteht daher keine Kontinuität, sondern ein qualitativer Unterschied: ein Unterschied, der ähnlich und weitgehend symmetrisch zu dem ist, der den modernen Kapitalismus von anderen Wirtschaftsformen, seien diese kapitalistisch oder nicht, oder der das formal-rationale Recht von anderen Typen der Rechtsschaffung und Rechtsauslegung trennt.

IV

Staat und Weltgeschichte bei Hegel, moderner Staat und vergleichende Analyse der verschiedenen Gesellschaften bei Weber: Noch einmal werden wir auf die verschiedenen Geschichtsauffassungen zurückgeführt, die den beiden Interpretationen der Rationalität des Staates zugrunde liegen. Im Hegelschen System entsteht der Staat, besonders in der Philosophie des Geistes, auf der Grundlage der bürgerlichen Gesellschaft, um dann, dank der Besonderheit der »Volksgeister« als »existierende Individuen«, in den *allgemeinen* Geist, den Geist der Welt«, überzugehen, dessen Recht »das allerhöchste« ist[56], während er in der Philosophie der Weltgeschichte eine historische Dimension annimmt und von einer Epoche zur anderen seine Form wechselt. Übrigens ist diese Dimension auch in den »Grundlinien der Philosophie des Rechts« vorhanden, wo Hegel erkennt, daß »das Prinzip der modernen Staaten .. diese ungeheure Stärke und Tiefe [hat], das Prinzip der Subjektivität sich zum *selbständigen Extreme* der persönlichen Besonderheit vollenden zu lassen und zugleich es in die *substantielle Einheit zurückzuführen* und so in ihm selbst diese zu erhalten«[57]. Es gibt also ein Prinzip des modernen Staates, das Prinzip der Subjektivität, das sich in zwei Richtungen kundtut: in der persönlichen Freiheit und in der Aufhebung der Sonderinteressen im allgemeinen Interesse. Und somit gibt es auch eine dem modernen Staat eigene Verfassung, die konstitutionelle Monarchie, eine Verfassung, in der die organische Beilegung der Interessen der Stände und der Korporationen, die sich innerhalb der bürgerlichen Gesellschaft entwickeln, sich durch die Unterscheidung zwischen gesetzgebender Gewalt, Regierungsgewalt und der Gewalt des Souveräns verwirklicht. In den »Vorlesungen über die Philosophie der Weltgeschichte« unterstreicht Hegel die Kluft, die die Monarchie der modernen Welt vom »orientalischen Despotismus« trennt, wie auch den Zusammenhang, der in ihr entsteht zwischen einer staatlichen Struktur, welche die bürgerliche Gesellschaft voraussetzt, und der Verwirklichung der selbstbewußten Subjektivität[58]. Der moderne Staat erscheint so als das letzte (und höchste) Produkt der Entwicklung des Weltgeistes, nicht die einzige, aber die höchste Verwirklichung der Rationalität in der Weltgeschichte. Eine solche Perspektive fehlt dagegen völlig in Webers soziologischen Analysen, für die der moderne Staat nur eine spezifische Form unter den anderen Formen politischer Organisation ist, das Erzeugnis einer einzigartigen Entwicklung. Was Weber interessiert (und was er für legitim hält), ist die Einordnung des modernen Staats in eine Typologie der Herrschaftsformen, nicht jedoch seine Eingliederung in einen weltgeschichtlichen Prozeß.

Bei Hegel findet die Rationalität des Staates, jedes Staates, ihre Grundlage in der Rationalität der Geschichte; und ebenso findet sich darin das Maß jener Rationalität, der mehr oder weniger rationale Charakter eines Staates im Vergleich zu anderen. Die konstitutionelle Monarchie ist der Endpunkt eines Weges, den der Weltgeist, durch die verschiedenen Volksgeister hindurch, geht. Die germanische Welt fällt so mit der Verwirklichung einer staatlichen Struktur zusammen, die dem Prinzip der Subjektivität entspricht. Bei Weber setzt die Rationalität des modernen Staates dagegen einen Rationalisierungsprozeß voraus, der in einem besonderen geschichtlichen Bereich auf der Basis von spezifischen Bedingungen stattgefunden hat; außerhalb des Okzidents ist der rationale Staat nicht entstanden und konnte wegen des Fehlens ähnlicher Bedingungen nicht entstehen; auch hier gilt das, was Weber zur kapitalistischen Wirtschaft sagt, die auf die rationale Kapitalrechnung orientiert ist. Man kann summarisch sagen, daß Hegels Theorie des Staates und seine Definition des rationalen Staats sich auf die immanente Rationalität der Weltgeschichte als Geschichte der Freiheit und der Subjektivität gründen, während bei Weber die Rationalität des modernen Staates ihre Grundlage im Rationalisierungsprozeß (im formalen Sinne) findet, der dem

Okzident eigen ist. Daraus entstehen zwei Bilder des modernen Staates, die – trotz der beiden gemeinsamen These seiner Rationalität – untereinander heterogen und letztlich unvereinbar sind.

Daraus ergeben sich die unterschiedlichen Stellungnahmen Hegels und Webers zu der dem Staat zugeschriebenen Rationalität. Bei Hegel gehen der Vorrang des Staates über die bürgerliche Gesellschaft, die Anerkennung seines Charakters als »Selbstzweck«, die Auffassung des Staates als höchstes Moment der Sittlichkeit (und der modernen konstitutionellen Monarchie als Höhepunkt der Weltgeschichte) mit der Rechtfertigung und manchmal der Verherrlichung des Staates Hand in Hand. »Das *was ist* zu begreifen, ist die Aufgabe der Philosophie, denn das *was ist*, ist die Vernunft«[59]; diese Voraussetzung gilt für die geistige wie für die natürliche Realität, und sie gilt in besonderem Maße für den Staat als sittliche Substanz. Diese Anerkennung der Rationalität des Staates bei Hegel bringt es mit sich, daß dem jeweils existierenden Staat und besonders der konstitutionellen Monarchie der modernen Welt keine ideale Staatsform entgegengesetzt werden kann und daß noch weniger vage revolutionäre Bestrebungen oder Träume von Neuorganisation auf anderer Grundlage, wie diejenigen, die auch in Deutschland in der Zeit der Restauration Verbreitung fanden[60], vor ihm zu bestehen vermögen. In der soziologischen Analyse Webers fällt dieser Versuch der Rechtfertigung völlig fort. Die Bürokratisierung, in der sich die rationale Struktur des Staates wie auch des modernen Kapitalismus ausdrückt, wird alles andere als positiv dargestellt; die *technische* Überlegenheit der bürokratischen Verwaltung läßt sich nicht in eine Überlegenheit überhaupt umdeuten, es sei denn, man führe ein wissenschaftlich unzulässiges Werturteil an. Während für Hegel der Staat die Verwirklichung der geistigen Freiheit bedeutet, zeichnet sich für Weber »die moderne Bürokratie ... vor allen diesen älteren Beispielen durch eine Eigenschaft aus, welche ihre Unentrinnbarkeit ganz wesentlich endgültiger verankert als die jener anderen: die *rationale fachliche Spezialisierung und Einschulung*«; sie ist nur eine »leblose Maschine«, d. h. »geronnener Geist«[61]. Anstatt Bedingungen größerer Freiheit zu fördern, »ist sie an der Arbeit, das Gehäuse jener Hörigkeit der Zukunft herzustellen, in welche vielleicht dereinst die Menschen sich ... ohnmächtig zu fügen gezwungen sein werden«[62]. Technische Überlegenheit der bürokratischen Verwaltung und individuelle Freiheit stellen sich in den Augen Webers als tendenziell gegensätzlich dar. Die formale Rationalität des modernen Staates und seines spezifischen Verwaltungstypus sichert die Freiheit keineswegs, sondern stellt im Gegenteil das Problem, »*irgendwelche Reste*« individueller Freiheit »angesichts dieser Übermacht der Tendenz zur Bürokratisierung« zu retten[63].

Die Philosophie der Weltgeschichte bot Hegel auch die Möglichkeit, mit Vertrauen in die Zukunft zu blicken; der Weltgeist kennt weder Halt noch Rückschritte, ja, er schickt sich an – wie die Bahn der Sonne –, den Atlantik zu überqueren und in den amerikanischen Kontinent, in »das Land der Zukunft«, auszuwandern[64]. Auch in seiner Umformung – und eine Umformung ist unvermeidlich – kann der Staat in der Rationalität nur fortschreiten, d.h. die Vermittlung der Sonderinteressen und ihre Aufhebung im allgemeinen Interesse nur immer vollkommener sichern; kein Rückschritt ist in dieser wie auch in anderer Hinsicht möglich. Auch für Weber kann der moderne Staat in technischer Hinsicht noch weiter fortschreiten und einen höheren Grad formaler Rationalität erreichen; aber zu einem Preis, den wir nicht kennen, den wir nur ahnen und fürchten können, vor allem dann, wenn politische und wirtschaftliche Bürokratie miteinander verschmelzen, die heute noch getrennt sind und sich gegenseitig in Schranken halten können[65]. Das Geschick verspricht uns keinen Fortschritt in der Freiheit, keinen Fortschritt in der Vernunft; und noch weniger verspricht es uns ein Zusammenfallen von formaler und materialer Rationalität. Es verspricht uns auch keine soziale Palingenesis, welche den Klassenkampf und die Konflikte zwischen den sozialen Gruppen ausschaltet, ebensowenig wie die Entstehung einer klassenlosen Gesellschaft und das Verschwinden der Entfremdung: Das Ergebnis der russischen Revolution beweist es uns. Die Zukunft ist nicht nur unsicher, sondern auch voll von drohenden Gefahren, die der Soziologe nur vorhersehen kann, aber für die er keine Abhilfe hat. Die Webersche Analyse läuft so, in »Parlament und Regierung« nicht weniger als auf den leidenschaftlichen Seiten von »Politik als Beruf«, auf eine klare und grausame Diagnose hinaus, die eine Zukunft in Aussicht stellt, in der die dem Individuum zugestandene Freiheit sich nicht vergrößern, sondern verringern wird. Im Vergleich zu Hegel – aber auch zu Marx – ist Max Weber der wahre Realist, bar jeder Illusion.

Anmerkungen

1 Wirtschaftsgeschichte, S. 289.
2 WuG, I, S. 29.
3 WuG, I, S. 12-13, 44-45.
4 Vgl. dazu den Aufsatz von *Norberto Bobbio*, La teoria dello stato e del potere, in: *Pietro Rossi* (Hrsg.), Max Weber e l'analisi del mondo moderno, Torino 1981, S. 215-46. Zum politischen Denken Webers ist das Buch von *Wolfgang Mommsen*, Max Weber und die deutsche Politik 1890-1920, 2. Aufl. 1974, besonders wichtig; siehe ebenfalls die im Band desselben Verfassers Max Weber. Gesellschaft, Politik und Geschichte, Frankfurt a. M. 1974, gesammelten Aufsätze. Vgl. außerdem *Karl Loewenstein*, Max Webers staatspolitische Auffassungen in der Sicht unserer Zeit, Frankfurt a. M. – Bonn 1965. Zur Weberschen Theorie der Herrschaftsformen und, allgemeiner, zur politischen Soziologie siehe auch *Reinhard Bendix*, Max Weber. An Intellectual Portrait, Garden City (N. Y.) 1960, deutsch Frankfurt a. M. 1964, 3. Teil, und *Reinhard Bendix* und *Guenther Roth*, Scholarship and Partisanship: Essays on Max Weber, Berkeley (Cal.) 1971.
5 WuG, I, S. 124.
6 Ebd.
7 WuG, I, S. 125.
8 Die drei Typen der legitimen Herrschaft, in: Preussische Jahrbücher, 187 (1922), S. 1, später von Johannes Winckelmann in die 4. Auflage von Wirtschaft und Gesellschaft (1956), II, S. 551 ff., jetzt in WL, S. 476 ff. aufgenommen.
9 WuG, I, S. 124. Vgl. dazu *Johannes Winckelmann*, Legitimität und Legalität in Max Webers Herrschaftssoziologie, Tübingen 1952.
10 WuG, I, S. 30.
11 GPS, S. 321.
12 WuG, I, S. 125-26.
13 WuG, II, S. 566.
14 WuG, II, S. 567.
15 WuG, I, S. 95.
16 WuG, I, S. 94.
17 Wirtschaftsgeschichte, S. 296-97.
18 Parlament und Regierung im neugeordneten Deutschland, in GPS, S. 322.
19 Ebd.
20 WuG, I, S. 128.
21 WuG, I, S. 44-45, 48-53.
22 WuG, I, S. 94.
23 WuG, II, S. 578.
24 WuG, II, S. 578-79.

25 Vgl. dazu das grundlegende Buch von *Wolfgang Schluchter*, Die Entwicklung des okzidentalen Rationalismus, Tübingen 1979.

26 Grundlinien der Philosophie des Rechts, Vorrede.

27 Grundlinien der Philosophie des Rechts, § 259.

28 Grundlinien der Philosophie des Rechts, § 263.

29 Grundlinien der Philosophie des Rechts, § 265.

30 Vgl. dazu den Aufsatz von *Norberto Bobbio*, La costituzione in Hegel, in: De Homine, 38-40 (1971), S. 315-28, später in den Band Studi hegeliani, Torino 1981, S. 69-83 aufgenommen, insbesondere S. 70-71.

31 Grundlinien der Philosophie des Rechts, § 287.

32 Grundlinien der Philosophie des Rechts, § 289.

33 *Norberto Bobbio*, La teoria dello stato e del potere, S. 243.

34 Grundlinien der Philosophie des Rechts, § 258.

35 Ebd.

36 Grundlinien der Philosophie des Rechts, § 347.

37 WuG, I, S. 30.

38 Ebd.

39 WuG, I, S. 29.

40 Der Text der Antrittsrede ist in GPS, S. 1-25 aufgenommen; s. *Wolfgang Mommsen*, Max Weber und die deutsche Politik, Kap. 3.

41 GPS, S. 506.

42 Grundlinien der Philosophie des Rechts, § 347.

43 Vgl. dazu *Manfred Riedel*, Hegels bürgerliche Gesellschaft und das Problem ihres geschichtlichen Ursprungs, in: Archiv für Rechts- und Sozialphilosophie, 48 (1962), S. 539-66, und vor allem *Pierre Chambley*, Economie et philosophie chez Steuart et Hegel, Paris 1963, und Notes de lecture relatives à Smith, Steuart et Hegel, in: Revue d'économie politique (1967), S. 857-78. Man muß noch den grundlegenden Kommentar von *Eugène Fleischmann*, La philosophie politique de Hegel, Paris 1964, S. 207-54 und den Aufsatz von *Norberto Bobbio*, Sulla nozione di »società civile«, in: De Homine, 24-25 (1968), S. 19-36 berücksichtigen. Aus der umfangreichen Literatur zur politischen Philosophie Hegels erwähnen wir hier nur die folgenden Werke: *Franz Rosenzweig*, Hegel und der Staat, München – Berlin 1920; *Georg Lukács*, Der junge Hegel und die Probleme der kapitalistischen Gesellschaft, Berlin 1954; *Mario Rossi*, Marx e la dialettica hegeliana, Bd. I: Hegel e lo stato, Roma 1960, 2. Aufl. Milano 1970; und schließlich *Claudio Cesa*, Hegel filosofo politico, Napoli 1976. Siehe auch das Sonderheft der Rivista di filosofia, 68 (1977), über Hegel e lo stato (hrsg. von *Luigi Marino*).

44 Vorlesungen über Rechtsphilosophie (hrsg. von *Karl-Heinz Ilting*), Stuttgart – Bad Cannstatt 1973-74, Bd. III, S. 565 – mit Bezug auf den § 182 der Grundlinien.

45 Siehe vor allem den Aufsatz Du système industriel (1821-22), der

schon zur Periode der Zusammenarbeit mit dem jungen Comte gehört; er ist in den Neudruck der Oeuvres de Claude-Henri de Saint-Simon, Paris 1966, Bd. III, aufgenommen.

46 Grundlinien der Philosophie des Rechts, §§ 353-58.
47 Grundlinien der Philosophie des Rechts, § 355.
48 Grundlinien der Philosophie des Rechts, § 356.
49 Grundlinien der Philosophie des Rechts, § 357.
50 Grundlinien der Philosophie des Rechts, § 358.
51 Vorlesungen über die Philosophie der Weltgeschichte (hrsg. von *Johannes Hoffmeister*), 5. Aufl. Hamburg 1955, Bd. 1, S. 188 ff. Vgl. auch *Norberto Bobbio*, Studi hegeliani, S. 74-75.
52 Vorlesungen über die Philosophie der Weltgeschichte, Bd. 1, S. 249-50.
53 Vorlesungen über die Philosophie der Weltgeschichte, Bd. 1, S. 139.
54 Vorlesungen über die Philosophie der Weltgeschichte, Bd. 1, S. 137.
55 Vgl. die von Johannes Winckelmann herausgegebene Staatssoziologie, Berlin 1956, später zur achten Sektion des Kap. 9 des zweiten Teils von Wirtschaft und Gesellschaft geworden.
56 Grundlinien der Philosophie des Rechts, § 340.
57 Grundlinien der Philosophie des Rechts, § 260.
58 Vorlesungen über die Philosophie der Weltgeschichte, Bd. 1, S. 139; vgl. auch die ersten Seiten der Behandlung der germanischen Welt im Bd. IV, S. 757-67.
59 Grundlinien der Philosophie des Rechts, Vorrede.
60 Siehe dazu *Joachim Ritter*, Hegel und die französische Revolution, Frankfurt a. M. 1965, und *Jean d'Hondt*, Hegel en son temps. Berlin 1818-1831, Paris 1968, und Hegel secret, Paris 1968; vgl. auch *Biagio De Giovanni*, Hegel e il tempo storico della società borghese, Bari 1970. Siehe vor allem *Claudio Cesa*, Hegel filosofo politico, auf den sich auch *Norberto Bobbio*, La filosofia politica di Hegel nel decennio 1960-70; in: Rivista critica di storia della filosofia, 27 (1972), S. 293-319, später in Studi hegeliani, S. 159-92 aufgenommen, bezieht.
61 GPS, S. 331-32.
62 GPS, S. 332.
63 GPS, S. 333.
64 Vorlesungen über die Philosophie der Weltgeschichte, Bd. 1, S. 209.
65 Zur Polemik gegen den Sozialismus, die die Webersche Diagnose in den Nachkriegsjahren inspiriert, siehe *Massimo L. Salvadori*, La critica del materialismo storico e la valutazione del socialismo, in: *Pietro Rossi* (Hrsg.), Max Weber e l'analisi del mondo moderno, S. 247-78.

Historische Sozialwissenschaft
und ›absoluter‹ Historismus:
Weber und Croce

I

Zwischen Weber und Croce waren die direkten Beziehungen eher selten. Als Croce in den »Quaderni della Critica« die 1948 erschienene italienische Übersetzung von »Wissenschaft als Beruf« und von »Politik als Beruf« rezensierte, ging seine Erinnerung vierzig Jahre zurück: »Ich hatte Weber auf dem internationalen Philosophie-Kongress von 1908 in Heidelberg kennengelernt, er war mit Freunden von mir befreundet und wurde von ihnen hochgeschätzt; ich hatte aber keine weiteren Beziehungen mit ihm gehabt noch sein wissenschaftliches Werk verfolgt, von dem ich nur das Jugendwerk über die ›Römische Agrargeschichte‹ gelesen hatte«[1]. Und auch diese wenigen Beziehungen waren hauptsächlich von Karl Vossler vermittelt, der damals Dozent in Heidelberg war und an den sich auch Windelband gewendet hatte, um Croce das Angebot zu übermitteln, eines der Hauptreferate des Kongresses zu halten (Croce wählte als Thema »L'intuizione pura e il carattere lirico dell'arte«)[2]. Croce hatte – wieder mit der Vermittlung Vosslers – Weber die erste Fassung seiner »Logica« als Geschenk übersandt, die 1905 in den »Atti dell'Accademia Pontaniana« von Neapel erschienen war[3], und Weber hatte das Geschenk im folgenden Jahr mit zwei »Broschüren« erwidert – mit den Separata des dritten Teils des Aufsatzes über »Roscher und Knies« und der »Kritischen Studien auf dem Gebiet der kulturwissenschaftlichen Logik«[4]. Eben bei dieser letzten Gelegenheit fragte Croce seinen Freund Vossler, ob der Verfasser der beiden Broschüren »derselbe Weber sei, der über die ›Römische Agrargeschichte‹ geschrieben habe«, und er kündigte ihm die Sendung des Neudrucks seiner Aufsätze über »Materialismo storico ed economia marxistica« an[5]. Danach wurden die sporadischen Beziehungen zwischen Weber und Croce bis zu dem Moment gänzlich unterbrochen, in dem der letztere die italienische Übersetzung von »Parlament und Regierung« anregte: Die gegenseitige Wertschätzung ist nie zum Dialog geworden. Bei der Nachricht vom Tode Webers jedoch schreibt Croce in einem Brief vom 17. Juni 1920 an Vossler, der ihn im Jahr davor über die Berufung Webers nach München informiert hatte: »mit echtem Schmerz habe ich den Tod Webers erfahren, eine der schönsten Intelligenzen unserer Zeit und ein klarer Geist«[6].

Im Werk Webers wie in dem Croces fehlen jedoch ausdrückliche Bezugnahmen auf das Denken des anderen nicht[7]. Weber, zwei Jahre älter, hatte als erster einen wichtigen Punkt Croces diskutiert, die Lehre von der Anschauung, wie sie in der »Estetica come scienza dell'espressione e linguistica generale« (1902) dargestellt war, die er aus der 1905 erschienenen deutschen Übersetzung von Karl Federn kannte[8]. Diese Diskussion erscheint in den Anfangsseiten des zweiten Teils des Aufsatzes »Knies und das Irrationalitätsproblem«, der 1906 in Band XXX von »Schmollers Jahrbuch« veröffentlicht wurde. Schon im ersten Teil dieses Aufsatzes hatte Weber bekanntlich die Polemik gegen die historische Schule der Nationalökonomie zu einer Kritik der romantischen methodologischen Erbschaft erweitert, die in großen Bereichen der deutschen Philosophie des ausgehenden 19. Jahrhunderts verbreitet war, und er hatte die Versuche zurückgewiesen, die Eigenart der historischen Erkenntnis auf ein Verfahren des »Verstehens« zu gründen, das den Rückgriff auf kausale Erklärung ausschließt. Sein Angriff galt vor allem dem Gegensatz zwischen »»freiem‹ *und daher irrational individuellem* Handeln der Personen einerseits« und »*gesetzlicher* Determiniertheit der naturgegebenen Bedingungen des Handelns anderseits«[9] – einem Gegensatz, der dazu führte, im Prinzip die Möglichkeit eines rationalen Verstehens des menschlichen Verhaltens zu verneinen. Webers Polemik richtete sich somit gegen die Methodologie der Geisteswissenschaften Wundts und besonders gegen seinen Begriff der »schöpferischen Synthese«. Dabei trat bei ihm ein Begriff des Verstehens in den Vordergrund, mit dem sich gerade nicht der Gegensatz zwischen der historischen und der naturwissenschaftlichen Erkenntnis kennzeichnen ließ; seine Kritik richtete sich ausdrücklich gegen die »Grundzüge der Psychologie« (1900) von Hugo Münsterberg, gegen die zweite Auflage der »Probleme der Geschichtsphilosophie« (1905) von Georg Simmel, gegen »Die Herrschaft des Wortes« (1901) von Friedrich von Gottl-Ottlilienfeld. Aber im Hintergrund tauchte auch – mit unterschiedlichen

Vorzeichen – der Bezug auf Dilthey und Rickert auf: auf Dilthey, dessen Unterscheidung zwischen Naturwissenschaften und Geisteswissenschaften er genauso zurückwies wie dessen Auffassung des Verstehens und des Zusammenhangs von Erleben und Verstehen; auf Rickert, dessen Unterscheidung zwischen Naturwissenschaften und Kulturwissenschaften aufgrund ihres verschiedenen Erkenntniszwecks er genauso akzeptierte wie die allgemeine methodologische Einstellung, die in den »Grenzen der naturwissenschaftlichen Begriffsbildung« dargelegt war. Und seine Polemik gegen die Reduktion der Erkenntnistheorie auf Psychologie (und gegen die Vermischung von erkenntnistheoretischer und psychologischer Betrachtung) fand zugleich eine Stütze in den »Logischen Untersuchungen« von Husserl, die 1900-1901 erschienen waren.

Diese Ablehnung des Psychologismus bildet den Ausgangspunkt der Diskussion, die Weber im zweiten Teil des Aufsatzes »Knies und das Irrationalitätsproblem« der Theorie der Einfühlung, die Theodor Lipps in der »Grundlegung der Ästhetik« (1903) formuliert hatte, und Croces Theorie der Anschauung widmet. Daß er dabei beide Autoren einander annähert, mag auf den ersten Blick überraschend erscheinen, weil Lipps auf eine psychologische Begründung der Ästhetik abzielt, ja, die Ästhetik als »psychologische Disziplin« oder »Disziplin der angewandten Psychologie« auffaßt[10], während Croce den Begriff der Anschauung dazu benutzt, um die Kunst als eine Form der Erkenntnis zu definieren, die sich von der intellektuellen unterscheidet, als ein Moment oder eine »Stufe« der theoretischen Tätigkeit des Geistes, die unabhängig von der »Erkenntnis durch Begriffe«, d. h. von der Philosophie, ist. Diese Annäherung erscheint auch deshalb überraschend, weil Croce im historischen Teil der »Estetica« ausdrücklich die Position von Lipps zurückweist, insofern sie »die rein psychologische und assoziationistische Ausrichtung« der Ästhetik vertritt[11], und weil Weber selbst in Croce »den geistvollen italienischen Widerpart der Ansichten von Lipps und des Psychologismus überhaupt in der Philologie und Ästhetik« erkennt[12]. Daß Weber beide einander annähert, hat jedoch eine Berechtigung. An Lipps kritisiert Weber den Anspruch, das intellektuelle Verständnis aus der Einfühlung abzuleiten, die als rein innerer Akt, als eine Art »innere Nachahmung«, aufgefaßt ist; an Croce kritisiert er die These – die im Mittelpunkt der »Estetica« wie auch der folgenden »Lineamenti di una logica come scienza del concetto puro« (1905) steht –, nach der die Erkenntnis der individuellen »Dinge« »nur ›künstlerisch‹ möglich« sei, d. h., ohne auf »Relationsbegriffe« zurückzugreifen[13]. Gegen den Intuitionismus Lipps wendet Weber ein, »die Ansicht, daß die Einfühlung ›mehr‹ sei als bloßes ›intellektuelles Verständnis‹«, bedeute kein »Plus an ›Erkenntniswert‹ im Sinne des ›Geltens‹«, sondern besage nur, »daß kein objektiviertes ›Erkennen‹, sondern reines ›Erleben‹ vorliegt«[14]. Bei Croce kritisiert er die »naturalistischen Irrtümer«, die der Behauptung zugrunde liegen, daß »die Geschichte Gegenstand ›logischer‹ Bewertung gar nicht werden kann, denn die ›Logik‹ befaßt sich nur mit (Allgemein-)Begriffen und ihrer Definition«[15].

Weber sieht drei dieser Irrtümer. Der erste ist, »daß nur Relationsbegriffe, und ... nur Relationsbegriffe von absoluter Bestimmtheit, d. h. aber: in Kausalgleichungen ausdrückbare Relationsbegriffe überhaupt ›Begriffe‹ seien«[16]. Gegen diesen Standpunkt bemerkt Weber, daß »ausschließlich mit solchen Begriffen aber nicht einmal die Physik arbeitet«, und damit zeigt er implizit die Abhängigkeit der Auffassung Croces von einem künstlichen (und – so muß man hinzufügen – historisch rückständigen) Modell der empirischen Wissenschaft. Der zweite ist die »Behauptung, daß ›Dingbegriffe‹ keine ›Begriffe‹ seien, sondern ›Anschauungen‹« – eine Behauptung, die nach Weber »die Folge des Ineinanderschiebens verschiedener Bedeutungen der Kategorie der ›Anschaulichkeit‹« darstellt, und zwar der »anschaulichen Evidenz« eines mathematischen Lehrsatzes mit dem anschaulichen Charakter des Mannigfaltigen der Erfahrung. Gegen Croces Verneinung der Möglichkeit der »Dingbegriffe« wendet Weber ein, daß, »wo die empirische Wissenschaft eine gegebene Mannigfaltigkeit als ›Ding‹ und damit ›Einheit‹ behandelt, z. B. die ›Persönlichkeit‹ eines konkreten historischen Menschen, ... dieses Objekt zwar stets ein nur ›relativ bestimmtes‹, d. h. ein stets und ausnahmslos empirisch ›Anschauliches‹ in sich enthaltendes gedankliches Gebilde [ist], – aber es ist gleichwohl eben ein durchaus *künstliches* Gebilde, dessen ›Einheit‹ durch Auswahl des mit Bezug auf bestimmte Forschungszwecke ›Wesentlichen‹ bestimmt ist, ein Denkprodukt also von nur ›funktioneller‹ Beziehung zum ›Gegebenen‹ und mithin: ein ›Begriff‹ ...«. Weber unterstreicht auf diese Weise den *Konstruktionscharakter* und daher den gedanklichen Charakter jedes (gleich ob natürlichen oder historischen) Objektes als Produkt eines Vereinheitlichungsprozesses des Mannigfaltigen der Erfahrung, und er stellt so die Willkürlichkeit der von Croce postulierten Entsprechung zwischen dem Begriff des »Dinges« und der Anschauung (und der ähnlichen Entsprechung zwischen Relationsbegriff und begrifflicher Erkenntnis) dar. Der dritte und letzte Irrtum ist »die weitverbreitete und von Croce akzeptierte Laienansicht…, als ob die Geschichte eine ›Reproduktion von (empirischen) Anschauungen‹ oder ein Abbild von früheren ›Erlebungen‹ (des Abbildenden selbst oder anderer) sei«. Gegen diese Ansicht nimmt Weber die Kritik wieder auf, die er gegen den historischen Intuitionismus formuliert hatte, und er unterstreicht, daß »schon das eigene Erlebnis…, sobald es *denkend* erfaßt werden soll, nicht einfach ›abgebildet‹ oder ›nachgebildet‹ werden [kann]: das wäre eben kein Denken *über* das Erlebnis, sondern ein nochmaliges ›Erleben‹ des früheren oder vielmehr, da dies unmöglich ist, ein *neues* ›Erlebnis‹«, ein vom »Gefühl«, »›dies‹… schon einmal ›erlebt‹ zu haben«, begleitetes Erlebnis. Und er schließt mit der Betonung, daß »auch das einfachste ›Existentialurteil‹… logische Operationen voraussetzt, welche allerdings nicht die ›Setzung‹, wohl aber die konstante *Verwendung* von Allgemeinbegriffen, daher Isolation und Vergleichung, in sich enthalten«.

Wie bei Lipps, so ist Webers Kritik auch bei Croce nicht gegen dessen Ästhetik gerichtet, sondern gegen das, was sich daraus für die Auffassung des Verstehens und der historischen Erkenntnis ergibt. Gegenstand der Polemik Webers ist im Falle Lipps die Möglichkeit, die Erkenntnis der Individualität der anderen auf die Einfühlung und daher auf das Erleben zu gründen, im Fall Croces die Möglichkeit, die Geschichte auf die Anschauung und somit auf »Kunst« zu reduzieren und sie dem intellektuellen Erkennen gegenüberzustellen. Der Aspekt von Croces Denken, den Weber kritisiert, ist eben jene »Reduzierung der Geschichte unter den allgemeinen Begriff der Kunst«, die Croce in der jugendlichen akademischen Abhandlung von 1893 thematisiert hatte[17] und die er in der »Estetica« im Rahmen der Unterscheidung zwischen den beiden Formen der theoretischen Tätigkeit wiederaufnimmt. Croce behauptet, außer der Anschauung oder dem Ausdruck und dem Begriff, d. h. außerhalb der Formen der Kunst und der Wissenschaft (verstanden im Sinn von Philosophie, nicht der Naturwissenschaften, die als »uneigentliche Wissenschaften« betrachtet werden), habe »der erkennende Geist keine anderen«; daraus leitet sich in der Tat für Croce die Verneinung der Geschichte als mögliche »dritte theoretische Form« ab, insofern als sie »keine Form, sondern Inhalt ist«[18]. Daraus folgt, daß »die Geschichte weder Gesetze sucht noch Begriffe prägt; sie verfährt weder induktiv noch deduktiv; sie ist *ad narrandum, non ad demonstrandum* ausgerichtet; sie errichtet keine Allgemeinbegriffe und Abstraktionen, sondern setzt Anschauungen«[19]. Weber konnte diesen Standpunkt sicher nicht akzeptieren, der sich zwar einerseits der Rickertschen These der Individualität des historischen Gegenstandes nähert, diese aber andererseits nur der Anschauung, d. h. einer nicht begrifflichen Erkenntnis, zugänglich macht. Gewiß sucht auch für Weber die historische Erkenntnis »weder Gesetze, noch prägt sie Begriffe«, aber die Verwendung empirischer Regeln und allgemeiner Begriffe ist für sie unerläßlich; auch für Weber hat sie narrativen und nicht demonstrativen Charakter, aber ihre logische Struktur besteht nicht in der Erzählung, sondern in der kausalen Erklärung. Wie Weber sich im »Objektivitätsaufsatz« ausdrückt: »wenn die kausale Erkenntnis des Historikers *Zurechnung* konkreter Erfolge zu konkreten Ursachen ist, so ist eine *gültige* Zurechnung irgend eines individuellen Erfolges ohne die Verwendung ›nomologischer‹ Kenntnis – Kenntnis der Regelmäßigkeiten der kausalen Zusammenhänge – überhaupt nicht möglich«[20]. Für Weber war das Problem nicht, wie für Croce, ob Begriffe in der historischen Erkenntnis eine Rolle spielen, sondern welche Funktion sie haben und was ihre logische Eigenart ist. Darin lag seine tiefe, unüberwindliche Distanz zu Croce, dem Verfasser der »Estetica« und der »Lineamenti di logica«.

Weber hat sich in den folgenden Schriften nicht mehr mit Croces Denken beschäftigt. Auch das Vorhaben, anderwärts auf die »Logica« zurückzukommen, das er im Aufsatz über »Knies und das Irrationalitätsproblem«[21] ankündigt, wird nicht ausgeführt, desgleichen nicht die Absicht, eine »kritische Anmerkung« zur Neuausgabe des »Materialismo storico ed economia marxistica« zu schreiben, auf die Vossler in einem Brief vom Oktober 1907 anspielt[22]. Der einzige weitere Bezug auf Croce, der sich im Weberschen Werk findet, erscheint in einer Fußnote zum ersten Teil der »Kritischen Studien auf dem Gebiet der kulturwissenschaftlichen

Logik«, d. h. im Aufsatz »Zur Auseinandersetzung mit Eduard Meyer« (1906), wo er Croce und Vossler die Neigung vorwirft, »immer wieder zu einem logischen Ineinanderschieben des ›Wertens‹ und des ›Erklärens‹ und zu einer Negierung der Selbständigkeit des letzteren« zu kommen[23]. In der Tat konnten weder der Aufbauprozeß einer Philosophie des Geistes auf Hegelscher Grundlage, den Croce – nach dem Aufsatz von 1906 »Ciò che è vivo e ciò che è morto nella filosofia di Hegel« – in der »Filosofia della pratica, economia ed etica« (1909) und in der Neubearbeitung der »Logica come scienza del concetto puro« (1909) unternommen hatte, noch die Identifizierung von Geschichte und Philosophie und die daraus folgende Definition der Philosophie als Methodologie der Historiographie, die in »Teoria e storia della storiografia« (deutsch 1915, italienisch 1917) auftreten, Weber interessieren, und noch weniger konnten dies die Lehre der Kunst als »lyrische Anschauung« oder die Studien über die Literatur des neuen Italiens[24]. Der Bezug auf Croce bleibt eine Episode im Kontext der kritischen Stellungnahmen, auf deren Grundlage Weber die Methodologie der historisch-sozialen Wissenschaften entwickelt.

II

Das gleiche gilt aber auch für Croce. Seine Kenntnis des Weberschen Werkes war in jenen Jahren recht beschränkt und blieb es auch in der Folgezeit. In seiner Jugend hatte Croce »Die römische Agrargeschichte« gelesen; nach dem, was er im Juli 1906 an Vossler schrieb, las er später auch die beiden von Weber geschickten »Broschüren«, oder zumindest las er die Seiten, die ihn betrafen. Er antwortete jedoch nicht auf die Kritik Webers, nicht einmal indirekt: Die Berufung auf Hegel, von der seine gedankliche Wende in jener Periode ausgeht, führte ihn zu einer wachsenden Entfernung von der zeitgenössischen deutschen Philosophie und besonders von derjenigen, die die größte philosophische »Quelle« Webers war, von der Werttheorie. Unter dem Einfluß von Giovanni Gentile nahm das »System« der Philosophie des Geistes mit der »Filosofia della pratica« und der Neubearbeitung der »Logica« eine Orientierung im idealistischen Sinne, die es – trotz Änderungen und Vertiefungen – bis in die letzten Jahre kennzeichnen sollte[25]. Und der Neukantianismus in seinen verschiedenen Ausprägungen wurde zum Gegenstand einer teilweise heftigen Polemik. 1910 veröffentlichte Croce in »La Critica« einen Aufsatz »Intorno ai così detti giudizi di valore«[26], in dem er Werten jeglichen logischen Charakter absprach und sie als einfachen »Ausdruck eines Gefühls« betrachtete. Die einzige legitime Verwendung des Wertbegriffs war ihm diejenige, die ihn mit den Geistesformen, d. h. mit den »Kategorien« des geistigen Lebens, identifizierte; und das deshalb, weil »ohne die Kategorien das Urteil und daher die Geschichte unmöglich ist; ohne die Kenntnis des Guten, d. h. des ethischen Lebens, des Schönen, d. h. des ästhetischen Lebens, des Nützlichen, d. h. des ökonomischen Lebens, des Wahren, d. h. des Lebens des Denkens, kann man die Geschichte nicht erzählen, welche Geschichte dieser Dinge oder anderer als dieser ist, wenn es andere gibt«[27]. In dem Maße, in dem Croce der Werttheorie eine Berechtigung zuerkannte, setzte er sie der Theorie der Geistesformen als Grundlage des historischen Urteils gleich – eines Urteils, das nicht mehr auf der Ebene der Anschauung verblieb, sondern dem er einen eigentlich intellektuellen, d. h. philosophischen Charakter zuschrieb.

Der Weltkrieg und die Krise Deutschlands weckten Croces Interesse für Weber erneut; jetzt handelte es sich jedoch um Weber als Politiker, um den Verfasser von »Parlament und Regierung im neugeordneten Deutschland« (1918). Croce, der sich das Buch kurzfristig über die Schweiz besorgt hatte, betrieb seine Übersetzung beim Verleger Laterza, »damit die schmerzliche, kritische Konfession, die Weber von der bürokratischen Auffassung der Politik machte, wie sie im Gegensatz zu der freien des westlichen Europas von den Deutschen gepflegt und exaltiert wurde, in Italien ihre Früchte trug«[28]. Die Enrico Ruta anvertraute Übersetzung erschien im Sommer 1919 mit einem extrem positiven Vorwort des Übersetzers, in dem er die Gültigkeit von Webers Interpretation unterstrich. Die italienische Ausgabe dieses Buches und – in kurzem Zeitabstand – die von »Die neue Wirtschaft« von Walther Rathenau und von »Mitteleuropa« von Friedrich Naumann, die gleichfalls Croce vorgeschlagen hatte, bezeugen seine intensive Anteilnahme an dem dramatischen Zusammenbruch des Kaiserreiches und seine Hoffnung auf die demokratische Erneuerung Deutschlands. Im Brief vom 17. Juni 1920 an Vossler verbindet Croce nicht zufällig die Trauer über Webers Tod mit »der

Trauer über das, was Du über die deutschen Zustände sagst«, in denen er einen Schaden sah, der »nicht nur die Deutschen angeht, sondern uns alle«[29]. Viel später noch, 1948, unterstrich er erneut den Zusammenhang zwischen dem persönlichen Schicksal Webers und dem politischen Schicksal Deutschlands; und Weber erscheint ihm wie »ein Opfer dieser Zustände und zugleich unduldsam und nicht anpaßbar«[30].

Aber Webers historisch-soziologisches Werk aus dessen letztem Lebensjahrzehnt blieb Croce immer fremd. Zwar nahm er mit dem Aufsatz »Die Grenzen der Sprachsoziologie«[31] am Erinnerungsband für Weber teil, widmete jedoch weder »Wirtschaft und Gesellschaft« noch den verschiedenen, in der ersten Hälfte der zwanziger Jahre erschienenen Weberschen Schriftsammlungen irgendeine Aufmerksamkeit, ja, er las sie nicht einmal. Einen unwiderlegbaren Beweis dafür liefert nicht nur die Abwesenheit von präzisen Bezügen auf das Webersche Werk in Croces Schriften der folgenden Periode, sondern auch das Fehlen dieser Bände in seiner Bibliothek – mit Ausnahme lediglich von »Wirtschaft und Gesellschaft« und »Politische Schriften«[32]. Hinweise auf Weber finden sich gelegentlich, z.B. in der alles andere als positiven Besprechung von »Der Historismus und seine Überwindung« von Ernst Troeltsch, die 1927 in »La Critica« erschien, oder in der Rezension von »Die Krisis des Historismus« von Karl Heussi aus dem Jahre 1933. Man muß bis zu einer Besprechung aus dem Jahr 1940 warten, nämlich auf die des Buches von Carlo Antoni »Dallo storicismo alla sociologia« – das den deutschen Historismus und das Webersche Denken selbst einer von Croce inspirierten Kritik unterzog –, um ein ausdrückliches Urteil über Weber zu finden. Der einzige Aufsatz Webers, der in der Zwischenkriegszeit einiges Interesse bei Croce erregte, war »Die protestantische Ethik und der Geist des Kapitalismus«; er stimmte nicht mit dessen These überein, wenn er auch seine Bedeutung anerkannte[33], und er versuchte, bei Laterza die von Piero Burresi vorbereitete Übersetzung veröffentlichen zu lassen[34]. Aber der verlegerische Mißerfolg von »Parlament und Regierung« hatte zur Folge, daß Croces Eintreten ohne Erfolg blieb; und die Übersetzung mußte einige Jahre auf die Veröffentlichung in den »Nuovi studi di diritto, economia e politica« von 1931-32 warten.

Dieses begrenzte Interesse Croces am Weberschen Werk sowie

seine begrenzte Kenntnis dieses Werkes spiegeln jedoch nicht nur persönliche Grenzen; sie spiegelten vor allem die Lage der italienischen (und nicht nur der italienischen) Kultur dieser Zeit. Zunächst einmal gab es nur wenige Übersetzungen und diese nicht fehlerlos und nicht ohne unglückliche Terminologie. Vor »Parlament und Regierung« war nur »Die römische Agrargeschichte« 1907 ins Italienische übersetzt worden, und zwar in der von Pareto geleiteten Biblioteca di storia economica. In den beiden folgenden Jahrzehnten kommt nur eine Auswahl von »Wirtschaft und Gesellschaft« (»Carismatica e i tipi del potere«) hinzu, die Roberto Michels besorgte und die 1934 in einem Band der Nuova collana di economisti stranieri e italiani mit dem Titel »Politica ed economia« zusammen mit dem »Manifest« der kommunistischen Partei und Texten von Labriola, Loria, Pareto und Simmel erschien. Aber ganz abgesehen von den Übersetzungen blieb das Interesse für Weber auf einige Kreise beschränkt und konzentrierte sich vor allem auf die These vom calvinistisch-puritanischen Usprung des Geistes des Kapitalismus. In der ersten Hälfte der zwanziger Jahre verbreitete sich dieses Interesse im Kreis von Gobettis Zeitschrift »Rivoluzione liberale« und in protestantischen Kreisen, die in Verbindung mit der Zeitschrift »Conscientia« und dem Verlag Doxa standen, d. h. in Bereichen der italienischen Kultur, die sich der Vorherrschaft Croces und seiner Philosophie entzogen. Aber die Webersche These wurde meistens ideologisch benutzt, entweder um die weit zurückliegenden Gründe der italienischen »verfehlten Revolution« aufzuzeigen oder um die größere Modernität des Protestantismus im Vergleich zur katholischen Ethik zu beweisen, die von antikapitalistischen Motiven durchsetzt war. Andererseits zeigte auch ihre Rezeption im Kreise der Wirtschaftsgeschichte – dank der Arbeit von Historikern wie Gino Luzzatto, Mario M. Rossi, Amintore Fanfani, Armando Sapori und anderen – enge Grenzen und tiefe Lücken. In dem 1928 erschienenen Band »L'ascesi capitalistica« versuchte Mario M. Rossi in der Tat eine spiritualistische Interpretation von Weber glaubhaft zu machen und ihn als eine Art Anti-Marx darzustellen, während in der ersten Hälfte des folgenden Jahrzehnts Fanfani Weber dazu benutzte, die Unvereinbarkeit von katholischer Sozialethik und Kapitalismus und die Notwendigkeit einer »Überwindung« des Kapitalismus zu beweisen, die sich mit Hilfe eines gleichzeitig katholisch und faschistisch inspirierten Korporativismus vollziehen sollte. Im allgemeinen tendierte die Diskussion über den Ursprung des Kapitalismus und über Formen kapitalistischer Wirtschaft im späten Mittelalter dazu, sich eher auf den »Modernen Kapitalismus« von Sombart (von dem Luzzatto schon 1925 eine Teilübersetzung besorgt hatte) als auf Weber zu beziehen. Nur Ernesto Sestan gelang es in einem 1933-34 in »Nuovi studi di diritto, economia e politica« veröffentlichten Aufsatz, eine zuverlässige Darstellung der wissenschaftlichen Persönlichkeit Webers zu bieten. Was die anderen Aspekte des historisch-soziologischen Werkes von Weber angeht, so blieben sie für alle außer Michels unbekannt. Eine wenn auch einseitige und stark mit Vorurteilen behaftete Gesamtdarstellung Webers wurde erst von Carlo Antoni in einem Aufsatz gegeben, der 1938 in den »Studi germanici« erschien und den er später in sein Buch »Dallo storicismo alla sociologia« aufgenommen hat.

Die Veröffentlichung dieses Buches und die folgende Übersetzung (1948) von »Wissenschaft als Beruf« und »Politik als Beruf« im Einaudi-Band »Il lavoro intellettuale come professione«, der mit einer wichtigen Einleitung von Delio Cantimori versehen war, boten Croce erneut Gelegenheit, sich mit Weber zu befassen. Und sein Urteil, gestützt auf die hochmütige Überzeugung der Überlegenheit seines Historismus über den deutschen, nahm einen ganz anderen Ton an als die Haltung bewundernder Ehrerbietung, die sich in der Korrespondenz mit Vossler in den beiden ersten Jahrzehnten des Jahrhunderts findet. Die Bewunderung wurde zwar bestätigt, betraf jedoch nur noch »die Redlichkeit und die Großmütigkeit des Menschen und die Lebhaftigkeit des Geistes bei der Erfassung von Aspekten der Wirklichkeit«, nicht das historisch-soziologische Werk und noch weniger dessen methodologische Voraussetzungen[35]. Wie für Antoni, so war dieses Werk auch für Croce der Ausdruck des Involutionsprozesses der deutschen Kultur, eines Prozesses, der vom Historismus zu den Geisteswissenschaften und schließlich zur Soziologie geführt hatte. Auch Weber »litt unter der Dekadenz oder der Unterbrechung der großen deutschen spekulativen Tradition«; und daher rühren für Croce die Grenzen seines Werkes. So besteht »der Mangel der berühmten Ableitung der modernen Freiheit vom Geist des Calvinismus und vom Begriff des Berufs und der göttlichen Wahl« in der Tatsache, »eine psychologische Ableitung zu sein und keine philosophisch-historische Erklärung, wie sie nur in der Behandlung einer geistigen Kategorie gemacht und verlangt werden kann«. Ähnlich stellt seine Kritik des historischen Materialismus die Tatsache nicht in Rechnung, daß »diese Lehre philosophisch war ... und nicht kritisiert werden konnte, wenn nicht richtige spekulative Begriffe wiedereingesetzt und wiedergefunden wurden«. Der größte Irrtum Webers schien ihm jedoch der zu sein, »die logische Konstruktion einer Soziologie« versucht zu haben, ohne in Betracht zu ziehen, daß sie »eine Pseudowissenschaft war, die auf nicht philosophische Weise philosophische Probleme lösen wollte«. Die Gegenüberstellung der Philosophie und der empirischen Wissenschaften und die Behauptung des pseudobegrifflichen Charakters der letzteren dienten auf diese Weise dem alten Croce dazu, ein summarisches Urteil über Weber abzugeben, indem er ihm die Unfähigkeit vorwarf »anzuerkennen, daß die Überwindung ihrer Grenzen die Philosophie ist, die sie begrenzt, sie rechtfertigt und sie in der Geschichte erhellt, welche die Konkretheit der Philosophie ist«.

III

Zwischen Weber und Croce hat es jedoch ein gemeinsames Gebiet der Forschung und der Diskussion gegeben: die Kritik des historischen Materialismus und die Auseinandersetzung mit Marx. Auf diesem Gebiet war Croce Weber fast um ein Jahrzehnt voraus: Seine Studien – später im Band »Materialismo storico ed economia marxistica« (1899) zusammengestellt – fallen in die letzten Jahre des vorigen Jahrhunderts, zwischen 1896 und 1899. Danach kam Croce verschiedentlich auf Marx und den Marxismus zurück, auf besonders obsessive Weise nach dem Zweiten Weltkrieg, aber das, was er selbst als die »marxistische Parenthese« seines Lebens[36] bezeichnete, kann um 1900 als abgeschlossen betrachtet werden. Der Anstoß dazu war Croce von zwei Schriften von Antonio Labriola geboten worden, »In memoria del ›Manifesto dei Comunisti‹« (1895) und »Del materialismo storico, dilucidazioni preliminari« (1896), die eine humanistische sowie eine antimetaphysisch und antipositivistisch orientierte Auslegung des Marxismus vorschlugen. In wesentlicher Übereinstimmung mit Labriola wollte der junge, gerade dreißigjährige Croce im Aufsatz »Sulla forma scientifica del materialismo storico« (1896) beweisen, daß dies keine Geschichtsphilosophie ist, »keine Verneinung oder Gegensatz der idealistischen Geschichtsauffassung«, weil er »in der Tat jeglichen Anspruch, das Gesetz der Geschichte zu setzen, aufgegeben hat«, indem er auf den Versuch verzichtete, die Komplexität der historischen Bewegung auf ein einziges Prinzip zurückzuführen[37]. Zudem war für Croce der historische Materialismus keine neue Theorie oder neue Methode, sondern eher *eine Summe neuer Daten, neuer Erfahrungen*, die in das Bewußtsein des Historikers eintreten«[38], d. h. nach einer Formel, die emblematisch werden sollte, ein Maßstab historischer Interpretation. Der Anerkennung der Bedeutung und der Fruchtbarkeit der marxistischen Lehre entspricht auf der anderen Seite die Weigerung, ihr einen präzisen theoretischen oder methodologischen Status zuzuschreiben.

Viel artikulierter erscheint die Argumentation, die Croce im zwei Jahre späteren Aufsatz »Per la interpretazione e la critica di alcuni concetti del marxismo« darlegt. Der Bezugspunkt seiner Analyse war hier nicht länger nur Labriola; Croce griff in die europäische Debatte über den Marxismus ein und bezog sich nicht nur auf den Aufsatz Werner Sombarts »Zur Kritik des ökonomischen Systems von Karl Marx« (1894), der damit in »Schmollers Jahrbuch« den dritten Band des »Kapitals« vorgestellt hatte, sondern auch auf die Texte des späten Engels, auf Lange, Kautsky, Bernstein und vor allem auf Georges Sorel. Sein Problem war, den eigentümlichen Charakter der von Marx durchgeführten Untersuchung zu bestimmen und sie einerseits von der historischen Analyse der modernen kapitalistischen Gesellschaft, andererseits von der ökonomischen Wissenschaft zu unterscheiden. Marx' Werk erschien ihm in erster Linie als eine *»abstrakte* Untersuchung«, die nicht die »historisch existierende« kapitalistische Gesellschaft in einem bestimmten Land oder in einer bestimmten Periode zum Gegenstand hat, sondern »eine ideale und schematische, von einigen Hypothesen abgeleitete Gesellschaft«, die sicher »zum großen Teil den Bedingungen der modernen bürgerlichen Welt entsprechen«, die aber nichtsdestoweniger »Abstraktionen« sind[39]. Folglich hat die Marxsche Untersuchung keinen beschreibenden Charakter, sondern will eher der Versuch eines »Verständnisses« sein, das sich »auf eine besondere ökonomische Gestalt« bezieht, »wie sie sich in einer Gesellschaft mit privatem Eigentum des Kapitals oder ... in einer ›kapitalistischen‹ Gesellschaft findet«[40]. Und dieser Versuch wird im Rückgriff auf ein vergleichendes Verfahren gemacht, das seine Grundlage im Gesetz der Gleichheit zwischen Wert und Arbeit hat. Mit Bezug auf Sombart bemerkte Croce, daß »die Gleichheit Wert–Arbeit von Marx ... ein *als Typus gedachter und angenommener Begriff* ist«, der die methodologische Rolle von »Vergleichsterminus, Maßstab und Typus« annimmt; und das mit dem Ziel zu »zeigen, *mit welchen Abweichungen von diesem Maßstab* sich die Preise der Waren in der kapitalistischen Gesellschaft bilden und wie die Arbeitskraft selbst einen Preis annimmt und zur Ware wird«[41]. Die Gleichheit zwischen Wert und Arbeit stellte sich ihm als Formulierung des Modells einer »*wirtschaftlichen Gesellschaft als arbeitende Gesellschaft*« dar, das von der Existenz von Klassenverhältnissen absieht und dazu dienen muß, einen Vergleich »zwischen der kapitalistischen Gesellschaft und der wirtschaftlichen Gesellschaft an sich« aufzustellen[42]. In einer Vorwegnahme von Weber – und ohne Jellinek zu kennen – schrieb Croce auf diese Weise der Marxschen Theorie den Charakter eines Idealtypus zu, der als Grundlage für die Analyse der geschichtlichen Formen der kapitalistischen Gesellschaft dienen muß. Das ermöglichte es ihm, die Marxsche Untersuchung von einer eigentlich historischen Untersuchung zu unterscheiden und dem Prinzip des Klassenkampfes einen »begrenzten Maßstabs- und Orientierungswert« zuzuschreiben[43], d. h. den Wert eines Maßstabs, aufgrund dessen von Mal zu Mal festgestellt werden kann, ob und wann soziale Klassen bestehen, welches ihre gegensätzlichen Interessen sind und welches Bewußtsein sie von diesem Gegensatz haben. Das ermöglichte es ihm aber auch, eine präzise Unterscheidung zwischen der Wirtschaftstheorie von Marx und der ökonomischen Wissenschaft zu machen und dabei der ersteren den Charakter einer Wirtschaftssoziologie oder einer »vergleichenden soziologischen Ökonomie« zuzuschreiben[44]. Während die »reine« Ökonomie – von Croce mit der Gesamtheit der Lehren von Smith und Ricardo bis zu Jevons, Marshall, der österreichischen Schule, Pareto und Pantaleoni identifiziert – die »allgemeine Wissenschaft der wirtschaftlichen Tatsachen« ist, bietet die Marxsche Untersuchung das Modell einer Gesellschaft, das sich auf das »besondere Gesetz der abstrakten arbeitenden Gesellschaft«[45] gründet und das deshalb durchaus mit den Prinzipien der ökonomischen Wissenschaft vereinbar ist.

Von dieser Auffassung wird Croce sich bald entfernen; und dazu wird wahrscheinlich der Einfluß der ganz anderen Lesart des Marxismus beitragen, die Giovanni Gentile im Band »La filosofia di Marx« (1899) vorschlug. Nachdem er mehrmals die Legitimität des historischen Materialismus als Maßstab der historischen Interpretation verteidigt hatte – in Auseinandersetzung einerseits mit Achille Loria und mit Labriola selbst und andererseits mit Rudolf Stammler –, behauptete Croce in der Tat 1899, daß »auch der historische Materialismus als allgemeine wissenschaftliche These irrig ist«[46]. Er eignete sich auf diese Weise jene Interpretation von Marx und des Marxismus an, die er in den Jahren zuvor bekämpft hatte, und wies ihn einerseits zurück, weil er materialistisch war, andererseits als »Auffassung des geschichtlichen Ablaufs nach einem vorbestimmten Plan, eine Variante der Hegelschen Geschichtsphilosophie«[47]. Der historische Materialismus nahm in seinen Augen einen metaphysischen Charakter an und wurde unter diesem Gesichtspunkt Hegel entgegengesetzt, einem Hegel, bei dem Croce immer mehr das, »was lebendig ist«, von dem, »was tot ist«, die dialektische Auffassung der Wirklichkeit vom System, zu unterscheiden suchte. Die Erbschaft der Begegnung mit Marx und dem Marxismus reduzierte sich auf die – im Mittelpunkt der »Filosofia della pratica« stehende – Anerkennung der Selbständigkeit des »Nützlichen« als Form der praktischen Tätigkeit, als nicht auf die Ethik zurückführbare Form, unter die nicht nur die Produktions- und Arbeitsverhältnisse, sondern auch die politischen und rechtlichen Verhältnisse, das Leben der Staaten und die Beziehungen zwischen den Klassen fallen. Übrigens wird Croce viele Jahre später erklären: »vom Marxismus ... habe ich theoretisch nichts genommen, weil sein Wert pragmatisch und nicht wissenschaftlich war, und wissenschaftlich bot er nur eine Pseudoökonomie, eine Pseudophilosophie und eine Pseudogeschichte«[48]. Die Begegnung mit dem historischen Materialismus endete so mit seiner drastischen Liquidierung.

Auch Weber studierte das Marxsche Werk in derselben Zeit unter dem Antrieb einerseits seiner Studien der alten Geschichte und andererseits seiner Teilnahme an der Tätigkeit des »Vereins für Socialpolitik«; auch er verfolgte wahrscheinlich die Debatte über den Marxismus, die in der deutschen Kultur der letzten Jahre des 19. und der ersten Jahre des neuen Jahrhunderts besonders lebhaft

war. Besonders die Revision der marxistischen Lehre, die Eduard
Bernstein in »Die Voraussetzungen des Sozialismus und die Aufgaben der Sozialdemokratie« (1899) vollzog, hinterließ tiefe Spuren in seinem Denken; und in der Polemik zwischen Bernstein
und Kautsky zögerte er nicht – auch wenn er nicht direkt eingriff –, dem ersteren Recht zu geben[49]. Aber seine Kritik des historischen Materialismus geht auf die folgenden Jahre zurück,
auf eine Zeit, in der Croce die »marxistische Parenthese« seines Lebens schon abgeschlossen hatte; sie betrifft die Jahre von 1904 bis
1907 und fällt zeitlich mit der Formulierung der Weberschen Methodologie zusammen. Auch die Interpretation der Marxschen
Theorie, die sie voraussetzt, ist eher fern von der von Croce. Der
historische Materialismus ist – oder besser will sein – eine allgemeine Geschichtsauffassung, und als solche muß er zurückgewiesen werden. Wie Weber sich an einer wohlbekannten Stelle des
»Objektivitätsaufsatzes« ausdrückt: »Die sogenannte ›materialistische Geschichtsauffassung‹ als ›Weltanschauung‹ oder als
Generalnenner kausaler Erklärung der historischen Wirklichkeit
ist auf das Bestimmteste abzulehnen«; ja »in dem alten genial-
primitiven Sinne etwa des kommunistischen Manifests beherrscht
sie heute wohl nur noch die Köpfe von Laien und Dilettanten«[50].
Seine Stellungnahme zum historischen Materialismus vollzieht
sich auf der eigentlich methodologischen Ebene und betrifft die
Theorie der historischen Erklärung. Was er am historischen Materialismus zurückweist, ist dessen Anspruch, eine »›universale‹
Methode im Sinne einer Deduktion aller Kulturerscheinungen ...
als in letzter Instanz ökonomisch bedingt« zu bieten[51]. Seine Kritik richtete sich so gegen die Unterscheidung von Basis und
Überbau wie auch gegen ein Erklärungsmodell, das auf der Voraussetzung der Reduzierbarkeit – wenn auch nur »in letzter
Instanz« – der Erscheinungen der Überbausphäre auf eine strukturelle, d. h. »wirtschaftliche« Grundlage basiert. Er lehnte im Prinzip also die These »von der überragenden Bedeutung des Ökonomischen« und die daraus folgende Betrachtung der verschiedenen
Aspekte des historischen Prozesses als »›Funktion‹ im Dienste
von ökonomischen Klasseninteressen« ab[52]. Aber die Kritik des
historischen Materialismus war in der Weberschen Methodologie
nur ein besonderer Fall der Kritik jedes Erklärungsmodells, das
einen »Faktor« oder eine Reihe von Faktoren – somit nicht nur
die »materiellen Interessen« oder die Produktions- und Arbeits-

verhältnisse, sondern auch z. B. die »Rassenqualitäten« oder die Religion – als *letzte* Grundlage der Kulturerscheinungen bevorzugt. Nicht zufällig bildet im Aufsatz »R. Stammlers ›Überwindung‹ der materialistischen Geschichtsauffassung« (1907) die Kritik der »These von der Bedingtheit der Gesamtheit der Kulturerscheinungen ›in letzter Instanz‹ *nur* durch religiöse Motive« das Gegenstück dazu[53]. Historischer Materialismus, Rassentheorie, spiritualistische Geschichtsauffassung sind in dem gleichen Irrtum befangen, nämlich dem, einen Aspekt des Geschichtsprozesses als ausschlaggebenden oder beherrschenden »Faktor« anzunehmen, als Erklärungsgrund, auf den direkt oder indirekt die anderen Aspekte zurückgeführt werden müssen.

Gerade diese Einstellung aber ermöglichte es Weber, sich der materialistischen Geschichtsauffassung positiv zu nähern und ihren heuristischen Wert zu unterstreichen. Wie er im »Objektivitätsaufsatz« schrieb, »glauben wir unsrerseits doch, daß die *Analyse der sozialen Erscheinungen und Kulturvorgänge* unter dem speziellen Gesichtspunkte ihrer *ökonomischen* Bedingtheit und Tragweite ein wissenschaftliches Prinzip von schöpferischer Fruchtbarkeit war und, bei umsichtiger Anwendung und Freiheit von dogmatischer Befangenheit, auch in aller absehbarer Zeit noch bleiben wird«[54]. Von diesem Standpunkt aus verteidigte Weber die Legitimität der ökonomischen Interpretation des Geschichtsprozesses als eine der möglichen Richtungen der Analyse (und Erklärung) der Kulturerscheinungen. Und wenn er einerseits die »Reduktion auf ökonomische Ursachen *allein*« als in keinem Sinne »erschöpfend« zurückwies, ließ er auf der anderen Seite zugunsten des historischen Materialismus »das Recht der *einseitigen* Analyse der Kulturwirklichkeit unter spezifischen ›Gesichtspunkten‹ aber – in unserem Falle dem ihrer ökonomischen Bedingtheit –« gelten und bemerkte, daß diese Einseitigkeit »nur ein Spezialfall eines ganz allgemein für die wissenschaftliche Erkenntnis der Kulturwirklichkeit geltenden Prinzips« ist[55]. Auch später, in der »Wirtschaftsethik der Weltreligionen« und in »Wirtschaft und Gesellschaft« oder in den postumen Vorlesungen über die »Wirtschaftsgeschichte«, stellt sich die Webersche Kritik des historischen Materialismus nicht als ein Versuch der »Überwindung« dar, sondern als eine »positive« Kritik, die mittels der Analyse der gegenseitigen Beziehungen zwischen Wirtschaftsformen und Formen gesellschaftlicher Organisation in be-

stimmten historischen Zusammenhängen geübt werden muß. Auf
diese Weise lief sie auf ein gegenteiliges Ergebnis hinaus als bei
Croce: nicht auf eine philosophische »Widerlegung« von Marx
und des Marxismus, nicht auf eine alternative allgemeine
Geschichtsauffassung, sondern auf die Anerkennung der wissenschaftlichen Gültigkeit des historischen Materialismus als
Methode, wenn auch in den Grenzen, die sich aus der unvermeidlichen Einseitigkeit seines wie jedes anderen Gesichtspunkts ergeben.

IV

Wenn auch die Kritik des historischen Materialismus und die
Auseinandersetzung mit Marx in den Jahren um die Jahrhundert-
wende den Moment größter Annäherung zwischen Croce und
Weber kennzeichnet, so entwickelte sich doch nicht einmal daraus ein Dialog zwischen ihnen. Weber lernt die Aufsätze Croces
kennen, als dieser ihm 1906 die zweite Ausgabe des »Materialismo storico ed economia marxistica« als Geschenk schickte,
d. h., als er seine Kritik schon formuliert hatte; und es mag be-
zweifelt werden, ob er sie in der Folge gelesen hat, wie auch die
Tatsache vermuten läßt, daß die Polemik mit Stammler nicht auf
die Analyse hinweist, die Croce einige Jahre früher dessen »Wirtschaft und Recht« gewidmet hatte[56]. Danach streben ihre Wege
immer weiter auseinander; und jeglicher Vergleich zwischen Croces System der Philosophie des Geistes – von der »Estetica« zur
»Teoria e storia della storiografia« – und Webers Methodologie
kann nur indirekt sein.
In Croces Auffassung vom Charakter der historischen Erkenntnis trat in den ersten zehn Jahren des 20. Jahrhunderts eine radi-
kale Änderung ein. Schon in den »Lineamenti di logica« hatte er
die These der Reduzierung der Geschichte auf Kunst fallengelas-
sen und im historischen Urteil die Mitanwesenheit – oder besser
die Synthese – eines repräsentativen Elements (von künstleri-
schem Charakter) mit einem begrifflichen Element erkannt; auf
diese Weise hatte er die historischen Sätze als »eine dritte Serie
theoretischer Erzeugnisse« neben der Kunst und der Philosophie
bezeichnet[57]. Wenige Jahre später stellte Croce in der »Logica
come scienza del concetto puro« die strenge Dichotomie zwi-

schen Kunst und Philosophie wieder her; aber aufgrund der Theorie der Identität zwischen dem bestimmenden Urteil der Philosophie und dem individuellen Urteil der Geschichte fiel die Historiographie nicht mehr mit der Kunst, sondern mit der Philosophie zusammen. Auf der einen Seite wurde die Philosophie auf Bestimmung und Erläuterung der Kategorien reduziert, die das historische Urteil begründen und die logische Formulierung der vier Geistesformen bilden; auf der anderen Seite stellte sich dieses Urteil als Bezeichnung einer individuellen »Tatsache« auf der Grundlage einer Kategorie dar, d. h. als Bezeichnung als künstlerische, logische, ökonomische oder ethische Tatsache. So wurde die historische Erkenntnis für Croce die einzig mögliche Erkenntnisform jenseits der künstlerischen Anschauung, während die Philosophie – nach einer berühmt gewordenen Formel – die Rolle der Methodologie der Historiographie annahm. Das war dank der Verneinung des Erkenntniswertes der Wissenschaften – sowohl der empirischen als auch der abstrakten Wissenschaften, d. h. der Mathematik und auch der »reinen« Ökonomie – möglich geworden, zu der Croce in der »Logica« gekommen war, indem er sich auf den Empiriokritizismus von Mach und Avenarius und, allgemeiner, auf die irrationalistischen Ausrichtungen der »Wissenschaftskritik« vom Ende des 19. Jahrhunderts berief. Die Wissenschaften sind Gebäude von Pseudobegriffen, d. h. von »begrifflichen Fiktionen«; sie sind Konstruktionen zum Zweck der Klassifizierung im Falle der empirischen Wissenschaften, zum Zweck der Messung im Falle der abstrakten Wissenschaften. Die einen wie die anderen schöpfen ihren Inhalt immer aus der Geschichte und arbeiten ihn im Hinblick auf einen praktischen Zweck aus. Nur die Philosophie beschäftigt sich also mit dem reinen Begriff und seinen kategorialen Gliederungen; nur sie kann dem historischen Urteil, in dem sie sich schließlich auflöst, eine Begründung geben. In der Erkenntnistheorie von Croce, Verfasser des »Systems«, beansprucht die Philosophie-Historiographie so das Monopol des begrifflichen Erkennens und drängt die Wissenschaften in den Bereich der ökonomischen Geistesform, d. h. des nicht theoretischen, sondern praktischen Geistes, zurück. Vor allem gegenüber den Gesellschaftswissenschaften ist die Haltung Croces immer abwertend geblieben; die Polemik gegen die positivistische Soziologie lief ab 1905 darauf hinaus, sogar die Legitimität der Soziologie zu verneinen[58].

Weber führte dagegen die Bemühung des Historismus neukantianischer Herkunft weiter, auf der Grundlage des Gegenstandes oder der Methode oder auch von beiden die Geisteswissenschaften oder Kulturwissenschaften von den Naturwissenschaften zu unterscheiden, wobei er jedoch beiden einen eigentlichen Erkenntniswert zuerkannte. Für Dilthey und Simmel, für Windelband und Rickert und auch für Weber besitzen sie *einen verschiedenen Typus*, aber *einen gleichen Grad* von Objektivität im Vergleich zur wissenschaftlichen Naturerkenntnis; und auch im Verhältnis zu ihnen muß die Philosophie eine kritische Analyse (im Kantischen Sinne) durchführen, ohne jedoch auf sie reduziert oder mit ihnen assimiliert werden zu können. Dilthey hatte die Geisteswissenschaften von den Naturwissenschaften auf der Grundlage des Gegensatzes von Verstehen und Erklären unterschieden und die Begründung der Geisteswissenschaften in einem Verfahren gesucht, das durch den Zusammenhang zwischen Erleben, Ausdruck und Verstehen bestimmt war; Rickert dagegen wollte den Bereich der Kulturwissenschaften auf der Grundlage ihrer historischen Orientierung, d. h. ihrer Orientierung auf das Individuelle, bestimmen. In beiden Fällen war jedoch die Behauptung der Selbständigkeit einer Gruppe von den Naturwissenschaften unterschiedener Disziplinen von dem Versuch begleitet, die verschiedenen Maßstäbe ihrer Wissenschaftlichkeit klarzustellen. Auf dieser Grundlage gewann Weber in einer von den »Grenzen« Rickerts geerbten methodologischen Perspektive die Rolle des nomologischen Wissens für die historische Erkenntnis wieder und unterschied sie von dessen Rolle in den Naturwissenschaften. Zwischen historischer Erkenntnis und wissenschaftlicher Naturerkenntnis gibt es für ihn einen Unterschied, aber keine Dichotomie; die Forderungen, denen sie genügen müssen, um objektive Erkenntnis zu sein, – der Ausschluß von Werturteilen und der Rückgriff auf die kausale Erklärung – sind beiden gemeinsam. Und wenn die historische Erkenntnis auf einer Wertbeziehung als Auswahlprinzip innerhalb der Mannigfaltigkeit des empirisch Gegebenen und zugleich als Konstruktionsmaßstab ihres Gegenstandes beruht, wenn die kausale Erklärung in ihr die Erklärung eines Vorgangs in seiner Individualität ist, wenn die Kausalität das Verstehen nicht ausschließt, sondern sich mit ihm verbindet, so sind dies eben die unterscheidenden Kennzeichen einer besonderen Form des wissenschaftlichen Wissens, und nichts mehr. Dasselbe gilt für die instrumentale Funktion, die den allgemeinen Begriffen und den Erfahrungsregeln zugeschrieben wird. Gerade die Lehre vom Idealtypus ermöglichte es Weber, die individualisierende historische Forschung und die systematischen Kulturwissenschaften zu verbinden, so wie sie es ihm später ermöglichte – im Aufsatz »Über einige Kategorien der verstehenden Soziologie« (1913) und im Anfangskapitel von »Wirtschaft und Gesellschaft« –, die relative Selbständigkeit der Geschichte und der Soziologie auch in ihrer gegenseitigen Beziehung anzuerkennen.

Croce stellte also die Historiographie den Sozialwissenschaften gegenüber – handle es sich nun um die Wirtschaftstheorie oder die »empirische Wissenschaft der Politik«; er reservierte der ersteren einen Erkenntniswert, verwies die zweiten wie die Naturwissenschaften in den Bereich der wirtschaftlichen Geistesform. Das historische Urteil, das einzige, dem Erkenntnisgültigkeit zuerkannt wird, schließt für ihn jeglichen Rückgriff auf allgemeine Begriffe aus, abgesehen von den kategorialen Bestimmungen des Geistes, d. h. von seinen »Formen«; noch radikaler schließt er den Bezug auf Gesetze oder auch nur auf Regelmäßigkeiten des Verhaltens aus, die auf empirischer Grundlage erkennbar wären, weil der Geist immer durch individuelle Werke handelt, die, als Erzeugnis der geistigen Tätigkeit, immer verschieden und daher nur zum Zweck der Klassifizierung zu vereinigen sind. Für Weber sind demgegenüber die Idealtypen (und daher die Sozialwissenschaften, da sie die Organisierung der Idealtypen in systematischer Form darstellen) unerläßliche Mittel der historischen Erkenntnis: das Individuelle kann nur mittels allgemeiner Begriffe und Regeln der Erfahrung erkannt werden. In dieser Einstellung taucht noch einmal das Postulat des erklärenden Charakters der historischen Erkenntnis auf, das, vom Aufsatz über »Roscher und Knies« an, Weber dazu geführt hatte, Stellung zu Croce zu nehmen. Für Croce hat sich die Historiographie, die anfänglich als »Beschreibung« oder »Erzählung« von Tatsachen in künstlerischer Form aufgefaßt wurde, in der Folgezeit als *philosophisch*-historische Rekonstruktion des individuellen Laufs der Ereignisse oder genauer als »Erinnerung« herausgebildet, die der Geist unter dem Anreiz eines »Interesses für das gegenwärtige Leben« an die eigene Vergangenheit vollzieht[59]. Das Subjekt der historischen Erkenntnis fällt mit dem Subjekt der Geschichte zusammen; und diese Übereinstimmung sichert nicht nur ihre Möglichkeit, sondern ihre »Wahrheit«. Für Weber dagegen mußte jede Erkenntnis, und daher auch die historische Erkenntnis, an erster Stelle eine kausale Erklärung sein; die Eigenart dieser letzteren mußte daher im verschiedenen Typus der Erklärung, die sie bietet, sowie auch in der verschiedenen Funktion des nomologischen Wissens gesucht werden.

Der Abstand zwischen Weber und Croce erscheint jedoch noch radikaler, wenn man die ontologischen Voraussetzungen betrachtet, in denen Croce seine Erkenntnistheorie verankert hat. Durch den Versuch, den »lebendigen« Kern der Hegelschen Philosophie unter ihren systematischen Strukturen aufzufinden, den er im Aufsatz von 1905 unternahm, war Croce zur Auflösung der Idee in Geist gelangt, und er verneinte jetzt das selbständige Bestehen der Natur; anstatt die Voraussetzung (und das Antezedens) des Geistes zu sein, wie sie es noch in der »Estetica« war, wurde die Natur zu einer abstrakten Konstruktion, die der Geist selbst zu praktischen Zwecken errichtet. Die Wirklichkeit identifizierte sich so mit dem Geist, und der Geist mit der Geschichte; auf diese Art wurde jede »Tatsache« eine geschichtliche Tatsache, eine individuelle Erscheinung der Entfaltung des als unendliches »Subjekt« der Geschichte aufgefaßten Geistes. Die These, nach der »jedes Urteil historisches Urteil oder überhaupt Geschichte ist«, stützt sich – wie in »La storia come pensiero e come azione« (1938) gesagt wird – auf die Annahme, daß »die beurteilte Tatsache ... immer eine geschichtliche Tatsache, ein Werdendes, ein geschichtlicher Prozeß ist«[60]. Daher rührt die wohlbekannte Schlußfolgerung, daß »die Wirklichkeit Geschichte ist und sie nur historisch erkannt werden kann«[61]. Die Philosophie des Geistes wurde damit »absoluter« Historismus, d. h. ein Historismus, der, indem er jede Wirklichkeit im Geist auflöste, diesen als identisch mit der Geschichte betrachtete, weil »der Geist nie an sich und für sich, sondern immer geschichtlich ist«[62]. In dieser Geschichtsauffassung Hegelscher Herkunft verlor auch das menschliche Individuum jegliche Konsistenz und wurde zu einer Erscheinung des Geistes, zu einer Gesamtheit von »Werken«, die der Geist selbst geschaffen hat, und damit zu einer einfachen »Institution«, wenn nicht zum »Symbol« der geistigen Tätigkeit[63]. Nur schwer läßt sich eine Konzeption vorstellen, die von der Webers weiter entfernt wäre, der in »Wirtschaft und Gesellschaft« das Objekt

der Soziologie im Handeln als sinnvollem »menschlichem Verhalten« bestimmt hatte, d. h. in einem solchen Handeln, das »auf das
Verhalten *anderer* bezogen wird und daran in seinem Ablauf orientiert ist«[64], und der die soziale Beziehung als »ein seinem Sinn-
gehalt nach aufeinander gegenseitig *eingestelltes* und dadurch orientiertes Sichverhalten mehrerer« definiert hatte[65]. Im absoluten
Historismus hätte Weber gewiß eine Form des »Emanatismus«
Hegelschen Ursprungs gesehen, viel starrer als die, die er im
Werk Roschers zurückgewiesen hatte. Der Croce der Reifezeit
wäre ihm sehr viel entfernter als der Croce der »Estetica« erschienen, gegen den er seine Kritik gerichtet hatte.

V

Nicht geringer ist die Distanz, die Weber und Croce auf dem
Gebiet der sachlichen Interpretation des Geschichtsprozesses
trennt. In der Zwischenkriegszeit hat Croce die Theorie der Geistesformen neu ausgearbeitet und hat weniger ihre Unterscheidung (und die daraus folgende Autonomie des politischen Lebens
in bezug auf die Moral), sondern eher ihre gegenseitige Beziehung
und – innerhalb dieser – die zentrale Rolle der ethischen Form
unterstrichen, deren grundlegenden Wert er in der Freiheit ausmachte. Die Polemik gegen den Faschismus führte ihn dazu, in
»der Geschichte des *moralischen oder sittlichen* Lebens ... eines
Volkes oder der Menschheit im allgemeinen« den Kern des Geschichtsprozesses zu erkennen, ja »die Geschichte überhaupt, die
Geschichte par excellence«[66], auf die die besonderen Geschichten
der anderen Geistesformen zurückgeführt werden müssen. Auf
dieser Grundlage hat Croce den Vorrang der ethisch-politischen
Geschichte bestätigt, eine Synthese von Kulturgeschichte und
Staatsgeschichte, die »die Gestaltung der moralischen Institute im
weitesten Sinne« und das Werk ihrer »Schöpfer«, der »politischen
Genien und der Aristokratien oder politischen Klassen, aus denen
sie entstehen und die diese ihrerseits hervorbringen und erhalten«, zum Gegenstand hat[67]. Und die Anschauung der Geschichte
als ethisch-politische Geschichte zeigte sich genauer durch den
Bezug auf den Begriff der Freiheit, in der Croce »die ewige Gestalterin der Geschichte, das Subjekt jeder Geschichte«, sah[68], das
bildende Prinzip und gleichzeitig das »praktische Ideal« des mo-

ralischen Gewissens[69]. Da der Geist definitionsgemäß Freiheit (und zugleich Notwendigkeit) ist, wird die Geschichte zur Geschichte der Freiheit, ihrer fortschreitenden Verwirklichung und ihres fortschreitenden Selbstbewußtseins. Auf diese Weise berief Croce sich auf die Hegelsche Auffassung der Geschichte als Entwicklung des Geistes auf eine immer größere Freiheit zu; gleichzeitig jedoch ließ er die liberale Auffassung des Lebens mit dem absoluten Historismus zusammenfallen, und er sah in der intellektuellen und moralischen Geschichte des 19. Jahrunderts den Zeitpunkt der endgültigen Behauptung einer Philosophie, die auf dem Immanenzprinzip gegründet war, sowie die historische Epoche der siegreichen Auseinandersetzung des Liberalismus mit den »entgegengesetzten religiösen Glaubensformen«[70].

Diese Einstellung liegt dem historischen Werk Croces zugrunde, das den theoretischen Voraussetzungen seiner Philosophie am meisten entspricht, d. h. der »Storia d'Europa nel secolo decimonono«, die 1932 erschien[71]. Das, was diese Zeit für Croce von der vorhergehenden unterscheidet, ist die Entstehung der liberalen Lebensauffassung – losgelöst vom »abstrakten Rationalismus« der Aufklärung – in der Form einer Religion, genauer in der Form der »Religion der Freiheit«. Als allgemeine Auffassung der Wirklichkeit und als dieser entsprechendes ethisches Ideal hat der Liberalismus im Laufe des 19. Jahrhunderts seine Überlegenheit über die anderen »religiösen Glaubensformen« gezeigt, seien diese ein Erbe der Vergangenheit, wie der Katholizismus und der monarchische Absolutismus, oder ein Erzeugnis der Aufklärung, wie das demokratische Ideal, oder auch das neue ethisch-politische Ideal des Kommunismus. Diese Überlegenheit hat zwei Aspekte. Es ist einerseits eine theoretische oder intellektuelle Überlegenheit, die Überlegenheit der immanentistischen und daher »dialektischen« Lebensauffassung über eine auf dem Transzendenzprinzip gegründete Auffassung; in der Tat hat das 19. Jahrhundert dem »Säkularisierungsprozeß« der Institutionen und der Gesellschaft einen entscheidenden Impuls gegeben, und die »Überlegenheit des weltlichen Denkens und Wissens« über die traditionellen religiösen Perspektiven gezeigt[72]. Es ist andererseits jedoch auch eine ethisch-politische Überlegenheit, d. h. die Überlegenheit des Liberalismus als Prinzip des gesellschaftlichen Fortschritts, als Prinzip, das nicht »mit dem sogenannten Freihandel zusammenfällt«, wenn es auch »gleichzeitig mit ihm besteht ... aber immer auf provisorische und zufällige Weise«[73], das nicht auf eine besondere Wirtschaftspolitik zurückgeführt werden kann, sondern das sich von Mal zu Mal in besonderen Ausrichtungen und Maßnahmen verwirklicht. Diese doppelte Überlegenheit hat zur Folge, daß die Freiheit auch Zeiten der Verfinsterung und der Krise, eventuell lange »Parenthesen« erleben kann (und für Croce ist der Faschismus in der Tat eine Parenthese in der Kontinuität der geschichtlichen Entwicklung), aber sie ist nicht zum Untergang bestimmt; denn das liberale Ideal ist »das einzige, das der Kritik widersteht und für die menschliche Gesellschaft den Punkt darstellt, um den sich in häufiger Unausgeglichenheit, in ständigen Schwankungen das Gleichgewicht ewig wiederherstellt«[74]. Dieser Einstellung gemäß kann Croce – im Epilog des Werkes – auf die Frage, »ob der Freiheit das, was man die Zukunft nennt, zukommen wird«, antworten, daß »sie etwas Besseres hat: sie hat die Ewigkeit«[75].

Auch für Weber spielte die Ethik eine wichtige Rolle im Geschichtsprozeß, als das Moment, das das menschliche Handeln im Hinblick auf die Verwirklichung bestimmter Werte orientiert; und zu den verschiedenen Verhaltensformen, die auf die Struktur einer Gesellschaft einwirken, gehört auch »das religiös oder magisch motivierte Handeln«, das darauf ausgerichtet ist, die natürlichen Vorgänge mit magischen Mitteln zu beeinflussen oder – in dieser oder in einer jenseitigen Welt – das Heil des Individuums oder der Gemeinschaft zu sichern[76]. Das Problem der Beziehungen zwischen Sozialstruktur und religiösem Leben steht im Mittelpunkt des Weberschen Interesses seit der Analyse der Entstehung des »Geistes« des Kapitalismus und bildet bekanntlich das Thema seiner Untersuchungen über die Religionssoziologie. Gerade in der Wirtschaftsethik einer Religion sah er den Vermittler zwischen Wirtschaft und Religion, d. h. die Weise, in der eine Religion Stellung zum wirtschaftlichen Handeln nimmt, indem sie sich seinen Bedingungen anpaßt oder sie zurückweist oder sie ihren Zwecken unterordnen will. Die im Aufsatz von 1904 durchgeführte Analyse der Beziehung zwischen einer besonderen Wirtschaftsethik auf religiöser Grundlage, der des asketischen Protestantismus, und dem »Geist« des Kapitalismus hatte den Ausgangspunkt dargestellt, von dem aus Weber die Suche nach der Eigenart des modernen Okzidents unternommen hatte. Aber die Analogie zu Croces Auffassung ist hier zu Ende. Wie wichtig die Ethik auch immer ist, sie stellt für Weber durchaus nicht den letzten Beweggrund des menschlichen Handelns dar; im Gegenteil, er ist der Ansicht, daß »Interessen (materielle und ideelle), nicht: Ideen,.. unmittelbar das Handeln der Menschen (beherrschen)«[77]. Die Ethik, sei es eine Gesinnungsethik oder eine Verantwortungsethik, ist das Ergebnis eines Rationalisierungs- und in gewissem Maße eines Sublimierungsprozesses, aufgrund dessen jene Interessen beschränkt und der Verwirklichung eines Wertes untergeordnet werden. Weber kritisiert zwar den historischen Materialismus, akzeptiert deshalb aber nicht – wie wir gesehen haben – die Stammlersche These von der Abhängigkeit des menschlichen Handelns von religiösen Gründen. Nicht nur ist »religiös oder magisch motiviertes Handeln, in seinem urwüchsigen Bestande, *diesseitig* ausgerichtet«, und nicht nur haben die religiösen Handlungen meist einen praktischen Zweck[78], sondern die Entwicklung des religiösen Lebens (sogar der Erlösungsreligionen) hängt auch von der Beziehung zu den gesellschaftlichen Strukturen, den politischen Institutionen, den Formen wirtschaftlicher Tätigkeit usw. ab. Wohl drückt die Wirtschaftsethik auch »die religiöse Bestimmtheit der Lebensführung« aus, aber das ist »nur *einer*« der sie bestimmenden Faktoren, neben verschiedenen anderen[79]. In der Wirtschaftsethik treffen sich zwei Bestimmungsrichtungen, d. h. die Bedingtheit des religiösen Lebens von seiten bestimmter sozialer Schichten und die Bedingtheit des Wirtschaftslebens durch religiöse Motive; und keine der beiden kann prinzipiell der anderen vorgezogen werden.

Webers Auffassung vom Geschichtsprozeß war von der Croces sehr verschieden, der die Entwicklung und die Dialektik der Ideen in den Mittelpunkt stellte, welche für ihn allein imstande sind, dem Laufe der Ereignisse und somit auch den politischen, wirtschaftlichen und sozialen Gegebenheiten Bedeutung zu verleihen. Für Weber ist die Geschichte der Menschheit durch einen Rationalisierungsprozeß gekennzeichnet, den er in allen Gesellschaften und zu allen Zeiten am Werk sieht: ein Rationalisierungsprozeß, der einerseits die Ablösung von den »natürlichen« Banden der Sippe und der Magie, andererseits die fortschreitende Ersetzung des traditionalen Handelns durch andere Formen des Handelns, besonders durch das rationale Handeln, mit sich bringt. Dieses ist aber durchaus nicht eindeutig; es ist verschieden je nachdem, ob es auf einen Wert ausgerichtet ist, der als bedingungsloser Zweck angenommen wird, oder auf einen den Mitteln und Bedingungen seiner Verwirklichung angepaßten Zweck, und je nach den Werten und konkreten Zwecken, auf die es sich bezieht. Von daher rührt die Möglichkeit zweier großer Richtungen des Rationalisierungsprozesses, die jeweils von einem Prinzip entweder materialer oder formaler Rationalität inspiriert sind, und innerhalb dieser Richtungen die Möglichkeit von besonders orientierten Rationalisierungstypen. Zwar ist der Rationalisierungsprozeß universal, er bildet sich aber in den verschiedenen Gesellschaften und Epochen anders heraus. Die dem modernen Okzident eigene, formal ausgerichtete Rationalisierung stellt nur eine *besondere* Richtung dieses Prozesses dar.

Für Croce steht die liberale Lebensauffassung, die auf dem Immanenzprinzip und auf der Anerkennung des Geistes als Subjekt der Geschichte gründet, auf dem Gipfel des Geschichtsprozesses; und dieser Gipfel ist im Europa des 19. Jahrhunderts erreicht worden, in dem, was er das liberale Zeitalter genannt hat. Für Weber sind die Kultur des modernen Okzidents und ihre eigentümlichen Erscheinungen – vom Kapitalismus als »wirtschaftlichem Rationalismus« bis zum bürokratischen Staat und zum formal-rationalen Recht, von der rationalen Wissenschaft bis zur »Entzauberung« des Lebens – immer noch Erzeugnisse eines besonderen Prozesses, die in ihrer Individualität und aufgrund der Bedingungen, die ihre Verwirklichung ermöglicht haben, erklärt werden müssen; kein Maßstab, weder ein historischer und noch weniger ein metahistorischer, ermöglicht es, einen wertenden Vergleich zwischen diesen und den entsprechenden Erscheinungen anderer Gesellschaften aufzustellen. Die Crocesche Anschauung der Geschichte ist eine dialektische, für die die vergangenen Momente des historischen Prozesses in den folgenden erhalten und »aufgehoben« sind. Der Crocesche Eurozentrismus hat daher einen axiologischen Charakter. Das Postulat der Einheit (und des unilinearen Charakters) der Geschichte hindert ihn daran, die Existenz anderer Kulturen als der anzuerkennen, die von der antiken Welt auf das moderne Europa überkommen ist und die ihr Ziel in der »Religion der Freiheit« findet. Für Weber dagegen besitzen die Weltreligionen – und die Kulturen, deren Ausdruck sie sind – ihre eigene Individualität und stellen verschiedene, axiologisch gleichwertige Typen von Stellungnahmen gegenüber der »Welt« dar (wie aus der in der »Zwischenbetrachtung« durchgeführten Analyse hervorgeht). Die Eigenart der innerweltlichen Ausrichtung bedeutet durchaus nicht ihre Überlegenheit. Und der rationalistischen Kultur, die durch die Loslösung von den religiösen Voraussetzungen der protestantischen Reform entstanden ist, kann höchstens eine technische Überlegenheit in bestimmten Bereichen zugestanden werden; im übrigen besitzt der Begriff »Fortschritt« keinerlei Legitimität, abgesehen von einer technischen Bedeutung[80].

Gegenüber der Freiheit und der liberalen Lebensauffassung, denen Croce eine zentrale Bedeutung beimaß, ist der formal ausgerichtete Rationalisierungsprozeß der modernen Welt indifferent. Im politischen wie auch in anderen Bereichen stellt er sich vorwiegend als Bürokratisierung dar, als Entwicklung eines unpersönlichen Verwaltungsapparates, den sowohl der Staat als auch andere äußere oder innere Machtgruppen – in erster Linie die Parteien – benutzen können. Aber die Bürokratie ist eine Verwaltungsform, die universell anwendbar ist; sie kann ihr technisches Wissen sowohl in den Dienst eines Staates stellen, der, wie der moderne »bürgerliche« Staat, auf das Legalitätsprinzip gegründet ist, als auch in den eines Staates, der Ziele materialer Gerechtigkeit wie z. B. das Ziel wirtschaftlich-sozialer Gleichheit verfolgt. Sie entspricht eher den Anforderungen einer Massendemokratie, so wie sie sich durch den Sieg des modernen Staates über den Partikularismus der »Stände« und durch die wachsende Ausgleichung der sozialen Unterschiede herausgebildet hat. Der Rationalisierungsprozeß im formalen Sinne fördert nicht die Bedingungen größerer Freiheit; er hat nicht notwendigerweise eine Gesellschaft als Ziel, die auf der Grundlage von liberalen oder demokratisch-liberalen Prinzipien organisiert ist. Er kann auch zum entgegengesetzten Ergebnis führen, zum im Bild vom »stahlharten Gehäuse« symbolisierten Ergebnis, welches in den Schlußseiten des Aufsatzes »Die protestantische Ehtik und der ›Geist‹ des Kapitalismus« erscheint. Wenn Croces letztes Wort die tröstliche Behauptung ist, daß die Freiheit nicht die Zukunft, sondern die »Ewigkeit« besitzt, so ist das letzte Wort Webers eher die Aussicht auf eine Welt, in der die Bürokratisierung und die Massendemokratie dazu führen, die Freiheit des Individuums einzuschränken. Aber die Freiheit Croces war die Freiheit des Geistes und als solche unvergänglich; die Freiheit, an die Weber dachte, war die begrenzte und prekäre von Menschen, die in einer Welt leben, welche an sich keinen »Sinn« besitzt und der sie mit ihrem Handeln Sinn verleihen müssen – ein Wert, der erobert und erhalten werden muß und der auch verlorengehen kann.

Anmerkungen

1 Die in den Quaderni della Critica, Heft 12, November 1948, S. 93-95, veröffentlichte Besprechung wurde später in Terze pagine sparse, Bari 1955, Bd. 1, S. 130-33 aufgenommen: das Zitat findet sich auf S. 130.

2 Carteggio Croce-Vossler (1899-1949), Bari 1961, S. 106-7: Brief Vosslers vom 13. Oktober 1907.

3 Ebd., S. 58: Brief Vosslers vom 11. Juli 1905.

4 Ebd., S. 94-95: Brief Croces vom 12. Juli 1906. *Daniela Coli*, Croce, Laterza e la cultura europea, Bologna 1983, S. 83, Fußnote, behauptet, daß »man aus dem Briefwechsel nicht verstehen kann, welche Webersche Broschüren Croce gelesen hat«; das stimmt, aber die Identifizierung ist aufgrund der Schriften Webers möglich, die Croce in seiner Bibliothek besaß.

5 Ebd., S. 94-95.

6 Ebd., S. 249.

7 Der einzige Versuch, die Beziehung zwischen Croce und Weber zu untersuchen, ist von *Fulvio Tessitore*, Su Croce e Weber, in: Comprensione storica e cultura, Neapel 1979, S. 285-95, unternommen worden; von geringer Nützlichkeit ist dagegen der Aufsatz von *Silvana Cirrone*, Sul rapporto Croce-Weber: una ipotesi, in: *Antonino Bruno* (Hrsg.), Benedetto Croce trent'anni dopo, Bari 1983, S. 179-88. Auch das grundlegende Buch von *Gennaro Sasso*, Benedetto Croce. La ricerca della dialettica, Neapel 1975, bietet keine Hinweise darauf. Für eine allgemeine Einordnung des Croceschen Denkens im Rahmen der europäischen Kultur zwischen dem 19. und dem 20. Jahrhundert vgl. jedoch den Aufsatz von *Eugenio Garin*, Appunti sulla formazione e su alcuni caratteri del pensiero crociano, in: Intellettuali italiani del XX secolo, Rom 1974, S. 3-31, sowie auch sein noch heute wichtiges Buch, Cronache di filosofia italiana (1900-1943), Bari 1955, 2. Aufl. 1959.

8 Ästhetik als Wissenschaft des Ausdrucks und allgemeine Linguistik, Theorie und Geschichte, Leipzig 1905.

9 WL, S. 45.

10 *Theodor Lipps*, Ästhetik, Psychologie des Schönen und der Kunst, Bd. 1: Grundlegung der Ästhetik, Leipzig und Hamburg 1903, S. 1.

11 Estetica come scienza dell'espressione e linguistica generale, Bari 1902, 12. rev. Aufl. 1973, S. 455.

12 WL, S. 108.

13 Ebd.

14 Ebd.

15 WL, S. 109.

16 Dieses und die folgenden Zitate sind aus WL, S. 109-10 entnommen.

17 La storia ridotta sotto il concetto generale dell'arte, Abhandlung gelesen in der Accademia Pontaniana von Neapel am 5. März 1893, später in Primi saggi, Bari 1918, 3. Aufl. 1951, S. 1-41 aufgenommen.

18 Estetica come scienza dell'espressione e linguistica generale, S. 31.

19 Ebd.

20 WL, S. 179.

21 WL, S. 109, Fußnote: »auf jene Schrift hoffe ich anderwärts zurückzukommen«.

22 Vgl. den Carteggio Croce-Vossler, S. 107 (Brief Vosslers vom 13. Oktober 1907): »Weber hat Ihren wirtschaftlichen Band noch nicht gelesen, weil er im Augenblick andere Verpflichtungen hat; er sagt mir aber, daß er eine kritische Anmerkung dazu machen wird«.

23 WL, S. 251, Fußnote. Diese bezieht sich auf das Buch von *Karl Vossler*, Die Sprache als Schöpfung und Entwicklung (1905), zu dem man – als Vergleich – an die Diskussion zwischen dem Verfasser und Croce auf zahlreichen Seiten des Carteggio (vgl. besonders S. 58-90) denken muß.

24 Zur Lehre der Kunst als »lyrische Anschauung« siehe – abgesehen vom schon im Text erwähnten Referat Croces auf dem Heidelberger Kongreß von 1908 – vor allem den Breviario di estetica, Bari 1913, dann in Nuovi saggi di estetica, Bari 1920, S. 1-91 neu gedruckt; die Aufsätze über La letteratura della nuova Italia, zunächst in La Critica vom ersten Band an (1903) veröffentlicht, wurden in vier Bänden 1914-15 zusammengestellt.

25 Die Literatur über Croces Denken und seine Entwicklung ist reich, aber oft von begrenzter Nützlichkeit. Zur Bildung und zum Übergang zum »System« darf man – zusammen mit den wichtigen Studien von *Garin* – die alte Untersuchung von *Aldo Mautino*, La formazione della filosofia politica di Benedetto Croce, Bari, 3. Aufl. (hrsg. von Gioele Solari und Norberto Bobbio) 1953, nicht vergessen; vgl. auch *Mario Corsi*, Le origini del pensiero di Benedetto Croce, Florenz 1951. Diskutierbar und ideologisch befangen sind die Bände von *Mario Abbate*, La filosofia di Benedetto Croce e la crisi della società italiana, Turin 1955, und von *Emilio Agazzi*, Il giovane Croce e il marxismo, Turin 1962, die die Interpretation Gramscis weiter entwickeln, sowie auch die von *Adriano Bausola*, Filosofia e storia nel pensiero crociano, Mailand 1965, und Etica e politica nel pensiero di Benedetto Croce, Mailand 1966, die eine Lektüre Croces von einem katholischen Standpunkt aus bieten. Auch die grundlegende Rekonstruktion von *Sasso* ist

nicht frei von einer subtilen apologetischen Tendenz, und ihre Ergebnisse sind nicht immer annehmbar.

26 La Critica, 8 (1910), S. 382-90: der Aufsatz ist ins Saggio sullo Hegel,
Bari 1913, 5. Aufl. 1967, S. 391-405, aufgenommen worden. Darüber
vgl. auch *Guido De Ruggiero*, La filosofia dei valori in Germania, in:
La Critica, 9 (1911), S. 369-84, 441-48, und 10 (1912), S. 41-61, 126-32,
211-19, auf Anregung Croces geschrieben. Weitere Bezüge auf die
Werttheorie und besonders auf Rickert finden sich im Briefwechsel
mit Vossler und danach in der Besprechung zum System der Philosophie, in: La Critica, 22 (1924), S. 108-12, später in Ultimi saggi, Bari
1935, 3. Aufl. 1963, S. 333-40 aufgenommen.

27 Ultimi saggi, S. 400.

28 Terze pagine sparse, Bd. II, S. 130. Zur Übersetzung von Parlament
und Regierung vgl. *Coli*, S. 149-50.

29 Carteggio Croce-Vossler, S. 249.

30 Terze pagine sparse, Bd. II, S. 133.

31 In Hauptprobleme der Soziologie. Erinnerungsgabe für Max Weber,
München 1923, S. 361-89.

32 In der Bibliothek Croces finden sich von Max Weber die Originalaus-
gabe der »Römischen Agrargeschichte«, von »Wirtschaft und Gesellschaft« und von den »Politischen Schriften«, die Separata des zweiten
Teils des Aufsatzes »Knies und das Irrationalitätsproblem«, der »Kritischen Studien auf dem Gebiet der kulturwissenschaftlichen Logik«
und von »R. Stammlers ›Überwindung‹ der materialistischen Geschichtsauffassung«, ebenso die Broschüre »Wahlrecht und Demokratie in Deutschland« (1918). Es fehlt auch »Parlament und Regierung«,
dessen Exemplar wohl beim Übersetzer blieb. Die anwesenden übersetzten Werke sind nur »Parlamento e governo nel nuovo ordina-
mento della Germania« und »Il lavoro intellettuale come professione«.

33 Siehe Calvinismo e operosità economica, in: La Critica, 36 (1938),
S. 399-400, später in Pagine sparse, Bari 1943, 2. Aufl. 1960, Bd. III,
S. 13-15 aufgenommen. Weder aus dieser Schrift noch aus anderen
Anspielungen Croces auf die Webersche These kann man schließen,
daß er den berühmten Aufsatz von 1904 aufmerksam gelesen hatte, in
dem sie zum ersten Mal formuliert wurde; man kann dagegen mit
Sicherheit behaupten, daß Croce die anderen Aufsätze der Religions-
soziologie nie gelesen hat.

34 Vgl. *Coli*, S. 83-86.

35 Dieses und die folgenden Zitate sind aus Terze pagine sparse, Bd. II,
S. 130-32 entnommen.

36 Im Aufsatz Marxismo ed economia pura, aufgenommen in Materialismo storico ed economia marxistica, Mailand und Palermo 1899,
10. Aufl. Bari 1961, S. 178. Darüber vgl. auch den Aufsatz Come nacque e come morì il marxismo teorico in Italia (1895-1900), in: La

Critica, 36 (1938), S. 35-52, 109-24, später als Anhang zu Materialismo storico ed economia marxistica (von der sechsten Auflage an), S. 279-322 neu gedruckt.

37 Materialismo storico ed economia marxistica, S. 4-5.

38 Ebd., S. 10.

39 Ebd., S. 58-59.

40 Ebd., S. 59.

41 Ebd., S. 63-64.

42 Ebd., S. 67, 70.

43 Ebd., S. 87.

44 Ebd., S. 72, 111.

45 Ebd., S. 79, 73.

46 Ebd., S. 178.

47 Come nacque e come morì il marxismo teorico in Italia, in Materialismo storico, S. 302.

48 Ebd., S. 319-20. Vgl. *Mautino*, besonders das dritte Kapitel.

49 In diesem Zusammenhang ist die Anspielung, die im Aufsatz »Die Protestantische Ethik und der ›Geist‹ des Kapitalismus« erscheint, bedeutungsvoll: S. RS, 1, S. 160, Fußnote 1. Über das Verhältnis von Weber zu Marx und zum Marxismus sind noch heute die Aufsätze von *Albert Salomon*, Max Weber, in: Die Gesellschaft, 3 (1926), S. 131-53, und von *Karl Löwith*, Max Weber und Karl Marx, in: Archiv für Sozialwissenschaft und Sozialpolitik, 67 (1932), S. 53-99, 175-214, später in: Gesammelte Abhandlungen, Zur Kritik der geschichtlichen Existenz, Stuttgart 1960, S. 1-67, aufgenommen, grundlegend. In der neueren Literatur ist *Massimo L. Salvadori*, La critica del materialismo storico e la valutazione del socialismo, in: *Pietro Rossi* (Hrsg.), Max Weber e l'analisi del mondo moderno, Turin 1981, S. 247-78, herauszustellen.

50 WL, S. 166-67.

51 WL, S. 168.

52 WL, S. 169.

53 WL, S. 296.

54 WL, S. 166.

55 WL, S. 169-70.

56 Im Brief an Croce vom 13. 10. 1907 schreibt Vossler: »Weber hat Ihren wirtschaftlichen Band noch nicht gelesen« (Carteggio Croce-Vossler, S. 107); der Aufsatz über Stammler war schon im Band 24 (1907) des Archivs für Sozialwissenschaft und Sozialpolitik erschienen.

57 Lineamenti di una logica come scienza del concetto puro, in der Accademia Pontaniana gelesene Abhandlung in Neapel am 10. April und 1. Mai 1904 und am 2. April 1905, später in: La prima forma della Estetica e della Logica (hrsg. von *Adelchi Attisani*), Messina und Rom, o. J. (1925), S. 185, neu gedruckt.

58 Siehe die Notiz A proposito di una discussione sulla sociologia, in La Critica, 3 (1905), S. 533-35, später in Pagine sparse, Bd. 1, S. 376-78, aufgenommen.

59 Teoria e storia della storiografia, Bari 1916, 11. Aufl. 1976, S. 15-16.

60 La storia come pensiero e come azione, Bari 1938, 7. Aufl. 1965, S. 19.

61 Ebd., S. 316.

62 Il carattere della filosofia moderna, Bari 1940, 3. Aufl. 1963, S. 23.

63 Zu Croces Geschichtsauffassung und zu ihren Beziehungen mit der historiographischen Arbeit Croces weisen wir auf die Aufsätze von *Federico Chabod*, Croce storico, in: Rivista storica italiana, 64 (1952), S. 473-530, später in Lezioni di metodo storico (hrsg. von *Luigi Firpo*), Bari 1969, S. 179-253, aufgenommen, und von *Nicola Abbagnano*, L'ultimo Croce e il soggetto della storia, in: Rivista di filosofia, 44 (1953), S. 300-13, später in Possibilità e libertà, Turin 1956, S. 227-42, aufgenommen, hin; vgl. auch *Pietro Rossi*, Benedetto Croce e lo storicismo assoluto, in: Storia e storicismo nella filosofia contemporanea, Mailand 1960, S. 285-330.

64 WuG, 1, S. 1.

65 WuG, 1, S. 13.

66 Über die Vorherrschaft der ethischen-politischen Geschichte siehe Etica e politica, Bari 1931, S. 273, 277-79. Darüber vgl. den grundlegenden Aufsatz von *Chabod* und auch *Giuseppe Galasso*, Croce storico, in: Croce, Gramsci e altri storici, Mailand 1969, 2. Aufl. 1978, S. 1-85.

67 Etica e politica, S. 279.

68 La storia come pensiero e come azione, S. 46.

69 Siehe den Aufsatz Principio, ideale, teoria: a proposito della teoria filosofica della libertà, in: Il carattere della filosofia moderna, S. 104-24. Zur Croceschen Auffassung der Freiheit vgl. *Bobbio*, Benedetto Croce e il liberalismo, in: Politica e cultura, Turin 1956, S. 211-68.

70 So heißt bekanntlich der Titel des zweiten Kapitels der Storia d'Europa nel secolo decimonono, Bari 1932, 11. Aufl. 1964: die entgegengesetzten religiösen Glaubensformen sind der Katholizismus, der monarchische Absolutismus, die Demokratie und der Kommunismus.

71 Zu diesem Werke vgl. die kritischen Bemerkungen von *Antonio Gramsci*, Il materialismo storico e la filosofia di Benedetto Croce, Turin 1952, S. 192-97, aber vor allem *Chabod*, S. 220-33.

72 Storia d'Europa nel secolo decimonono, S. 288-89.

73 Ebd., S. 41-42.

74 Ebd., S. 358.

75 Ebd.

76 WuG, 1, S. 245.

77 RS, 1, S. 252.

78 WuG, 1, S. 245, und allgemeiner S. 245-59.

79 RS, 1, S. 238.
80 Siehe den Aufsatz Der Sinn der »Wertfreiheit« der soziologischen und
    ökonomischen Wissenschaften, in: WL, S. 525-30.

Nachweise

Die Methodologie der Geschichts-
und Sozialwissenschaften

Referat gehalten auf dem 16. Internationalen Kongreß der Geschichtswissenschaften (Stuttgart, 25. August-1. September 1985), Sektion über »Max Weber und die Methodologie der Geschichte«; eine gekürzte Fassung ist unter dem Titel »Max Weber und die Methodologie der Geschichts- und Sozialwissenschaften« im Band »Max Weber, der Historiker«, hrsg. von *Jürgen Kocka*, Vandenhoeck und Ruprecht, Göttingen 1986, S.28-50 erschienen.

Die Theorie der Rationalität

Referat gehalten auf dem Seminar »La razionalità in Max Weber« (Padua, 4. Mai 1979); der italienische Text ist unter dem Titel »La teoria della razionalità in Max Weber« im Band »Max Weber: razionalità e politica«, hrsg. von *Giuseppe Duso*, Arsenale Cooperativa Editrice, Venedig 1980, S. 11-38, sowie in: Rassegna italiana di sociologia, 21 (1980), S. 491-518 erschienen.

Die Analyse der Weltreligionen

Referat gehalten auf der Tagung »Max Weber sessant'anni dopo« (Rom, 26.-28. Juni 1980); der italienische Text ist unter dem Titel »L'analisi sociologica della ›religioni universali‹« im Band »Max Weber e l'analisi del mondo moderno«, hrsg. von *Pietro Rossi*, Einaudi, Turin 1981, S. 127-59 und – mit Ergänzungen – als Einleitung zur Übersetzung der Gesammelten Aufsätze zur Religionssoziologie (»Sociologia della religione«, Edizioni di Comunità, Mailand 1982) erschienen.

Die Theorie der Politik

Referat gehalten auf der Tagung »Per una teoria generale della politica« (Turin, 18.-20. Oktober 1984); der erweiterte italienische Text ist unter dem Titel »Max Weber e la teoria della politica« im Band »Per una teoria generale della politica«, hrsg. von *Luigi Bonanate* und *Michelangelo Bovero*, Passigli editori, Florenz 1986, S.51-82 erschienen.

Die Rationalisierung des Rechts
und ihre Beziehung zur Wirtschaft

Referat gehalten auf der Tagung »Max Weber e il diritto« (Castelgandolfo, 17.-19. Oktober 1980); der italienische Text ist unter dem Titel »Il processo di razionalizzazione del diritto e il rapporto con l'economia« im

Sonderheft von: Sociologia del diritto, 8 (1981), S. 19-37, sowie im Band
»Max Weber e il diritto«, hrsg. von *Renato Treves*, F. Angeli, Mailand
1981, S. 19-37 erschienen.

Der moderne Staat und seine Rationalität:
Weber und Hegel

Referat gehalten auf der Tagung des Institut international de Philosophie
politique »L'état moderne« (Florenz, 2.-3. Juli 1981).

Historische Sozialwissenschaft und »absoluter« Historismus:
Weber und Croce

Referat gehalten auf der Tagung des Deutschen Historischen Instituts
»Max Weber und seine Zeitgenossen« (London, 20.-23. September 1984);
der italienische Text ist unter dem Titel »Max Weber e Benedetto Croce:
un confronto« in: Rivista di filosofia, 76 (1985), S. 171-206 erschienen;
englische Übersetzung im Band »Max Weber and His Contemporaries«,
hrsg. von *Wolfgang J. Mommsen* und *Jürgen Osterhammel*, Allen & Un-
win, London 1987, S. 447-467.

Die Aufsätze *Die Theorie der Rationalität, Die Analyse der Weltreligio-*
nen, Die Rationalisierung des Rechts und ihre Beziehung zur Wirtschaft,
Der moderne Staat und seine Rationalität: Weber und Hegel sind auch –
auf italienisch – im Band »Max Weber: razionalità e razionalizzazione«, Il
Saggiatore, Mailand 1982 zusammengestellt.